Karl Grund

Jagdliches Schießen

2. Auflage

Karl Grund

Jagdliches Schießen

Mit Büchse, Flinte und Kurzwaffe auf dem Stand und im Revier

2., überarbeitete und ergänzte Auflage

Mit 185 Abbildungen

Verlag Paul Parey · Hamburg und Berlin

Die Prinzipzeichnungen wurden von Klaus Boockmann, Hamburg, angefertigt. Das Foto auf S. 117 fertigte B. Winsmann, Hoyershausen, alle übrigen Aufnahmen stellte der Autor zur Verfügung.

1. Auflage 1977

2. Auflage 1988

9.–16. Tausend

CIP-Titelaufnahme der Deutschen Bibliothek

Grund, Karl:
Jagdliches Schiessen : mit Büchse, Flinte u. Kurzwaffe auf d. Stand u. im Revier / Karl Grund. – 2., überarb. u. erg. Aufl., – Hamburg ; Berlin : Parey, 1988
ISBN 3-490-05812-7

Anschriften: Spitalerstraße 12, D-2000 Hamburg 1; Lindenstraße 44–47, D-1000 Berlin 61. Printed in Germany. *Satz und Druck:* Rasch Druckerei und Verlag GmbH & Co. KG, D-4550 Bramsche. *Lithographie:* Cleeves-Reprotechnik, D-2100 Hamburg 90. *Buchbinderei:* Hunke & Schröder, D-5860 Iserlohn. *Umschlaggestaltung:* Jan Buchholz und Reni Hinsch, D-2000 Hamburg, unter Verwendung eines Fotos von Manfred Danegger, D-7770 Überlingen.

ISBN 3-490-05812-7

Vorwort zur 2. Auflage

Seit dem Erscheinen meines Buches sind 10 Jahre vergangen. Die ethische Einstellung des Jägers zum Jagen mit der Schußwaffe und zum Erlegen des Wildes ist zwar unverändert, und es gilt nach wie vor der Grundsatz: Nur ein treffsicherer Jäger kann auch ein waidgerechter Jäger sein, doch sind die Einflüsse von außen nicht ohne Spuren geblieben. Betroffen wurde z. B. mancherorts der Schießbetrieb durch schärfere gesetzliche Bestimmungen im Bereich des Emissionsschutzes. An erster Stelle betrifft es die durch den Mündungsknall entstehenden Geräusche und die Ablagerung von Blei auf Tontaubenständen.

Durchgesetzt haben sich im vergangenen Jahrzehnt deutlich alle Maßnahmen der Jägerschaft, die zum Ansporn des Übens eingeführt wurden, so auch das Schießen um die Jahresnadel, die Leistungsschießen auf allen Ebenen sowie regionale Vergleichsschießen.

Bewährt hat sich die DJV-Schießvorschrift in der Fassung von 1977 einschließlich der neuen Ringeinteilungen auf sämtlichen Wildscheiben. Mit der Schaffung von maßstabgerecht verkleinerten Scheiben für das Schießen auf 50 m Entfernung mit KK-Büchsen wurden zusätzliche Übungsmöglichkeiten eröffnet. Die bisherige DJV-Kurzwaffenscheibe wird in verkürzter Form, wie sie auch der Deutsche Schützenbund eingeführt hat, verwendet. Dieser Schritt wurde schon lange erwogen, um noch weiter von der ursprünglichen Mannscheibe abzurücken.

Insgesamt gesehen kann man sagen, daß sich das jagdliche Schießwesen stabilisiert hat. Unterschiedliche Auffassungen über Details wird es wohl immer geben, sie liegen nicht zuletzt in der subjektiven Beurteilung begründet. Ich halte dies für gut, denn andere Auffassungen regen zum Nachdenken und Überprüfen der eigenen Meinung an und verhindern eine Stagnation.

Hüten wir uns aber, Bewährtes ohne eine zwingende Notwendigkeit oder ohne etwas Besseres bieten zu können, abzulösen. Schließlich ist der Erfolg der beste Beweis für das Gute.

Hamburg, im Herbst 1987 KARL GRUND

Vorwort zur 1. Auflage

Das jagdliche Schießen ist ein Thema, das den Jäger stets beschäftigt hat und auch weiterhin Anregungen zu interessanten und umfangreichen Diskussionen geben wird. Waffensysteme, Jagdarten und zeitbedingte Einstellungen zur Jagd prägten deutlich des Jägers Umgang mit der Schußwaffe oder, wie wir es heute in einem alles umfassenden Begriff nennen, das jagdliche Schießen. Ein Begriff also, der jegliche Betätigung des Jägers mit der Jagdwaffe sowohl auf dem Stand als auch im Revier einschließt, wobei früher oder später die Absicht einer ausreichenden Schießfertigkeit und eines damit verbundenen sicheren Treffens vorausgesetzt wird. Es gibt keinen Jäger ohne Schußwaffe und keinen Jäger, der schießt und nicht sicher treffen möchte. Folglich muß er das Schießen ununterbrochen und ernsthaft üben.

Üben kann man auf vielerlei Art, und es gibt bewährte Methoden, die zu empfehlen sind. Aber eine Methode verabscheue ich: das Üben auf lebende Ziele, das Schießen auf Wild ohne Treffsicherheit. Hierfür gibt es keine Entschuldigung. Ein Mann, der dies tut, ist kein Jäger, geschweige denn ein Waidmann in unserem Sinne. Neben der ethischen Auffassung dem Wild gegenüber steht die Verpflichtung zur absolut sicheren Handhabung der Waffe auch gegenüber seinen Mitmenschen.

Wenn ich mich nach langer und reiflicher Überlegung entschlossen habe, meine in vielen Jahren erworbenen Erfahrungen, die ich auf dem gesamten Gebiet des jagdlichen Schießens auf dem Stand und im Revier sammeln und auswerten konnte, festzuhalten und zu veröffentlichen, so deshalb, weil ich hierin einen Weg sehe, dem Jäger unangenehme, vor allem tragische Folgen von Jagdunfällen und dem Wild unnütze Qualen ersparen zu helfen.

Außerdem möchte ich die Anfänger auf einen weniger mühevollen Start hinweisen. Der erste Schritt ist immer der schwerste und entscheidend für die weitere Ausbildung. Dem Fortgeschrittenen will ich Berater sein. Sicherlich wird er schon auf eigene Erfahrungen zurückgreifen können, doch vielleicht kann ich ihm den Weg ebnen und ihm bei seinem Streben behilflich sein, Leistungen und Erfolge zu steigern. Die Meister des Faches möchte ich schließlich bitten, sich mit mir des Nachwuchses anzunehmen, ihm Lehrer und Vorbild zugleich zu sein.

Unfälle verhüten, Qualen vermeiden, diese Aufgabe steht voran, aber ich will auch zeigen, wie Geld und Zeit gespart werden können, denn gerade während der Ausbildung und der dann anschließenden Weiterbildung können falscher Rat oder eine falsche Angewohnheit außer dem zeitlichen Aufwand auch teures Geld kosten.

Das im DJV und seinen Gliederungen ausgeübte und geförderte Leistungsschießen hat viele Jäger in seinen Bann gezogen. Schießnadeln in vier Stufen, in Bronze, Silber, Gold und die Sonderstufe in Gold, wie sie kurzweg genannt werden, sind begehrte sichtbare Zeichen eines gewandten und sicheren Schießens. Stürmen Sie aber nicht auf die Ziele, die Sie sich gesteckt haben, blindlings los, sondern arbeiten Sie sich systematisch unter ständiger Beachtung bewährter Grundsätze und der von anderen gemachten Erfahrungen voran.

Sie werden beim Lesen dieses Buches feststellen, daß ich Flinte und Büchse einander gleichstelle und die Kurzwaffe (Faustfeuerwaffe) nur beiordne, aber trotz dieser Aufgliederung zähle ich alle drei Waffenarten gemeinsam zur Grundausrüstung des gewissenhaften Jägers. Man muß sie deshalb gleichermaßen gut beherrschen. Der Jäger kann und darf nicht einseitig sein, er darf nicht zum Spezialisten für die eine oder andere Waffenart herangebildet werden.

Das Schießen zieht sich wie ein roter Faden durch das Jägerleben. Vom Anfang bis zum Ende. Es beginnt bei der Vorbereitung auf die Prüfung, gibt das erste Herzklopfen während der Prüfung, setzt sich fort bei der Weiterbildung, beim Jagen im Revier und dann immer wieder im Üben, Kontrollschießen, Anschießen von Waffen oder auch im Sich-Messen beim Leistungsschießen mit anderen Jägern. Als Ergebnis einer gewissenhaften und guten Aus- und Fortbildung wird dann auf der Jagd der Schuß mit dem einwandfreien Treffer im Vordergrund stehen.

Selbst wenn es mir gelingt, Sie vom Ernst und von der Notwendigkeit eines guten jagdlichen Schießens zu überzeugen, sehe ich meine Aufgabe nur zum Teil erfüllt. Erst wenn Sie zur Schußwaffe greifen und durch regelmäßiges Üben zu einem sicheren und zuverlässigen Jagdschützen geworden sind, wird mein Ziel erreicht sein.

Auch ich habe viel, zuweilen auch unter sehr mühsamen Umständen, lernen müssen und dabei manchen Ratschlag angenommen und ausgewertet. Heute noch sammle ich Erfahrungen. Ich war und bin bestrebt, mit der Zeit und ihren Forderungen zu gehen und mich ihnen nicht zu verschließen oder gar entgegenzustellen. Früh aber habe ich schon verstanden, daß ein waidgerechtes Jagen einen gewissenhaften und treffsicheren Jäger verlangt – dafür bin ich am meisten dankbar.

Hamburg, im Dezember 1976 — Karl Grund

Inhalt

Grundsätzliches

Das Schießen ist keine Kunst, die eine besondere Veranlagung des Jägers erfordert. Zum sicheren Schützen kann es jeder bringen, der übt und der vor allem zweckmäßiges Handwerkszeug besitzt, sich praktisch kleidet und die Technik des Schießens systematisch erlernt. Zum Lernen gehört ein Wille, viel Zeit und: seien wir ehrlich – auch etwas Geld. Ein guter Jagdschütze ist in meinen Augen erst derjenige, der sowohl mit der Büchse und der Flinte als auch mit der Kurzwaffe alle jagdlichen Bedingungen am Stand und die üblichen Situationen im Revier meistert. So weit kann ein Jäger nur kommen, wenn er regelmäßig mit seinen Waffen alle Handgriffe und Anschlagarten zunächst in seinen vier Wänden und dann auf dem Stand übt.

Nur das zu üben, was Spaß und Freude macht, wäre genauso falsch, wie nur stets das zu üben, was einem am schwersten vorkommt. Es wird sich nicht vermeiden lassen, daß für bestimmte Übungen mehr Zeit aufgewendet werden muß als für andere. Das liegt an dem jeweils zu überwindenden Schwierigkeitsgrad und an der Veranlagung des Jägers. Sitzt die schwere Übung, dürfen andere, weniger schwere, nicht vernachlässigt werden. Ich rate stets, jede Übung, auch die leichteste, ernsthaft und mit voller Konzentration zu betreiben. Mit verbissenem tierischem Ernst hat das nichts zu tun. Jegliche Verkrampfung ist fehl am Platz und wirkt sich nur negativ aus. Späßchen und Mätzchen, die bei der Handhabung der Waffe gefährliche Situationen auslösen können, dürfen nicht geduldet werden. Unsere Leitgedanken müssen sein: sicherer Umgang mit der Waffe, ganz gleich, wo immer es ist, und sicheres Treffen, wann immer ich mich zum Schuß entschließe. Nur mal so einen Schuß hinzuwerfen, ist eine gefährliche, unverantwortliche Handlung, die weder eine Standaufsicht noch ein Jagdleiter hinnehmen darf.

Theorie und Praxis gehören beim jagdlichen Schießen zusammen. Beide müssen in einem angemessenen Verhältnis zueinander stehen, wenn sie vorwärtsführen sollen. Eine echte theoretische Grundlage ist für die Praxis unerläßlich. Es wird im wesentlichen von der Methode und der eigenen Fähigkeit des Lernenden abhängen, wieviel praktische Übung neben der unbedingt notwendigen Theorie erforderlich ist. Ich kenne Theoretiker, die alles, was mit Waffen, Schießen, Ballistik und Munition zusammenhängt, ausgezeichnet erklären können, die gern gute Ratschläge vermitteln, selbst aber außerstande sind, einen sicheren Schuß abzugeben. Andererseits gibt es Naturtalente, die es ja auf jedem Gebiet gibt: das sind Jäger, die keine große Ahnung von schießtechnischen Grundsätzen haben und denen jede Theorie fremd ist, die aber auf Anhieb recht gut schießen und es mit ein bißchen Übung auch noch beachtlich weiterbringen.

Diese Talente erreichen jedoch bald ein Stadium, bei dem sich das Fehlen theoretischer Grundkenntnisse bemerkbar macht, und dann tritt eine Art Stagnation ein. Es gibt heute in der ganzen Welt auf dem Gebiet des Schießwesens keinen Meister, der nur mit Talent allein seine meisterliche Form erlangte. Wissenschaftliche

Erkenntnisse, technische Errungenschaften, medizinische Ratschläge und physische Leistungsgrenzen sind keine bedeutungslosen Schlagworte, sondern nur einige Begriffe, mit denen derjenige, der seine Leistung wesentlich verbessern möchte, etwas anfangen können muß. Auf dem Gebiet des Schießwesens ist es nicht anders als auf anderen Gebieten. Die Praxis kann der Theorie nicht entbehren. Sollen schnelle Fortschritte erzielt werden, muß man sich auch der Erfahrung anderer bedienen. Sich den eigenen Weg, womöglich noch mit selbst angelegten Scheuklappen, zu suchen, bedeutet unnütze Erschwernis; es ist beinahe so, als wenn jemand mit dem langsamsten Gang auf der Autobahn fährt, wobei dann der Treibstoff-Verbrauch groß und der Materialverschleiß stark sind.

Die Entwicklung des jagdlichen Schießens

Vom jagdlichen Schießen kann man eigentlich erst seit der Verwendung von Geräten sprechen, mittels derer man auf der Jagd todbringende Objekte gezielt abschoß. Wir alle kennen den Weg vom Bogen über die Armbrust zur Feuerwaffe. Erst die Erfindung des explosiven Treibmittels eröffnete neue Möglichkeiten des Beutemachens und führte schließlich zum heutigen Stand der Jagdwaffen, der aus ihnen verfeuerten Patronen verschiedener Konstruktionen und verschiedener Ladung. Wir sind heute spezialisiert und neigen dazu, das bereits hoch Spezialisierte nochmals in übertriebenem Maße zu spezialisieren. Denken wir nur allein an Büchsenpatronen mit Spezialgeschossen, Spezialmantelkonstruktionen, Spezialmantelmaterial, Spezialpulver, Spezialpulverladung usw. Man kann es nun auch reichlich übertreiben. Wem nützt es, wenn er in der Ausrüstung noch so hoch spezialisiert ist und nicht oder nur schlecht trifft?

Die Verbesserung von Waffen und Munition führte zu immer größeren Schußentfernungen und zu neuen Jagdmethoden. Moderne Waffen dürfen aber nicht zu Schießmaschinen werden, mit denen man beutegierig auf jede Entfernung zu töten imstande ist.

Wir bezeichnen es als unwaidmännisch, wenn die volle Reichweite einer hochrasant schießenden Büchse ausgenutzt wird. Sich zu beschränken, muß verlangt werden, weil es für das richtige Ansprechen, für die Sicherheit beim Schuß und das rasche Erlegen erforderlich ist. Das Pürschen – die Krone des Waidwerks – in Verbindung mit dem schnellen Ansprechen und der sicheren Schußabgabe erfordert nicht nur seinen Mann in physischer, sondern auch in vieler anderer Hinsicht. Je näher ich an das Wild heranpürsche, um so leichter wird das Treffen sein. Mich befriedigt es weitaus mehr, bei der Pürsch das Wild mit der Büchse auf nahe Entfernung einwandfrei auf die Decke zu legen, als auf zwar noch vertretbare, aber weite Entferung einen Präzisionsschuß angebracht zu haben.

Sicherlich muß ich als guter Jäger beides beherrschen können, weil ein Weitschuß nicht immer vermeidbar sein wird. Ich werde aber den Weg wählen, der mich am meisten befriedigt, also meiner eigenen Einstellung zur Jagd am nächsten kommt. Die Erziehung muß hier schon zu Beginn der Laufbahn Pate stehen. In dem Bestreben, einen Schuß aus zu naher Entfernung anbringen zu wollen, liegt natürlich eine gewisse Gefahr. Plötzliche Fluchtreaktion des Wildes kann bei weniger geübten Schützen unkontrollierte Spontanhandlungen mit ungenauen Handgriffen auslösen, die dann zu schlechten Schüssen oder zu Mißerfolgen führen. Ein Mißerfolg wird in der heutigen Zeit allgemein nicht hoch bewertet. Er bedeutet weder Hunger noch Frieren, sondern nur ärgerliches Weiterjagen oder, im schlimmsten Fall, eine anstrengende Jagd. Ein Krankschießen dagegen ist das weitaus größere Übel.

Seitdem es Waffen gibt, kennen wir Zielscheiben. Das Wort „Scheibe" sagt uns, daß das Ziel etwas Scheibenförmiges ist, rund und flach. Ursprünglich aus Holz, heute fast nur noch aus Papier, beim Schießen mit Büchsen und Kurzwaffen. Sicher wird auch früher ein guter Jäger geübt und sich als Ziel geeignete, möglichst naheliegende Gegenstände ausgewählt haben. Ich denke hier an Baumstämme, Erdhaufen und ähnliches, die sich im Gelände als Ziele anboten. Aus primitiven Holzscheiben entstanden dann kunstvolle Scheiben mit Wild- und Jagdmotiven, die vor allem bei Wett- und Preisschießen beschossen und vergeben wurden.

Mit der fortschreitenden Entwicklung der Waffen wurde zwar die persönliche Fähigkeit des Menschen weniger gefordert, aber die Ansprüche an das Treffen wuchsen. Der Schießsport blühte auf. Nicht selten haben Jäger das Fundament zu örtlichen Schützenvereinen gelegt und aktiv gesellige Schießveranstaltungen unterstützt. Schon in früher Zeit hat man zwischen den Standschützen und den Wildpretschützen – den Jägern – zu unterscheiden gewußt. Bei Veranstaltungen rivalisierten gern beide Gruppen, indem sie versuchten, sich gegenseitig den besten Platz streitig zu machen.

Die Waffen der Jäger und die der Schützen unterscheiden sich deutlich im Äußeren und, ihrer Bestimmung entsprechend, in der Funktion. Heute reden wir von Jagd- und Sportwaffen, von Jagd- und Sportmodellen. Eine Annäherung der Jagdwaffe an die Sportschützenwaffe stellt die Konstruktion der sogenannten „Jagdlichen Wettkampfwaffe" dar. Das ist eine Prägung der Zeit, die die wesentlichen Vorteile von Sportwaffen mit der Jagdwaffe, die bei Schießwettkämpfen der Jägerschaft verwendet wird, vereinigt. Für den praktischen Jagdbetrieb ist dieses Modell nur bedingt brauchbar, für das Erreichen von Höchstleistungen auf dem Stand jedoch erforderlich.

Das Büchsenschießen ist aufgrund der technischen Entwicklung älter als das Flintenschießen und daher traditionsreicher und populärer. Von den Engländern und Amerikanern gingen in den zwanziger Jahren starke Impulse für das Flintenschießen aus. Es waren fast ausschließlich Jäger, die diese Schießart sowohl in bezug auf Waffe als auch auf Stil und Technik des Schießens weiterentwickelten. Obwohl aus dem allgemeinen Flintenschließen der Jäger inzwischen auch eine eigene Sportart hervorgegangen ist und sich zunehmender Beliebtheit erfreut, hat es bei uns bei weitem noch nicht so viele Anhänger wie das sportliche Büchsenschießen. Zwar haben wir in Deutschland Vereine, die das Wurftaubenschießen (Trap und Skeet) pflegen und auch entsprechende Meisterschaften austragen, doch ist dies eine Sportart einer nur kleinen Gruppe von Mitgliedern im Bereich des Deutschen Schützenbundes. Hier scheint mir der verhältnismäßig hohe finanzielle Aufwand des einzelnen der Grund für die heute bestehende geringe Verbreitung zu sein.

Die Kurzwaffe ist ein noch junger Bestandteil in der Ausrüstung des Jägers. Sie hat ihre Bedeutung in zunehmendem Maße erst in den letzten 60 Jahren erfahren. Heute gehört sie zur notwendigen Standardausrüstung. Auf die Frage Revolver oder Pistole werde ich noch im Abschnitt „Kurzwaffe" zu sprechen kommen. Zahlreiche Erfordernisse im Revier und die heutige Auffassung von Waidgerechtigkeit haben dazu geführt, daß sich der jüngere Jäger unserer Zeit mehr der Kurzwaffe bedient als der ältere Waidgenosse, der zum Teil noch das Abnicken bzw. Abfangen gelernt und praktiziert hat. Wir haben allgemein den Hirschfänger und die Saufeder zu den Requisiten gestellt, den Nicker zwar noch in der alten Form erhalten, jedoch zum Waid- oder Jagdmesser umbenannt; er ist zum Aufbrechen, Zerwirken und für die übliche Verwendung als Messer bestimmt. Der Fangschuß mit der Kurzwaffe ist dort, wo ein Fangschuß mit der Langwaffe nicht möglich ist, im Interesse von Mensch und Tier die bessere Lösung. Pistole und Revolver sind vornehmlich als Waffen zu Schutzzwecken und zur Selbstverteidigung konstruiert; sie sind dabei im Revier jeder Langwaffe überlegen.

Die Kurzwaffe ist eine Gebrauchswaffe des Jägers. Es wäre unsinnig, würde man die Kurzwaffe nur als Aushängeschild, Symbol oder als Mittel zur Abschreckung betrachten. Der Umgang mit der Kurzwaffe muß von Jägern durch regelmäßiges Üben genauso beherrscht werden wie der Umgang mit der Langwaffe.

Diese Tatsache ist schon früh erkannt worden, und weil die Kurzwaffe ursprünglich als die Verteidigungswaffe gegen Wilderer angesehen wurde, hatte man auf dem Stand eine sogenannte Wilddiebscheibe eingeführt. Die Nachkriegsentwicklung führte aber zur Silhouettenmannscheibe, wie sie von der Polizei verwendet wird. Auch diese Scheibe wurde von der Entwicklung überrollt, denn der heutige Jäger benötigt sie in dieser Art nicht.

Dem jagdlichen Schießen muß heute zwangsläufig mehr Bedeutung zugemessen werden als noch vor Jahrzehnten. Die Zeit verlangt es, und der Jäger ist es aufgrund seines verstärkten Verantwortungsbewußtseins und seiner ethischen Einstellung zum Leben seinen Mitmenschen und dem Wild schuldig.

Diese Erkenntnis führte zum Bau zahlreicher neuer, moderner Anlagen für das jagdliche Übungsschießen. Auch in den Jägerprüfungsordnungen der Länder ist das jagdliche Schießen besser verankert worden, und nicht zuletzt hat die Jägerschaft selbst mit der Schießvorschrift dafür gesorgt, daß die Bedeutung des sicheren Umgangs mit der Waffe und die Forderung einer genügenden Treffsicherheit richtig erkannt wurde.

Schießstand-Anlagen

Schießstandanlagen werden heute nicht mehr nach persönlichem Gutdünken erstellt, sondern es müssen beim Bau der Anlagen Richtlinien beachtet werden, die insbesondere aus Sicherheitsgründen erlassen wurden. Außerdem ist es höchst ratsam, vorher zu prüfen, ob durch Schallgeräusche – unter Beachtung der Hauptwindrichtung – Anlieger belästigt werden können. Dabei ist nicht nur die augenblickliche Bebauungssituation der Umgebung zu berücksichtigen, sondern auch die Zukunftsplanung.

Die Hauptschußrichtung bei den Wurftaubenständen soll in Nord-Ost-Richtung verlaufen. Sie gewährleistet dann ein weitgehend blendfreies Schießen. Vor der Freigabe eines neu errichteten Standes erfolgt die baupolizeiliche Überprüfung aller Bauvorschriften. Erst dann wird die Genehmigung zur Inbetriebnahme des Standes erteilt. Die Richtlinien zum Bau von jagdlichen Schießständen wurden vom früheren Institut für Jagdliches und Sportliches Schießwesen, der jetzigen DEVA (Deutsche Versuchs- und Prüfanstalt für Jagd- und Sportwaffen e. V.), mit Sitz in Altenbeken bei Paderborn erarbeitet. Vom Deutschen Schützenbund in Wiesbaden-Klarenthal, Schießsportschule, können die in der überarbeiteten und vom Deutschen Schützenbund neu herausgegebenen Broschüre „Richtlinien für den Bau und die Errichtung von Schießsportplätzen" zusammengefaßten Vorschriften gegen eine Gebühr bezogen werden.

Unterirdische Schießstände erfordern eine gute Schalldämmung und einen einwandfreien Abzug der Pulvergase.

Ein jagdlicher Schießstand sollte, um allen Anforderungen der Jägerschaft gerecht zu werden, folgende Einrichtungen aufweisen: vier 100-m-Bahnen, einen 50-m-Stand für den „flüchtigen Überläufer", einen Trap-Stand, einen Skeet-Stand und einen Kurzwaffen-Stand.

100-m-Büchsenstände

Bei den 100-m-Ständen nannte ich deshalb vier Bahnen, weil drei Bahnen für die drei Disziplinen auf stehende Ziele benötigt werden, nämlich „Bock", „Fuchs" und

„Überläufer"; eine vierte Bahn ist erforderlich, um neben dem allgemeinen Übungs- und Leistungsschießbetrieb noch die Möglichkeit zum Ein- und Kontrollschießen von Büchsen zu haben. Außerdem kann die vierte Bahn auch Ersatz sein, wenn irgendein mechanischer oder elektrischer Teil einer anderen Bahn und damit diese selbst ausfällt. Bei Veranstaltungen, die nach einem festen Zeitplan ablaufen müssen, ist dies ganz besonders wichtig. Während man früher am Ende der Bahnen eine Anzeigerdeckung benötigte, ist diese heute nicht mehr erforderlich, weil zuverlässig konstruierte elektrische Scheibenanlagen es ermöglichen, die Scheibe zwischen der Zielentfernung und dem Schützenstand hin- und her zu bewegen. Der Schütze befestigt die Scheibe am Scheibenwagen oder Scheibenschlitten, und dieser wird durch einen Elektromotor bis zur jeweiligen Schießentfernung bewegt. Nach dem Schuß holt der Schütze die Scheibe durch erneutes Einschalten des Transportmotors mittels Knopfdruck zurück. So kann sich jeder Schütze selbst und unmittelbar vom Sitz seines Schusses überzeugen.

50/60-m-Stände für „flüchtige Überläufer"

Der Stand für den flüchtigen Überläufer wird heute nur noch für eine Schießentfernung von 50 m gebaut, wenngleich die Schießvorschrift des DJV sowohl das Schießen auf 50 m als auch auf 60 m gleichwertig behandelt. Der durch die weitere Entfernung entstehende höhere Schwierigkeitsgrad wird durch eine geänderte Scheibengröße ausgeglichen. Früher beschossen die Jäger auf 60-m-Ständen und die Sportschützen auf 50-m-Ständen bewegliche Ziele. Durch die Übergangslösung mit den Scheiben in verschiedenen Größen können nunmehr verschiedene Sportschützenanlagen von Jägern benutzt werden. Andererseits können nun auch Sportschützen ohne weiteres Jagdstände benutzen, wenn bei deren Bau die Schießvorschriften der Sportschützen mit berücksichtigt werden, insbesondere die 10 m breite Schneise, die regulierbare Laufgeschwindigkeit und die Laufrichtung nach beiden Seiten für die Scheibe. Schon aus wirtschaftlichen Gründen sollte eine vielseitige

In die Anzeigerdeckung gehören flinke, zuverlässige Leute. Bei Meisterschaften empfiehlt es sich, außerdem noch eine erfahrene Aufsichtsperson zur Beruhigung der Teilnehmer abzustellen.

Verwendung des Standes angestrebt werden. Bei der beweglichen „Überläuferscheibe“ ist noch keine finanziell vertretbare Konstruktion so ausgereift, daß der Anzeiger bzw. Ansager eingespart werden kann. Die Übermittlung des Schußergebnisses kann akustisch oder optisch erfolgen. Dort, wo man sich von den Treffern nicht selbst überzeugen kann und auch keine Kontrollmöglichkeiten bestehen, dürfen in die Anzeigerdeckung des Überläufer-Standes nur zuverlässige Hilfskräfte geschickt werden.

Die Verwendung einer Kamera mit der direkten Übertragung des Bildes auf einen Monitor im Schützenstand ist sehr empfehlenswert. Das Bild vermittelt dem Schützen, dem Schreiber und der Aufsicht den genauen Sitz des Schusses. Unsicherheiten und Zweifel können so weitestgehend mit dieser zusätzlichen, nicht besonders aufwendigen Einrichtung ausgeräumt werden. Als Monitor kann ein gebrauchtes bzw. preiswertes Schwarzweiß-Fernsehgerät verwendet werden.

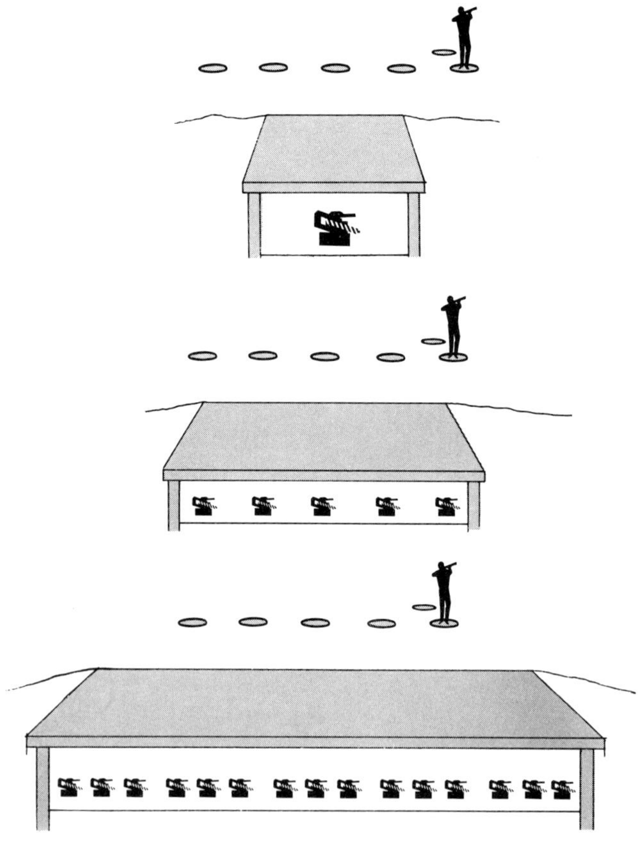

Der Trapstand, mit einer Maschine ausgestattet (oben), meist kommen nur Halb- oder Vollautomaten in Frage, mit 5 Wurfmaschinen (Mitte), mit 15 Maschinen (Olympischer Graben) (unten).

Die Kamera ist in der Deckung so anzubringen, daß kein allzu verzerrtes Bild entsteht, und der Monitor am Schützenstand muß dem Schützen und den Verantwortlichen eine gute Draufsicht ermöglichen. Auf keinen Fall darf der Monitor so stehen bzw. hängen, daß der Schütze nach jedem Schuß seinen Körper verrenken oder die eingenommene Körperhaltung oder gar Schußposition verändern muß, wenn er sich über die Lage des Treffers unterrichten will.

Wurftaubenstände, Skeet – Trap

Die Einrichtung des Trapstandes ist eine Kostenfrage. Für einen Übungsstand der Jägerschaft halte ich einen mit fünf robusten, einfachen Maschinen bestückten Unterstand für ausreichend. Wenn auf solch einem Stand eine Maschine ausfällt, kann sie innerhalb kurzer Zeit und ohne größere Schwierigkeiten ausgewechselt werden.

Trapmaschinen, die die Tauben selbsttätig in eine jeweils andere Richtung werfen, sind in verschiedenen Ausführungen und Konstruktionen erhältlich. Die hydraulisch selbsttätig spannenden und vollautomatisch arbeitenden Wurfanlagen sind natürlich teurer als einfache, mit Muskelkraft zu spannende Einrichtungen. Es gibt auch Maschinenkonstruktionen, bei denen wie bei den einfachsten Konstruktionen ein Mann als Bedienung benötigt wird. Er muß die Tauben einzeln auflegen und spannen, die Wurfrichtung aber stellt sich jeweils selbsttätig neu ein.

Links: Blick schräg von vorn in den Trapbunker. Ein solcher Stand mit 15 Maschinen wird auch olympischer Graben genannt. Damit das Schießen zügig abläuft, müssen die Werfer die Wurftauben zurechtgelegt haben. Hinter den Werfern stehen die vollen Kisten, an sicherer Stelle neben der Maschine sind die losen Tauben gestapelt. Sowohl der Fünf-Maschinen-Stand als auch der Stand mit 15 Maschinen kann mit Automaten ausgestattet werden. Die Kosten sind dementsprechend hoch.

Rechts: Der Trapautomat wird eingerichtet. Die Seiten- und Höhenbegrenzung wird festgelegt. In den Bunker, hier nur von oben zu besteigen, gehören zum Nachfüllen, Einstellen und Reparieren nur ausgebildete Fachleute. Unvorsichtiges und leichtfertiges Hantieren ist gefährlich.

Viele Wurftaubenschützen streben den 15-Maschinen-Stand an, den sogenannten „Olympischen Graben“. Es ist leicht zu errechnen, daß dann nicht nur die Baukosten für den größeren Unterstand höher liegen müssen, sondern daß auch die maschinelle Einrichtung im Vergleich zum 5-Maschinen-Stand dreimal so teuer sein wird. Der Vorteil liegt allerdings in der größeren Variabilität der Wurfrichtungen und darin, daß zu jeder Schützenposition drei Maschinen gehören; der Schütze kann daher Wurftauben nur aus dem Bereich dieser drei Maschinen erwarten. Beim 5-Maschinen-Stand erhält er jeweils eine der 5 Tauben, wobei die Maschinen außerdem weiter auseinanderstehen.

Zum Skeetstand ist lediglich zu sagen, daß die maschinelle Einrichtung der Türme, ähnlich wie bei der Einrichtung des Trapstandes, eine Kostenfrage darstellt. Hat man in den Türmen Automaten, die selbsttätig spannen und laden, erspart man sich die sonst unentbehrlichen Werfer. Das Füllen der Magazine mit Tauben kann von den Schützen selbst vorgenommen werden. Sind normale Wurfmaschinen in den Türmen angelegt, wird für jeden Turm ein Mann benötigt. Man kann sich also ausrechnen, was für einen Schießbetrieb das jeweils Geeignete bzw. Wirtschaftlichste ist. Das gilt auch für den Trapstand. Für die Automaten wird allerdings Netz- bzw. Aggregatstrom benötigt. Die Handspannmaschinen können auch mit Batteriestrom ausgelöst werden.

Wenn es sich irgendwie ermöglichen läßt, sollte der Skeetstand unabhängig vom Trapstand gebaut werden, d. h. nebeneinander, so daß auf beiden Ständen zugleich geschossen werden kann. Nur dort, wo der Sicherheitsbereich für zwei nebeneinanderliegende Stände nicht ausreicht, sollte der Bau eines kombinierten Standes erwogen werden. Es ist und bleibt ein Kompromiß.

Bei einer jagdlichen Schießanlage sollten alle Einzelanlagen, also Büchsen-, Flinten- und Kurzwaffenstände möglichst nahe beieinanderliegen, um zeitraubende Laufereien oder gar Fahrten zu vermeiden.

Der skizzierte Umfang stellt den Idealfall für eine oder mehrere Kreisgruppen dar. Für Hegeringe und kleine Kreisgruppen wird ein derartiger Umfang wenig wirtschaftlich sein und vielleicht die finanziellen Kräfte überfordern. Es darf nicht vergessen werden, daß nicht nur der Bau eines Schießstandes viel Geld kostet, sondern daß auch die Instandhaltungs- und Erhaltungskosten, die entweder durch Mitgliederbeiträge oder durch Einnahmen aus dem Schießbetrieb aufgebracht werden müssen, erheblich sein können. Mancher Hegering oder manche Kreisgruppe wird zufrieden sein, wenn sie nur einen einfachen Trap- oder Skeetstand und dazu zwei bis drei 100-m-Bahnen erstellen kann. Andererseits wird der flüssige Ablauf des Schießbetriebs bei Landes- und Bundesmeisterschaften bedeutend mehr 100-m-Bahnen und auch wenigstens zwei Stände zum Beschießen des flüchtigen Überläufers sowie mindestens je einen Trap- und einen Skeetstand in bestem Zustand voraussetzen.

Mit der Zunahme von Trap- und Skeetständen ist der Bau von Kipp- und Rollhasenständen zurückgedrängt worden. Beide, der Rollhase und der Kipphase, stellen eine gute Ergänzung einer jagdlichen Schießanlage dar und haben nach wie vor ihre Daseinsberechtigung. Ist aber einmal ein Trap- oder Skeetstand vorhanden, werden

Der Kipphasenstand ist eine sinnvolle Ergänzung der Wurftaubenstände. Dies ist besonders dann der Fall, wenn sich der „Hase" sowohl von rechts nach links als auch umgekehrt bewegen läßt. Die Laufgeschwindigkeit muß variabel sein. Um den Sitz der Schrotgarbe gut beurteilen zu können, sollte das Ziel aus Segmenten bestehen.

sich nur noch wenige Begeisterte für den Kipphasen finden, weil das Wurftaubenschießen abwechslungsreicher und interessanter ist.

Für den jungen Jäger jedoch ist der Schrotschuß auf den Kipphasen eine wertvolle Übung. Am sinnvollsten ist es, wenn die Laufrichtung des „Hasen" nicht bekannt ist und variiert werden kann, so daß der Jäger nicht weiß, ob das Ziel von links oder von rechts kommt. So eine Anlage mit zwei Laufrichtungen erfordert allerdings fast doppelten finanziellen Aufwand. Ein weiterer Vorteil der Doppelanlage ist die Möglichkeit des Schießens von Dubletten. – Nicht nur Jungjäger, sondern auch solche mit etlichen Jagdscheinen täten gut daran, vor Aufgang der Hasenjagd einen Kipphasenstand aufzusuchen.

Wenn jemand das Schießen auf bewegliche Ziele mit der Flinte noch jagdnaher und schwieriger gestalten will, und stellt man ihm auch das entsprechende Gelände zur Verfügung, so kann er nach der Art des sogenannten englischen Schießgartens Maschinen im Gelände bzw. in den Bäumen verdeckt anbringen lassen und von dort aus die Wurftauben für den Jäger unerwartet werfen lassen. Die Engländer haben nämlich schon vor langer Zeit erkannt, daß ein Simulieren jagdlicher Verhältnisse im Gelände eine ganz ausgezeichnete Ergänzung der üblichen Flintenübungsarten ist, z. B. kann der hohe Überkopf-Fasan zwischen hohen Bäumen geübt werden.

Die hohe Überkopftaube. Während bei abfliegenden Zielen das Körpergewicht mehr auf dem linken als auf dem rechten Fuß ruht, verlagert man es bei hohen Überkopftauben ganz auf den rechten Fuß. Links: Noch hat der rechte Fuß nicht alle Last zu tragen; Mitte: hier trägt er sie ganz allein; rechts: der Schütze ist kurz davor, das Gleichgewicht zu verlieren. Nur ein erfahrener, elastischer Mann kann eine solche Situation schwungvoll meistern.

Kurzwaffenstände

Für das jagdliche Kurzwaffenschießen wird ein 25-m-Stand mit einer elektromechanischen Einrichtung benötigt, die die Scheiben verschwinden und auftauchen läßt; um das Scheibenbild für den Schützen unsichtbar zu machen, werden die Scheibenrahmen mit der Scheibe um 90° gedreht. Nach einem weiteren Zurückdrehen um 90° steht die Scheibe wieder winkelrecht zur Schußrichtung. Damit mehrere Schützen zur gleichen Zeit üben oder auch einen Wettkampf bestreiten können, stehen bis zu fünf Scheiben nebeneinander in einer Linie, und die Drehbewegung vollzieht sich bei allen Scheiben gleichzeitig. Auf modernen Anlagen können außerdem die Scheiben eingeholt und wieder auf die Entfernung von 25 m ausgefahren werden. Das erspart lästige und zeitraubende Lauferei vom Schützenstand zum Scheibenstand und zurück, die die Trefferermittlung notwendig macht.

Scheiben

Jagdliche Scheiben

Wesentlicher Bestandteil des jagdlichen Schießens auf dem Büchsenstand sind die Wildscheiben, die auch Jagdscheiben genannt werden. Diese Wildscheiben hat der Deutsche Jagdschutzverband aus den Wildscheiben der 20er Jahre weiterentwickelt, man spricht hier von „offiziellen" Scheiben. Sämtliche DJV-Scheiben zeigen in natürlichen Farben Umgebung und Wild in Lebensgröße, also im Maßstab 1 : 1, und werden auf die Entfernung von 100 m bzw. 50 m oder 60 m beschossen. Waren es früher Scheiben mit Wertungszonen, die sich über die gesamte Fläche des Wildkörpers erstrecken, so sind es heute Abbildungen von Reh, Fuchs, Überläufer und Gams, bei denen jeweils nur ein Teil der Körperfläche als Bewertungsfläche gilt.

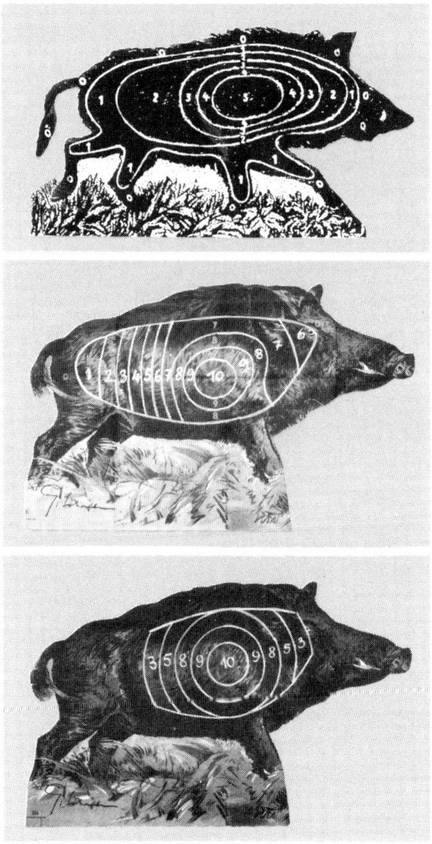

Die Scheiben haben ihr „Gesicht" (Ringeinteilung) gewandelt: Oben: so fing es in den 20er Jahren an; Mitte: über 30 Jahre unverändert; unten ab 1. Januar 1970, die bisher gerechteste Form der Leistungsermittlung.

Diese ist auf den DJV-Wildscheiben so angelegt, daß sich an eine kreisrunde Fläche mit der Wertziffer 10 ein Ring mit der Wertziffer 9 und ein Ring mit der Wertziffer 8 anschließen. Weil die Form des Wildkörpers keine vollen Ringe im Anschluß an die der 8er Ringe mehr zuläßt, kann man bei den weiteren Bewertungsflächen nur von Teilringen sprechen. Je nach Schwierigkeit der Bedingung zum Beschießen der Scheibe schließen sich an den Vollring die Teilringe mit den Wertziffern 5 und 3 oder 3 und 1 an. Im Hinblick auf die Abweichung von der zu treffen beabsichtigten 10 ist diese Wertziffereinteilung auf den Wildscheiben gegenüber den früheren in der Beurteilung des Schusses gerechter. Auch der erzieherische Wert ist damit gesteigert.

Früher hat z. B. ein unbeabsichtigter Schuß auf den Hals des Bockes immer noch fünf Ringe gebracht. Eine gleich weite, ungewollte Abweichung in Richtung der Keule zu ergab dagegen nur einen Ring. Beide Schüsse wurden also unterschiedlich mit Pluspunkten bedacht. Der Halsschuß ist zwar in den meisten Fällen absolut und sofort tödlich, aber es ist zu bedenken, daß er ein Zufallstreffer war, bei dem nicht die Absicht bestand, dorthin zu treffen. So wurden gewisse Schlumpschüsse hoch belohnt, weil bei Festlegung der Wertziffern von anatomischen Voraussetzungen ausgegangen wurde und bei Zufallstreffern mögliche Wirkungen beurteilt wurden.

Für die Erziehung und Weiterbildung war dies jedoch nicht richtig. Es hat einige Jahre gedauert, bis sich die Jäger von der Notwendigkeit der Abänderung der Ringeinteilung auf breiter Linie überzeugen ließen. Es war auch nicht einfach, Form, Wert und Größe der Bewertungsflächen neu festzulegen. Natürlich gab es wieder überall mehrere Möglichkeiten. Mehrere Vorschläge wurden den maßgeblichen Gremien unterbreitet, und als ein m. E. wohlgelungener Kompromiß entstand die heutige Einteilung der DJV-Scheiben. Die über 15jährige Erfahrung mit dieser Ringeinteilung hat gezeigt, daß sie sowohl dem erzieherischen Ausbildungsschießen als auch dem Wettstreit der Meisterschützen gerecht geworden ist. Die Prüfungs- und Leistungsnadelnormen brauchten nicht verändert zu werden, obwohl die Wertung gestrafft wurde. Eine weitere Straffung bzw. Erschwernis durch Veränderung der Ringeinteilung für Meisterschaftsschießen ist andererseits auch nicht erforderlich, da die höchstmögliche Leistung von 200 Ringpunkten bei Bundesmeisterschaften nur zweimal und bei Landesmeisterschaften ebenfalls nur wenige Male erreicht wurde.

100-m-Scheiben

Rehbock, DJV-Wildscheibe Nr. 1

Ringeinteilung: 10, 9, 8, 3, 1. Mit dem Anschlag „stehend angestrichen" wird die Rehbockscheibe bei allen Schießen um die DJV-Leistungsnadeln und bei Schießen um die Jahresnadel beschossen. Aus diesem Grunde wird auch bei den Übungsschießen auf diese Scheibe allgemein der Anschlag „stehend angestrichen" vorherrschen.

Stehender Überläufer, DJV-Wildscheibe Nr. 2

Diese Abbildung zeigt einen mittelstarken, verhoffenden Überläufer, Haupt nach rechts. Ringeinteilung: 10, 9, 8, 5, 3.

Diese Überläuferscheibe wird „stehend frei", man sagt auch „stehend freihändig", beschossen. Weder Arme noch Waffe werden gestützt, aufgelegt oder angelegt. Die Scheibe gilt bei vielen Jägern als Angstscheibe. Auch wenn sie als Übungsscheibe benutzt wird, wird, wie bei den anderen DJV-Wildscheiben, der nach der Schießvorschrift vorgesehene Anschlag gewählt.

DJV-Wildscheibe Nr. 1: Rehbock. Größe etwa 102 × 83 cm.
DJV-Wildscheibe Nr. 2: Stehender Überläufer. Größe etwa 102 × 72 cm.
DJV-Wildscheibe Nr. 3: Fuchs. Größe etwa 118 × 82 cm.
DJV-Wildscheibe Nr. 4: Gamsbock. Größe etwa 118 × 82 cm.

Fuchs, DJV-Wildscheibe Nr. 3

Die Abbildung zeigt einen auf dem Baumstumpf mit Kopf nach links breitsitzenden Fuchs mit der Ringeinteilung 10, 9, 8, 3, 1. Der Anschlag ist „liegend frei". „Liegend frei" war früher wie heute der fast ausschließlich praktizierte Anschlag bei Wettkämpfen und Nadelschießen. Nur selten fand man einen Jäger auf dem Stand, der den Anschlag „sitzend frei" dem Anschlag „liegend frei" vorzog. Geübt sollte er aber trotzdem werden, um ihn ggf. im Revier anwenden zu können. Beim Leistungsschießen wird nur noch der Anschlag „liegend frei" anerkannt.

DJV-Wildscheibe Nr. 5: Überläufer flüchtig. Größe etwa 118 × 70 cm.

DJV-Wildscheibe Nr. 6 für 60-m-Stände: Überläufer flüchtig. Größe etwa 160 × 80 cm.

Verkleinerte DJV-Wildscheibe Nr. 4 für das Luftgewehrschießen. Scheibenbildgröße 12 × 12 cm. Alle anderen offiziellen Jagdscheiben mit Wildmotiven sind ebenfalls in dieser Ausführung erhältlich.

Gamsbock, DJV-Wildscheibe Nr. 4

Der Gamsbock steht breit nach links und weist die Ringeinteilung 10, 9, 8, 3, 1 auf. Diese Scheibe wird bei internationalen jagdlichen Schießwettkämpfen verwendet, der vorgeschriebene Anschlag ist „stehend angestrichen". Sonst wird diese Wildscheibe im Alpengebiet, wo das Gamswild heimisch ist, bei Übungs- und Preisschießen bevorzugt zu finden sein.

50-m-Scheiben

Überläufer flüchtig, DJV-Wildscheibe Nr. 5

Der von rechts nach links flüchtende Überläufer ist mit der Ringeinteilung 10, 9, 8, 5, 3 versehen. Nach der DJV-Schießvorschrift wird der Anschlag „stehend frei" verlangt. Auch für das Übungsschießen kommt kein anderer Anschlag in Frage, weil dies praxisfremd wäre.

60-m-Scheiben

Überläufer flüchtig,

DJV-Wildscheibe Nr. 6

Diese Scheibe ist nichts anderes als die vorgenannte Scheibe in etwas größerer Ausführung. Die 50-m-Scheibe ist aus dieser 60-m-Scheibe durch die Verkleinerung um ⅙ entstanden, weil für die später nach internationalen Maßen gebauten 50-m-Stände eine Scheibe für das jagdliche Schießen benötigt wurde.

Verkleinerte Wildscheiben

Um dort auf Wildscheiben üben zu können, wo nur Stände mit 50-m-Bahnen vorhanden sind, wurden die 100-m-Scheiben Bock, Fuchs und Überläufer verkleinert. Es entstanden vollwertige Übungsscheiben, die im richtigen Verhältnis zur 100-m-Scheibe stehen. Sie sind um die Hälfte linear verkleinert. Was gleichgeblieben ist, ist der kalibergroße Einschuß, so daß die Bewertung minimal zugunsten des Schützen ausfällt.

Luftgewehrscheiben

Für das Luftgewehrschießen auf eine Entfernung bis 10 m wurden die Wildscheiben Bock, Fuchs, Überläufer stehend, Überläufer flüchtig und Gams auf $\frac{1}{10}$ der natürli-

Luftpistolenscheibe. Schießentfernung 10 m, Größe 17 × 17 cm.

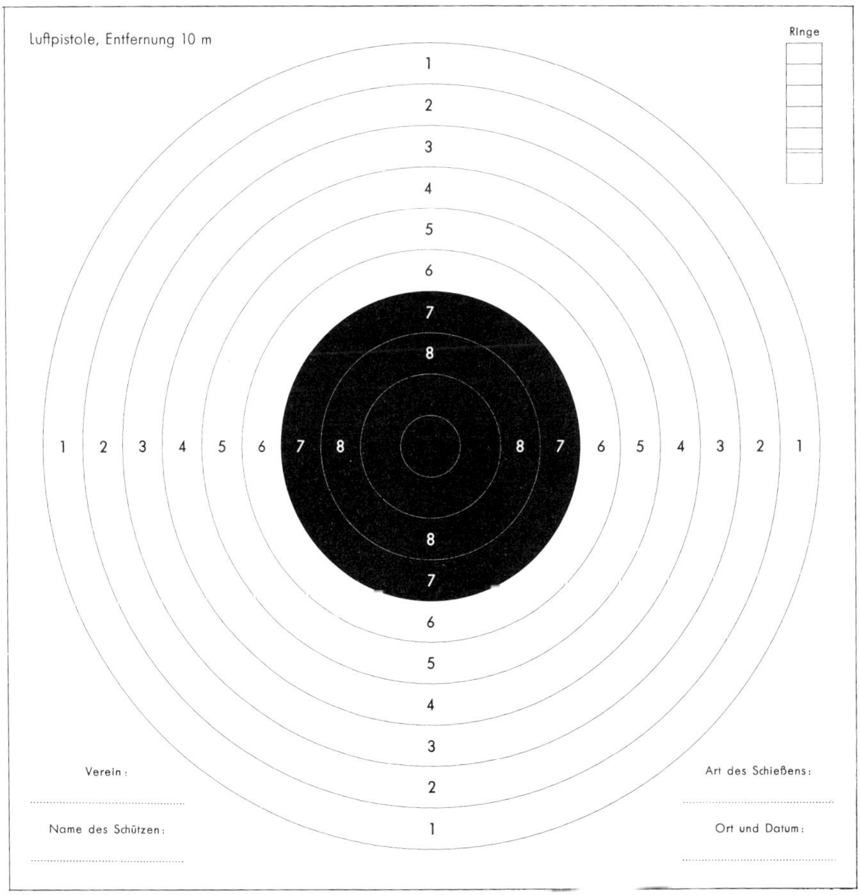

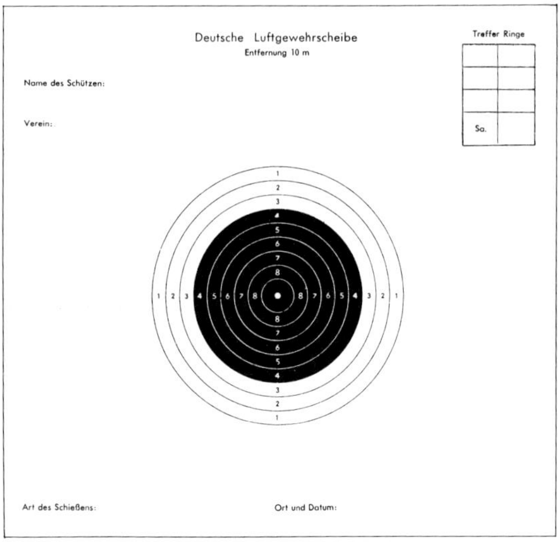

Luftgewehr-Übungsscheiben für das Heimtraining. Offizielle deutsche Luftgewehrscheibe für die Entfernung von 10 m. Größe 10 × 10 cm, Durchmesser des Scheibenbildes 4,5 cm. Für das Übungsschießen des Jägers eignen sich alle Luftgewehrscheiben dieser und ähnlicher Art.

chen Größe gebracht. Diese Miniaturwildscheiben sind zwar sehr ansprechend, aber aufgrund der ungünstigen Relation von Ringgröße und Ringabstand zum Geschoßdurchmesser kein absolut voller Ersatz. Der Durchmesser einer normalen Luftgewehrkugel beträgt 4,5 mm und der Abstand von Ring zu Ring nur 4 mm. Auf der 100-m-Scheibe wird der Geschoßdurchmesser im wesentlichen bei 5,6 mm (Hornet und .222 Remington) liegen, und der Ringabstand beträgt zwischen 20 und 40 mm. Bei der 50-m-Scheibe ist zwar der Ringabstand circa nur halb so groß, aber immerhin noch ausreichend im Vergleich zum Geschoßdurchmesser. Wer Luftgewehr-Wildscheiben beim Heimtraining benutzt, kann daher die Beurteilung seiner Treffer einem Ringergebnis auf der 100-m-Scheibe nicht gleichsetzen. Im übrigen ist zu empfehlen, die stehenden Mini-Wildscheiben in einem Abstand von 10 m und den sich von rechts nach links bewegenden Mini-Überläufer aus einer Entfernung von 6 m zu beschießen.

Die offiziellen Luftgewehrscheiben des Deutschen Schützenbundes für eine Entfernung von 10 m sind sehr preiswert und eignen sich ebenfalls für das Heimtraining mit dem Luftgewehr. Diese Zehnerringscheibe hat einen schwarzen Spiegel im Bereich der Ringe, 4, 5, 6, 7, 8, 9 und 10. Der übende Jäger sollte hier ein nicht zu schmales Balkenkorn verwenden. Um genau zielen zu können, muß man bei dieser Scheibe das Ziel aufsitzen lassen. Beim Üben mit dem Luftgewehr geht es vor allem um das Erlernen bzw. um die Verfeinerung der Technik des Stehend-Frei-Anschlages. Für das Lufgewehrschießen kann auch jede beliebige andere Scheibe verwendet werden. Den ernsthaft übenden Jägern und auch solchen, die sich auf Wettbewerbsschießen vorbereiten, rate ich zur Anschaffung eines normalen 4-fachen Zielfernrohrs mit dem Absehen, das auch das Zielfernrohr der Wettkampfbüchse hat. Man hat immer das gleiche Absehen und bedarf keiner Umorientierung. Das Zielfernrohr läßt außerdem keine Beleuchtungsprobleme aufkommen.

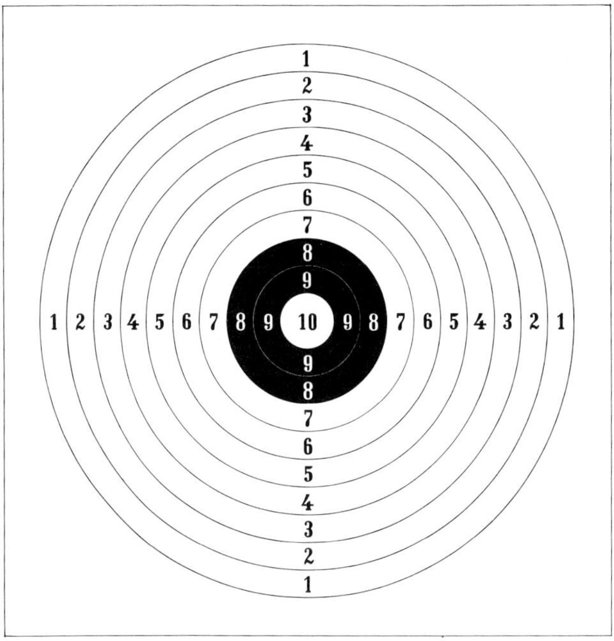

10er-Ringscheibe (Jagdscheibe). Sie eignet sich ausgezeichnet für das Kontrollschießen des Jägers und zum Einschießen der Jagdbüchsen auf 100-m-Entfernung. Größe 54 × 54 cm.

Anschußscheiben

Für das Anschießen der Jagdwaffen verwendet der Büchsenmacher Scheiben, die ein genaues Anvisieren ermöglichen.

Beim Zielen über Visier und Korn läßt man das Ziel aufsitzen, d. h., die schwarze innere Fläche der Scheibe muß der Schütze voll über dem Visier sehen. Die Kornspitze und ein Teil des Visierkammes berühren dabei die schwarze Fläche am unteren Rand. Beim Zielen durch das Zielfernrohr ist das Anvisieren des weißen Mittelstückes für die meisten Absehen günstig. Die Möglichkeit des Aufsitzenlassens der schwarzen Fläche ist trotzdem gegeben.

Die punktierte Linie im Mittelfeld der Anschußscheibe gibt den Umriß eines Rehherzens in natürlicher Größe wieder. Dadurch soll dem Jäger die Größe eines lebenswichtigen Organs eingeprägt werden. Diese Ansicht stammt aus einer Zeit, als dem Herzschuß mehr Bedeutung zugemessen wurde als heute.

Anschußscheiben gibt es auch mit Rastereinteilung. Horizontale und vertikale Abweichungen können hier mit einem Blick abgelesen werden. Das erspart die Schätzung oder ein Messen der Abweichung der Treffer von der absoluten Scheibenmitte. Bei der Korrektur der Treffpunktlage spielt das eine Rolle (siehe auch Einschießen).

Selbstgefertigte Scheiben

Zum Einschießen von Jagd- und Matchwaffen kann man sich natürlich auch eine Scheibe schnell selbst fertigen. Viele haben da ihre besonderen Vorstellungen von Art, Form und Größe der Scheibe. Im wesentlichen wird es immer auf einen gut sichtbaren Haltepunkt ankommen. Haltepunkte bzw. Ziele kann man sich durch das Aufkleben von schwarzen Schußpflastern auf helles, möglichst weißes Papier schaffen. Es können diesem Zweck sogar wenig benutzte Ringscheiben dienen. Sie sind auf jedem Stand zu finden, und Schußpflaster sind überall zu erwerben.

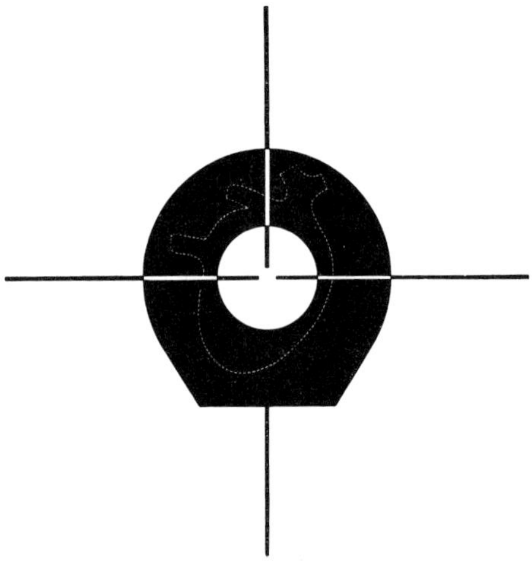

Anschußscheibe mit eingezeichneter Herzform des Rehwildes. Die abgeflachte untere Seite des schwarzen Feldes eignet sich für das An- und Einschießen über Visier und Korn, das weiße Mittelfeld ist vorteilhaft für das Visieren durch das Zielfernrohr. Größe 34 × 34 cm.

Wenn es sich um ein Kontroll- oder ein Feineinschießen von Büchsen handelt, kann man die Schußpflaster auch exzentrisch anbringen und hat dann die Möglichkeit, auf einer Scheibe mehrere Zielpunkte zu beschießen. Soll die Zielfläche, die bei Fleckschuß mit dem Haltepunkt identisch ist, in einer größeren Dimension angelegt werden, werden mehrere Pflaster nebeneinander gesetzt. Diese Pflaster, zu einer kreisrunden Fläche angeordnet, halte ich für günstiger als ein Rechteck oder irgendeine andere Form. Diese Art einer Zielfläche kann noch verfeinert werden, wenn ein Zentimeter-Raster angelegt und in die Mitte ein Schußpflaster geklebt wird.

Zum Einschießen einer Waffe mit dem Zielfernrohr eignen sich neben der 10er-Ring-Jagdscheibe auch alle Sportschützenscheiben, die, weil sie in großen Serien hergestellt werden, besonders preisgünstig sind. Dort, wo nur ein großer schwarzer Spiegel den Zentralbereich darstellt, werden wir in die Mitte einen oder mehrere weiße Kleber kreisförmig anordnen, um das eigentliche Zentrum hervorzuheben.

Wildscheiben für das sportliche Schießen

Um Verwechslungen beim Kauf von Wildscheiben vorzubeugen, muß ich darauf hinweisen, daß sich auf dem Markt eine Scheibe „laufender Keiler" befindet, deren Scheibenbild mit dem der DJV-Wildscheibe Nr. 5 „flüchtiger Überläufer" identisch ist. Nicht identisch ist aber die Ringeinteilung. Es ist die sogenannte laufende Wildscheibe mit vergleichsweise enger Fünfer-Ringeinteilung, die allerdings international anerkannt ist und auch bei den Olympischen Spielen zugelassen wurde. Für den Jäger hat diese Scheibe jedoch keine Bedeutung, weil für das jagdliche Schießen auf den „flüchtigen Überläufer" die DJV-Wildscheibe sowohl für den 50- als auch für den 60-m-Stand maßgebend ist. Ich empfehle, die sportliche Scheibe auf keinen Fall Anfängern vorzusetzen, da sie den Ungeübten aufgrund der geringen Bewertungsfläche und der geringen Ringabstände eher entmutigt als zum Üben anspornt. Erfahrene Jagdschützen werden auch mit dieser Scheibe gut zurechtkommen. Sie sollte aber immer nur ein Notbehelf sein und nur dann verwendet werden, wenn die „offizielle" DJV-Jagdscheibe nicht greifbar ist.

Spiegel für Wildscheiben

Um nicht immer ganze Wildscheiben erneuern zu müssen, wenn nur der Bereich der Ringe 10, 9 und 8 zerschossen ist, können in diesen Bereich sogenannte „Spiegel" eingeklebt werden. Sie lassen sich genau auf die Wildscheibe einpassen, und sie helfen Kosten und die Arbeit des Neuaufziehens der Scheibe auf Pappe zu ersparen. Bei wichtigen Schießveranstaltungen kann es auch so gehandhabt werden, daß jeder Schütze einen eigenen Spiegel bekommt.

Sicherheit voran

Ein großer Teil der Jagdunfälle kommt zustande, weil entweder geglaubt wird, die Waffe sei entladen, oder weil die Waffe irrtümlich oder vorsätzlich bei bestimmten Situationen, bei denen sie entladen sein müßte, nicht entladen worden ist. Deshalb ist es angebracht, einige grundsätzliche Worte zu dem Begriff „Entladen" zu sagen. Oberster Grundsatz: Nehme ich eine Waffe in die Hand, so *muß* ich mich davon überzeugen, ob sie entladen ist. Dabei ist es einerlei, ob ich die Waffe aus meinem

Bei Treibjagden ist es mancherorts üblich, die Jäger von Treiben zu Treiben zu fahren. Vor Besteigen des Wagens muß sich jeder Schütze nochmals davon überzeugen, daß sein Gewehr tatsächlich ungeladen ist. Trotz dieser lebenswichtigen Sicherheitsvorkehrung sollen die Gewehre auch während der Fahrt unter Kontrolle sein, d. h. die Mündung muß nach oben zeigen. Auf keinen Fall darf das Gewehr weggelegt oder den Treibern zum Halten gegeben werden. Die Verantwortung für die Sicherheit trägt einzig und allein der Jäger.

Kein seltenes Bild. Drahtzäune jeglicher Art sind Hindernisse im Revier. In jedem Fall muß das Gewehr vor dem Überklettern oder Unterkriechen entladen werden. Vor der Übergabe der Waffe zum Halten hat man sich noch einmal davon zu überzeugen, daß sie entladen ist. So wie im Bild sollten die Gewehre nicht gehalten werden. Eine Hand und ein Arm können jeweils nur eine Waffe fest im Griff halten.

Dieser Jäger ist beim Frettieren auf das Jagdgeschehen (den Bau) voll konzentriert und hat die Flintenmündung in die Richtung des zu erwartenden Kaninchens gerichtet. Den Gewehrriemen hat er gut unter Kontrolle (linke Hand). Je nach Jagdart, Situation und vorkommender Wildart kann die Laufmündung etwas gesenkt oder gehoben werden. Bei Flugwild auf alle Fälle die Mündung bis etwa Augenhöhe anheben!

Tragen der Jagdgewehre. So ist es richtig . . .

. . . und so auch. Auf beiden Bildern sieht man zwar ein unterschiedliches, aber immer korrektes Tragen der Waffen. In jedem Fall muß die Laufmündung auch bei der entladenen Waffe unter Kontrolle sein, d. h. nach oben zeigen. Ausnahme: Gewehre ohne Mündungsschoner bei starkem Regen.

Gewehrschrank nehme, vom Gewehrständer auf dem Schießstand hole, von jemandem gereicht bekomme oder sonstwie Waffen übernehme. Man gewöhne sich auch an, die Waffe auf den Zustand des Entladenseins zu überprüfen, wenn einem selbst von dem zuverlässigen Freund gesagt wird: „Die Waffe ist entladen!" Vertrauen ist gut, sich überzeugen ist besser! Umgekehrt muß es natürlich auch so sein, daß ich nur dann die Waffe weggebe oder jemandem übergebe, nachdem ich mich selbst davon überzeugt habe, daß sie entladen ist. Es gibt nur wenige Fälle im jagdlichen Bereich, bei denen eine Waffe im geladenen Zustand übergeben wird. Einer dieser seltenen Fälle ist, wenn auf dem Schießstand eine Lade- oder Entladehemmung entsteht oder die Waffe dem Verantwortlichen auf dem Stand zur Überprüfung oder Bannung der Gefahr (Versager) gereicht wird.

Es wird immer und immer wieder gepredigt, die Waffe *vor* dem Überklettern von Zäunen, Besteigen von Hochsitzen, Überspringen von Gräben, Besteigen eines Kraftfahrzeuges, *vor* dem Betreten eines Hauses (nicht erst Wohnung!) und *vor* allen anderen ähnlichen, bekannten und in allen Lehrbüchern aufgeführten Fällen strikt zu entladen. Leider schleicht sich häufig eine Lässigkeit ein; hier hat jeder Jäger die Pflicht, auf den gefährlichen Zustand, die Trageweise, die Haltung etc. der geladenen Waffe unbedingt und sofort hinzuweisen. Als Jagdleiter werde ich nicht versäumen, vor Beginn der Jagd die Sicherheitsbestimmungen anzusprechen, und erst recht nicht scheuen, bei Vernachlässigung der Sicherheit – im speziellen Fall beim Nichtentladen einer Waffe – deren Einhaltung streng und gezielt zu fordern und widrigenfalls auch vor einem Jagdverweis nicht zurückschrecken.

Auf den Schießstätten ist meist eine größere Ansammlung von Menschen anzutreffen. Deshalb muß dort auf Entladen von Waffen besonders streng geachtet werden. Die Regel ist sehr einfach: Nur auf dem Schützenstand und in Schußrichtung darf die Waffe geladen werden und erst nachdem die Aufsicht das Feuer freigegeben hat! Entladen wird unbedingt vor Verlassen des Standes, falls noch eine Patrone in der Waffe ist. Auch die Hülse ist vor Verlassen des Standes aus der Waffe zu entfernen. Bei einigen Waffentypen kann man auf den ersten Blick feststellen, ob sie entladen oder geladen ist. Bei anderen kommt man nicht umhin, die Waffe einer näheren Kontrolle zu unterziehen. Mit Entladensein meine ich nicht nur das Entfernen der Patrone aus dem Patronenlager des Laufes, sondern das Entfernen aller Patronen aus der Waffe (auch dem Magazin o. ä.).

Bei Selbstladewaffen und Repetierern stecke ich den kleinen Finger in das Patronenlager und überzeuge mich, daß wirklich keine Patrone darinsteckt. Dieses Sichüberzeugen oder Vergewissern oder wie man es auch nennen will, muß jedem in Fleisch und Blut übergehen. Es hat nichts mit Übervorsichtigkeit oder Ängstlichkeit zu tun.

Was für die Langwaffen zutrifft, gilt in besonderem Maße für die Kurzwaffen. Beim Revolver überzeuge ich mich, ob die Waffe entladen ist, durch das Ausschwenken der Trommel. Bei der Pistole ziehe ich den Schlitten zurück, nachdem ich vorher das Magazin aus der Waffe entfernt habe, schaue in das Patronenlager und taste zur Sicherheit mit der Spitze des kleinen Fingers das Lager ab. Doppelte Kontrolle hat noch nie geschadet.

Das Büchsenschießen

Irgendwann wird wohl jeder junge Mensch mit einer Büchse geschossen haben, sei es mit einem einfach konstruierten Luftgewehr oder mit einer Präzisionsluftbüchse. Fast in jeder größeren Dorfgemeinschaft gibt es einen Schützenverein mit eigenem Büchsenstand, und auf jedem größeren Fest finden wir Buden, die zum Schießen einladen. Dorthin wird man sicher als Jugendlicher einmal verschlagen worden sein, und der Reiz, einmal etwas Neues auszuprobieren, steckt wohl in jedem Menschen.

Neben dem Luftgewehr ist die Kleinkaliberbüchse die beinahe ausschließlich bei Schützenvereinen benutzte Waffe, da sie die Ausübung des Schießsports zu einem verhältnismäßig preisgünstigen Kostensatz erlaubt. Der Anschaffungspreis einer Büchse und der Preis der Übungsmunition sind Faktoren, die von vielen Interessenten berücksichtigt werden müssen, bevor sie sich entschließen, intensiv das Büchsenschießen zu betreiben.

Die relativ erschwinglichen Kosten beim Luftgewehr- und Kleinkaliberschießen waren und sind heute noch ausschlaggebend für die starke Verbreitung des Büchsen-Schießsports. Das Flintenschießen dagegen hat es wegen der hohen Kosten nie zu einer vergleichbaren Entfaltung gebracht.

Setzen wir das auf den jagdlichen Sektor um, so heißt es, daß es schon früher reichlich Jäger gegeben hat, die es sich leisten konnten, viel mit dem Luft- und dem Kleinkalibergewehr zu üben, aber ihre Übung mit der Flinte oft wegen der hohen Kosten in den Hintergrund treten ließen. Das Büchsenschießen war auch noch durch andere Tatsachen begünstigt, und zwar dadurch, daß man auf dem Stand unabhängig von Witterung und Tageszeit regelmäßig schießen konnte. Auch war der geldliche Aufwand, Mitglied eines Luftgewehr- und Kleinkalibervereins zu sein, nicht so groß. Der Schießsport konnte am, ja mitten im Ort selbst gepflegt werden, ohne dabei die unmittelbare Nachbarschaft zu belästigen. Diese vielen günstigen Voraussetzungen ließen auch die Jäger profitieren. Sie konnten sich einfach einem solchen Schützenverein anschließen, konnten dort für billiges Geld üben und mußten zu diesem Zweck nicht weit fahren.

Wir Jäger haben uns eigentlich nie viel Gedanken über diese Zusammenhänge gemacht, vertraten dafür schlechthin die Meinung, daß das Büchsenschießen an sich leichter wäre, dem Jäger besser liegen würde. Wir meinten allgemein, daß das Schießen mit der Flinte eine besondere Begabung erfordere, zumal früher sogar von einer Kunst des Flintenschießens gesprochen wurde. Man vergaß aber dabei völlig, daß das Erlernen der Feinheiten des Büchsenschießens den gleichen Schwierigkeitsgrad beinhaltet und die gleiche Übungszeit benötigt wie das Flintenschießen. Der Fehler in dieser Beurteilung lag meist darin, daß man die leichteste Art des Büchsenschießens – sitzend aufgelegt – mit der schwierigsten Art des Flintenschießens – dem sogenannten Wurftaubenschießen – verglich oder große Ziele auf nahe Entfernung beschoß. Jeder Jäger muß jedoch wissen, daß das Büchsenschießen wie ein Bogen ist, der sich von der leichtesten bis zu der schwierigsten Übung weit spannen läßt. Viele Jäger, vor allem die älteren, haben in ihrem Leben den Büchsenschuß fast nur vom Hochsitz angewandt und dabei regelmäßig die Möglichkeit gehabt, sich mehr oder weniger gut auf den Schuß auf stehendes Wild im Anschlag „sitzend aufgelegt" vorzubereiten. Die Fähigkeiten des Jägers im Umgang mit der Büchse dürfen sich aber nicht einzig und allein mit dieser leichtesten Anschlagart erschöpfen.

Wir wissen, daß unvorhergesehene Umstände bei der Ausübung der Jagd und der Hege zuweilen schwierige Büchsenschüsse erfordern, auf die wir uns nicht sitzend mit Gewehrauflage vorbereiten können. Denken wir nur daran, daß wir in eine Situation geraten, bei der ein Schuß stehend freihändig auf ein sich bewegendes Ziel abgegeben werden muß. Ich hole das Beispiel gar nicht von weit her, wenn ich sage, daß jeder in diese Lage bei der Nachsuche auf krankgeschossenes Wild oder durch eine Einladung zur Schwarzwilddrückjagd geraten kann. Leider vergessen wir recht häufig beim Büchsenschießen, daß die besonderen Umstände, die auf den Jäger bei seinem Schuß mit der Büchse im Revier einwirken, auch die Treffgenauigkeit erheblich beeinflussen können. Man denke nur an die Erregung beim Anblick des Wildes. Ich kann leidlich gut beim Büchsenschießen auf dem Stand sein, vor allem bei den leichteren Übungen, aber im Revier erhebliche Schwierigkeiten haben. Die Leistungsminderung auf dem Weg vom Schießstand zum Revier ist erklärbar. Auf dem Stand habe ich alle günstigen Voraussetzungen, im Revier nicht selten genau das Gegenteil. Will ich ein meisterlicher Schütze mit der Büchse im Revier sein, so muß ich erst recht meisterliche Leistungen auf dem Schießstand zeigen. Auch beim Büchsenschießen vertrete ich die Auffassung, daß es ohne systematische, planmäßige und regelmäßige Übung nicht möglich ist, ein waidgerechter, also sicherer Jäger mit der Büchse zu sein.

Mehr denn je steht heute bei einer nicht unerheblichen Anzahl von Jägern die Trophäe stark im Vordergrund des jagdlichen Geschehens. Große Summen werden oft für eine Jagd auf trophäentragendes Wild ausgegeben. Völlig unverständlich ist es mir dann, wenn diese Männer, gegen deren Handlungen nichts einzuwenden ist, solange die Jagdausübung selbst auf waidmännische Art geschieht, nicht auch einige Zeit und übersehbare Kosten aufwenden wollen, um das Büchsenschießen regelrecht zu üben. Hinsichtlich des Schießens mit der Büchse mußte schon manch einer die Sparsamkeit am falschen Platz im wahrsten Sinn des Wortes teuer bezahlen, denn Jagdreiseunternehmer lassen sich von zahlenden Jagdgästen auch Fehlschüsse entgelten. Krankgeschossenes Wild kommt dann noch teurer zu stehen. Dies ist durchaus gerechtfertigt, denn viel Mühe liegt oft in einem Jagdarrangement, dessen Erfolg dann durch einen schlecht schießenden Schützen zunichte gemacht wird.

Kommen zu dem Büchsenschuß neben der jagdlichen Erregung auch noch größere körperliche Anstrengungen hinzu, so kann man sich vorstellen, daß ein sauberer Büchsenschuß unter diesen Umständen dem Jäger allerhand Können abverlangt.

Jeder Jäger ist sich zwar heute der Tatsache bewußt, daß der Büchsenschuß ein fein gezielter, gut treffender Schuß sein sollte, aber nur wenige wissen die Leistungsfähigkeit der Büchse, die der Munition und die des Jägers in einen harmonischen Einklang zu bringen.

Es ist eine Vermessenheit, von der Industrie einerseits eine effektive Büchsenstreuung von nur wenigen Millimetern auf 100 m zu verlangen und andererseits selbst nicht imstande zu sein, „sitzend aufgelegt" einen Streukreis von 20 cm zu halten. Man stelle sich erst einmal die Streuung dieses Jägers beim Anschlag „stehend frei" vor, bei dem selbst geringe Schießfehler in große Abweichungen übersetzt werden.

Will ein Jäger ein wirklich guter Büchsenschütze werden, so wird die Kenntnis der sowohl waffentechnischen als auch ballistischen Grundsätze eine unbedingt notwendige Voraussetzung sein. Mir selbst ist stets ein Jäger lieber, der mit zwar geringem, aber noch ausreichendem theoretischen Wissen und guten Büchsenschießleistungen aufwarten kann, als der, der bis obenhin vollgepfropft ist mit Zahlen, Formeln und theoretischem Wissen und nichts trifft. Der waidgerechte „Büchsenjäger" braucht weder ein hochqualifizierter Waffentechniker noch eine Kapazität der Ballistik zu sein, sondern er ist vielmehr der Mann der Praxis, der einen einwandfreien, schnell tötenden Schuß anzubringen versteht.

Der Abzug der Büchse

Ein guter Abzug ist wichtiger, als meist angenommen wird. Starke Abweichungen vom Ziel, vor allem das Verdrücken, Verreißen und Verziehen des Schusses, können ihre Ursache in einem ungünstig wirkenden, schlecht eingestellten oder unsauber gearbeiteten Abzug haben. Es ist erstaunlich, daß die meisten Anfänger die Wichtigkeit eines guten Büchsenabzuges unterschätzen. Zum Teil mag es an den Ausbildern älteren Schlages liegen, für die es bei der Jagdbüchse nur den Stecher gab, oder es mag auch daran liegen, daß noch sehr viele Ausbilder mehr auf dem Parkett des Vortragssaales als auf den Brettern des jagdlichen Schießstandes und in der vielseitigen praktischen Handhabung bei der Führung der Waffe zu Hause sind. Wer sich als noch wenig erfahrener Jäger seine erste Jagdbüchse zulegt, läßt sich gern vom mitgelieferten Schußbild beeindrucken, vielleicht noch von der äußeren Form des Gewehrs; am wenigsten aber wird Gelegenheit genommen, den Abzug zu prüfen. Den meisten Anfängern, aber auch einem Großteil der Fortgeschrittenen wird die Fähigkeit fehlen, einen Abzug auf seinen Wert beurteilen zu können. Die theoretischen Kenntnisse der Technik von Abzugsvorrichtungen nützen dabei nur wenig. Wesentlich dabei erscheint mir, hier Vergleiche anstellen und mit den verschiedenen Abzugsarten Erfahrungen sammeln zu können.

Bis vor wenigen Jahren sah es so aus, als ob der traditionsbewußte und zünftige Jäger dem Stecher ewige Treue schwören würde. Da gab es nur selten die Frage: Stecher oder Direktabzug (Flintenabzug), höchstens Stecher oder Druckpunktabzug, wie er bei Militärwaffen üblich war. Von einem Matchabzug war früher überhaupt keine Rede. Es war klar, derjenige, der präzise schießen wollte, wählte den Stecher. Vielleicht lag es daran, daß man die Schützenwaffen und die Erfolge der Scheibenschützen gewissermaßen als Vorbild nahm, vielleicht war es aber auch die Tatsache, daß das Präzisionsschießen mittels Stecher leichter zu erlernen war und daher schnelleren Erfolg versprach. Vielleicht hat es aber auch daran gelegen, daß es an guten Flintenabzügen in Gewehren der Standardklasse gemangelt hat oder gar heute noch mangelt.

Aufgrund meiner Erfahrung haben sowohl Stecher als auch Flintenabzug ihre Daseinsberechtigung. Den Stecher halte ich für ausgezeichnet, wenn man aus einer sicheren Position heraus, ohne sehr schnell sein zu müssen, den Schuß abgeben kann; primär also für das Schießen auf dem Schießstand oder beim Ansitz. Hier kann man die Vorteile des Stechers in vollem Umfang nutzen und handelt sich keine Nachteile ein. Anders auf der Pürsch oder überall dort, wo die Situation schnelles Handeln, oft sogar aus einer ungünstigen Lage heraus, erfordert. Daraus folgt nicht, daß der Stecherabzug für die Pürsch oder das jagdliche Schießen im allgemeinen unbrauchbar wäre. Ich möchte hier lediglich andeuten, daß der gute Flintenabzug in manchen jagdlichen Situationen dem Stecher überlegen ist. Für mich bleibt entscheidend, daß der durch den Finger zum Flintenabzug herzustellende Kontakt besser, schneller und sicherer aufgenommen werden kann als beim Stecher und daß ich den Arbeitsgang des Stechens entbehren kann. Beim Flintenabzug fällt ja, weil es da kein Stechen gibt, auch das oft notwendige Entstechen fort, und darin sehe ich einen beachtlichen Sicherheitsfaktor. Es ist bekannt, wie eng die Jagd mit Leidenschaft und Aufregung verknüpft sein kann, und wir sollten daher bedacht sein, die Vielzahl der notwendigen Handgriffe zu vereinfachen und zu vermindern.

An dieser Stelle sei aber vermerkt, daß wir um den Stecher in den kombinierten Gewehren wie Büchsflinte, Drilling und ähnlichem nicht herumkommen. Es liegt heute noch nicht im Rahmen einfacher technischer Möglichkeiten, einen im Preis vertretbaren erstklassigen Flintenabzug für den Flintenlauf und gleichzeitig einen erstklassigen Direktabzug für den Büchsenlauf zu schaffen. Hier scheint der Stecher vorläufig noch unumgänglich. Bei mehrläufigen Gewehren dürfen die Abzüge nicht zu fein stehen, damit ein Doppeln, d. h. ein unabsichtliches Auslösen eines zweiten Schusses durch den Rückstoß des ersten, verhindert wird. Man bedenke, daß beim Abzug der Flinte der Abzugwiderstand bei knapp 2 kg liegt und daß er bei einer gestochenen Waffe nur wenige Gramm beträgt. Auf keinen Fall darf jedoch der Stecher so fein eingestellt werden, daß der Schuß bei der geringsten Berührung durch den Zeigefinger bricht; man muß imstande sein, den Zeigefinger merklich fühlbar an den eingestochenen Abzug zu legen.

Bei mehrläufigen Gewehren haben wir den sogenannten französischen Rückstecher, bei dem durch Druck von hinten gegen den Büchsenlaufabzug bis zum Einrasten dieser eingestochen wird. Bei den einläufigen Büchsen findet man den sogenannten deutschen Stecher mit zwei Abzügen, mit deren hinterem durch Zurückziehen eingestochen wird und deren vorderer dann nach leichter Berührung den Schuß auslöst. Einem jeden Stecherbenutzer muß zur Selbstverständlichkeit werden, daß er erst dann einstechen darf, wenn das Gewehr im Anschlag liegt, d. h.

unmittelbar vor der beabsichtigten Schußabgabe. Kommt der Jäger nicht zum Schuß, so ist es für ihn eine zwingende Notwendigkeit, sofort zu entstechen, denn würde man z. B. mit gestochenem Büchsenlauf der Büchsflinte oder des Drillings einen Schrotschuß abfeuern, würde gleichzeitig auch der Kugelschuß losgehen. Die unbeabsichtigten Folgen können schrecklich sein. Im höchsten Grade gefährlich und unverantwortlich wäre es, mit gestochener Waffe den Reviergang fortzusetzen. Wer eine Waffe mit Stecher führt, muß mit ihrer Funktion vertraut sein und unbedingt über das Stechen und Entstechen Bescheid wissen, er muß ihre Handhabung üben und immer wieder üben, bis das Beherrschen aller Handgriffe größte Gewähr für jegliche Sicherheit bietet.

Ein Beschreiben der Entstechvorgänge aller Schloßkonstruktionen sowohl der mehrläufigen als auch der einläufigen Waffen ist nicht Zweck dieses Buches und ginge über den Rahmen einer allgemeinen Anleitung hinaus. Wenn ich vom „Flintenabzug" für Büchsen spreche, so meine ich einen „weichen" Abzug ohne Vorzug und Druckpunkt mit massivem Abzugwiderstand, der den Schuß direkt auslöst. Mit dem Abzug der Flinte hat er im Grunde genommen nur gemeinsam, daß er den Schuß unmittelbar in dem Augenblick brechen läßt, den der Schütze mit dem Abzugfinger durch kurze Bewegung des Abzuges bestimmt. Man ist also sehr schnell im Lösen des Schusses, was beim Schießen auf flüchtiges Wild von besonderer Bedeutung ist. Beim Stecherabzug müßte ich erst den Stechvorgang verrichten, und bei dem Druckpunktabzug, wie er in Militärwaffen üblich ist, hätte der Zeigefinger erst einen Weg bis zum Druckpunkt und dann den Widerstand des Abzuges zu überwinden, bevor der Schuß bricht. Die dadurch bedingte Verzögerung macht verständlich, warum sich auch der Druckpunktabzug nur bedingt für den Schuß auf bewegliche Ziele, also für jagdliche Zwecke, eignet. Man findet ihn deshalb kaum serienmäßig in Jagdbüchsen; hat man aber eine Büchse mit einem solchen Abzug, so sollte nach Möglichkeit der Weg bis zum dritten Widerstand im Druckpunkt kurz sein; der Abzug soll, wie man sagt, „kurz stehen". Natürlich läßt sich ein Stecherabzug auch ohne den Stechvorgang auslösen. Der Auslösewiderstand ist aber meist sehr groß und hart, so daß präzise Schüsse kaum möglich sind. Das Durchziehen des Stecherabzuges ist lediglich eine Notmaßnahme beim Flüchtigschießen unter schwierigen Voraussetzungen.

Die Schäftung

Bei jedem Jagdgewehr spielt der Schaft eine wesentliche Rolle: das sichere Halten, das Treffen und das zweckmäßige Handhaben wird letztlich erst durch ihn ermöglicht. Je schneller ich anschlagen und schießen will, um so genauer muß der Schaft meinen Körpermaßen angepaßt sein. Es wäre irrig zu sagen, daß dies nur für das Flintenschießen zuträfe. Beim Büchsenschießen ist der Schaft nicht minder wichtig, sollen Bestleistungen erzielt werden.

Auf die einzelnen Schaftformen und -namen möchte ich hier nicht eingehen, sondern lediglich darauf hinweisen, daß kein Teil der Waffe individueller für den

Jäger gearbeitet sein muß als der Schaft. Das alte Sprichtwort: „Der Lauf schießt, der Schaft trifft", wird, solange wir Jagdgewehre heutiger Bauart führen, besonders beim schnellen Schießen und beim Schießen auf bewegliche Ziele zutreffen.

Grundsätzlich ist zu sagen, daß jeder Schaft beim korrekten, normalen Anschlagen dem Schützen ohne Nachkorrigieren sofort den geraden Blick über die Visierung zum Ziel ermöglichen muß. Das heißt bei der Büchse, daß bei fester Anlehnung der Wange an den Kolben sofort Visier und Korn übereinstimmen und sie nur noch auf das Ziel gerichtet werden muß. Bei Büchsen mit Zielfernrohr muß bei einem guten Anschlag das Zielauge den richtigen Abstand zum Zielfernrohr haben und den Blick durch die Mitte des Fernrohrs erlauben. Beim Anschlagen mit der Flinte muß ich bei richtiger Körper-, Kopf-, Hals- und Gewehrhaltung den richtigen Blick über die Laufschiene haben. Bestimmend dabei ist, daß eine feste, gleichmäßige Verbindung von beiden Händen, der Schulter und der Wange zur Schäftung hergestellt wird. Das A und O ist, geradeaus über die Schiene zu sehen und das richtige Maß von Schiene in der Perspektive zu haben. Daß ich dabei nicht kanten darf, ist Voraussetzung.

Bei der Suche nach einem geeigneten Schaft sind entscheidende Abmessungen zu berücksichtigen: Die Schaftlänge, die Senkung, die Schränkung, das Pitch-Hilfsmaß (Schrägschnitt der Schaftkappe), Abstand Pistolengriff – Vorderkante zum vorderen Abzug und Abstand der Schaftnase zum vorderen Abzug. Nur diese einwandfrei zu ermittelnden Abmessungen können einen gleichmäßigen, sicheren Anschlag, ein einwandfreies Visieren, gleichmäßig gutes Treffen und eine Minderung des Rückstoßes garantieren. Das richtige Ermitteln der Schaftmaße erfordert eingehende Kenntnisse, vor allem eine praktische Erfahrung im Schießen. Die im Handel erhältlichen Schäfte sind nach Standardmaßen normal gebauter Menschen geformt. Sie werden auch zu durchaus brauchbaren Resultaten verhelfen; aber die letzten Feinheiten werden nur mit einer individuell gefertigten Schäftung erzielt werden können. Der Jäger muß wissen, daß z. B. ein zu kurzer Schaft den Rückstoß stärker spüren läßt und einen gleichmäßigen, richtigen Anschlag nicht ermöglicht. Bei der Wahl der Schaftlänge muß auch bedacht werden, daß Sommer- und Winterkleidung unterschiedlich stark auftragen und dies mit einer veränderbaren Schaftlänge (Kappe) auszugleichen sein wird.

Mit der Senkung und dem Pitch kann der Hoch- und Tiefschuß ausgeglichen werden. Der stark gesenkte Schaftrücken erzeugt einen Tiefschuß. Die Wange und folglich das Auge kommen immer tiefer und sehen zu wenig oder gar keine Schiene. Umgekehrt ist es bei einem zu hohen Schaftrücken, also einer geringen Senkung. Daraus resultiert ein Hochschuß, weil der Schütze – übertrieben ausgedrückt – schräg von oben auf die gesamte Schiene sieht. Unter Pitch ist die Abschrägung des Schaftendes zu verstehen. Je größer diese Abschrängung ist, um so mehr Hochschuß ist zu erwarten.

Damit die Schrotgarbe auch seitlich richtig liegt, d. h. weder einen konkreten Links- noch Rechtsschuß aufzeigt, muß die für den Schützen geeignete Schränkung am Flintenschaft eingepaßt werden. Ein schmaler Körper mit schmalem Gesicht wird kaum eine Schränkung benötigen, dagegen wird ein breitschultriger Mann mit breitem Kopf und breiten Wangen ohne eine starke Schränkung nicht auskommen. Jede nicht zweckmäßige Schränkung verleitet zum Verkanten der Waffe.

Die Abweichungen von den Standardmaßen betragen oft nur einige Millimeter und deshalb rate ich, den Weg der „kleinen Schritte" zu wählen. Er ist unter Umständen der einzig taugliche. Sich Millimeter für Millimeter zum exakt richtigen Schaftmaß hinzuarbeiten, halte ich für besser als eine einmalige grobe Korrektur vorzunehmen und es dann dabei zu belassen. Das geht nicht immer gut.

Ein guter Maßschaft erfordert fast ausschließlich Handarbeit und ist nicht billig. Er lohnt sich aber um des guten Treffens willen.

Wenn die Schäfte heute noch, besonders bei Jagdwaffen, fast ausschließlich aus Nußbaumholz gefertigt werden, so liegt das daran, daß der Jäger durch seine Naturverbundenheit in seinem Hang zum Konservativen am natürlichen Werkstoff Holz festhält. Holz strahlt Wärme aus, Holz ist angenehm und Holz ist durch seine Struktur, Maserung und Farbe individuell schön. Kunststoffschäfte haben in der rauhen Praxis sicherlich Vorteile, weil sie vor allem witterungsunempfindlicher sind und kaum einer Pflege bedürfen, aber die individuelle natürliche Schönheit des Holzes wird vermißt. Es bleibt abzuwarten, ob und wann sich der Kunststoff auch auf dem Gebiet des Schießwesens weiter so durchsetzen kann, wie es bei einigen Jagdausrüstungsgegenständen schon der Fall ist.

Wann soll ich mir eine Maßschäftung anfertigen lassen? Eigentlich müßte jeder Schütze, der hohe Leistungen mit der Waffe anstrebt, ein individuell – d. h. auf seine Körpermaße abgestimmtes – geschäftetes Gewehr haben. Ich kann mir zwar auch einen Anzug von der Stange kaufen und der kann vielleicht besser sitzen als ein von einem schlechten Schneider nach Maß gefertigtes Kleidungsstück. Aber es kann und wird nie das sein, was ein Maßanzug von Meisterhand ist. Ähnlich ist es mit dem Gewehrschaft. Als normal gebauter Mensch mit normalen Proportionen der oberen Körperhälfte kann ich in der Regel mit einem Serienschaft auskommen, vorausgesetzt, daß die Schaftlänge der Armlänge entspricht und daß die Maße des Konfektionsschaftes auf den neuesten Erkenntnissen des Schießens beruhen.

Die Praxis sieht so aus: Der Waffenhändler berät und empfiehlt eine bestimmte Schaftlänge. Dann versuche ich das Gewehr auf dem Stand. Nur ein Experte wird auf Anhieb feststellen können, ob der Schaft „sitzt" oder wo er „drückt". Ich empfehle, nicht voreilig zu sein und sofort ein Urteil nach den ersten Schüssen zu fällen, sondern – vor allem bei der Flinte – mehrmals auf den Stand zu gehen und die jeweiligen Ergebnisse festzuhalten. Komme ich dann noch immer nicht zurecht, müssen Schaftkorrekturen vorgenommen werden. Meist sind sie geringfügiger Art. Auf das „Gewußt wie und wo" kommt es an.

Körperversehrten, Körperbehinderten und Jägern mit von normaler Körperstatur abweichenden Hals-, Kopf-, Schulter-Proportionen empfehle ich von vornherein einen Maßschaft. Sie müssen sich aber einen Schafter aussuchen, der mehr als eine durchschnittliche Arbeit leisten kann und die Materie des Schießens über das durchschnittliche Maß hinaus auch selbst beherrscht.

Das Zielfernrohr – die zeitgemäße Visiereinrichtung

Vor wenigen Jahrzehnten haben sich die Gemüter noch bei Diskussionen über die Frage, ob man ein Zielfernrohr verwenden soll oder nicht, erhitzt. Heute hat sich die Erkenntnis durchgesetzt, daß das Verwenden einer optischen Visiereinrichtung bei unseren jagdlichen Verhältnissen wesentlich waidgerechter ist als ungenügend sicheres Zielen mit der offenen Visierung. Es gibt nur wenige Fälle in der Praxis, die das Zielen über Visier und Korn angebracht erscheinen lassen. Diese wenigen Fälle würden aber auch mit Zielfernrohr genauso, wenn nicht besser, zu meistern sein, hätte man eine zweckmäßige, allen Erfordernissen gerecht werdende optische Visierung und entsprechende Montage des Zielfernrohres.

Das Zielfernrohr, und das muß schon jeder Anfänger wissen, dient nicht nur allein der Visierung, um das Ziel und das Absehen in einer Ebene scharf zu sehen und um den Schuß auch bei schlechten Sichtverhältnissen präzise anbringen zu können, sondern ebenfalls dazu, die Umgebung des Zieles, insbesondere den dahinter liegenden Bereich deutlich erkennen zu können. Für das sichere Ansprechen unmittelbar vor dem Schuß ist es genauso unentbehrlich wie zur Vermeidung von Unfällen. Wir alle kenne die kritische Zeit vom Ansprechen des Wildes durch unser Doppelglas bis zum Anschlag und Zielerfassen. In dieser Zeitspanne kann sich vieles im Zielbereich des Jägers geändert haben. Völlig neue Situationen können entstanden sein, nicht nur, daß sich das Wild innerhalb des Rudels oder des Sprunges umgestellt hat, sondern es kann auch ein Gefahrenmoment für Mensch oder weidende Haustiere entstanden sein.

Die Fähigkeit, Gegenstände in verschiedenen Ebenen mit dem bloßen Auge scharf wahrnehmen zu können, dürfte weniger als der Hälfte der Jäger möglich sein. Die Akkommodationsfähigkeit läßt mit zunehmendem Alter nach, man kann nicht mehr Visier, Korn und Ziel einigermaßen gleich scharf erkennen, und es entstehen dadurch zwangsläufig Zielfehler. Diese Folgen der sogenannten Alterssichtigkeit machen sich bei den meisten Menschen um das 45. Lebensjahr bemerkbar. Das ist zu bedenken!

Das Zielfernrohr ermöglicht es auch erst, in vielen Revieren den Schalenwildabschuß voll zu erfüllen, weil Schwarzwild, Rotwild, Damwild und sogar das Rehwild mancherorts schon zum reinen Dämmerungs- und Nachtwild geworden sind. Da nützt auch die Fähigkeit nicht, gut zu sehen und nahe an das Wild heranzukommen, um dann über Kimme und Korn schießen zu können.

Daß wir heute uns zur weitgehenden Benutzung des Zielfernrohrs bekannt haben, sollte uns nicht daran hindern, den jungen Jäger vorläufig wenigstens noch an das Schießen mit offener Visierung heranzuführen und es ihn zu lehren. Das Argument, man brauche die offene Visierung für Drückjagden auf Schwarz- und Rotwild, ist nur mit Einschränkung zu akzeptieren, denn es gibt auch für diese Jagden andere geeignete Visierungen in Form der optischen, nicht vergrößernden „Zielfernrohre".

Wer heute noch ohne Zielfernrohr die Pürsch- oder Ansitzjagd ausübt – vor allem bei schlechten Lichtverhältnissen und vom Beginn der Alterssichtigkeit an –, handelt im Höchstmaß unwaidmännisch. Das Zielfernrohr hat auch neue Maßstäbe für den Begriff „waidgerechte Schußentfernung" gesetzt. Wir schießen heute mit Hilfe des Zielfernrohrs weiter als früher mit offener Visierung. Das ist deshalb möglich, weil sich inzwischen Waffen und Munition dermaßen geändert haben, daß sie auch einen weitreichenden präzisen Schuß zulassen. Das Zielfernrohr darf aber trotzdem nicht zu Weitschüssen verleiten, die mit unserer Auffassung über das waidgerechte Schießen nicht in Einklang zu bringen sind. Weitschießer wird es zu jeder Zeit gegeben haben, und wir werden sie auch nie ganz ausrotten können. Derartige Auswüchse dürfen wir deshalb einer an sich positiven Entwicklung nicht anlasten.

Das Zielfernrohr hat auf der Kurzwaffe des Jägers keine Daseinsberechtigung. Dort würde es keine Vorteile, sondern nur Erschwernis bringen. Der Jäger verwendet die Kurzwaffe zum Beschuß naher oder nächster Ziele (Erlegen von Wild in Fallen, Fangschuß, Selbstverteidigung). Dabei ist eine optische Visierung eher hinderlich als nützlich.

Auch auf der Flinte hat das Zielfernrohr nichts verloren, wenngleich es in der Dämmerung und nachts beim Beschießen von reglosen oder sich nur langsam bewegenden Zielen große Vorteile bringen kann. Diese Verwendungsmöglichkeit kann sinnvoll bei kombinierten Waffen wie Drilling und Büchsflinte genutzt werden, primär aber gehört das Zielfernrohr zum Büchsenlauf.

Zwei Beispiele aus der Praxis: Ein Freund hat früher, als der Auerhahn bei uns noch bejagt wurde, vielen Jagdgästen für den Schrotschuß auf den balzenden Auerhahn seine Bockbüchsflinte geliehen, weil beim Zielen mittels optischer Einrichtungen im allerersten Morgenlicht keine Zielfehler vorkommen und das Wild sicher zur Strecke kommt. – Beim Fuchspassen in der Nacht verliert man beim Blick über die Laufschiene sehr leicht sein Ziel. Ein gutes, lichtstarkes Zielfernrohr steigert die Erfolgsaussichten erheblich. Voraussetzung: Streukreismitte muß sich auf Schrotschußentfernung mit der Mitte der Zielfernrohr-Bildmitte decken.

Vergrößerung durch das Zielfernrohr

Zielfernrohre mit vierfacher Vergrößerung haben sich bei der Jagd durchgesetzt. Über die Eignung der Vergrößerung gibt es, wie selten auf einem anderen Gebiet, eine große Übereinstimmung der Fachmeinungen. Ein im vierfachen Zielfernrohr erfaßtes Bild erscheint viermal vergrößert im Vergleich zur Betrachtung mit dem menschlichen Auge. Anders ausgedrückt: Das Ziel, das 100 m entfernt ist, erscheint durch das 4-fache Zielfernrohr so nahe gebracht, wie es dem Auge ohne Optik auf 25 m erscheint. Das ist nahe genug. Zu bedenken ist, daß das meiste Rehwild auf eine Entfernung unter 70 m geschossen wird und daß bei Rehwild 100 m in der Regel als Maximalschußentfernung betrachtet werden sollte. Die Größe des 4fachen Zielfernrohrs steht auch in einem guten Verhältnis zu den Abmessungen einer Gebrauchswaffe und erhält sie führig.

Die 4-fache Vergrößerung ist auch an keine Waffe innerhalb einer Kalibergruppe gebunden, sondern für jedes Kaliber gleich gut geeignet. Wir finden es also für die KK-Büchse im Kaliber .22 lfB genauso brauchbar wie auf der Büchse im Kaliber

Vergleich: Das Visieren über Kimme und Korn und durch das Zielfernrohr mit vierfacher Vergrößerung. Die wesentlichen Vorteile des Zielfernrohres bei Pürsch und Ansitz werden hier offensichtlich.

8 x 68 S. Die Vergrößerung ist nur in geringem Maß abhängig von der Größe der Ziele und von der Entfernung, auf die die Ziele beschossen werden. Es herrscht heute z. T. noch die irrige Ansicht, daß für die KK-Waffe ein billiges 2½- oder 2⅔-faches Zielfernrohr völlig ausreichend wäre. Ich habe etwas gegen das „Billige" in bezug auf die Ausrüstung des Jägers. Billig heißt dann immer, es braucht nicht besonders gut zu sein, es muß nicht besonders viel taugen. Gut und zweckmäßig hat aber jeder einzelne Ausrüstungsgegenstand zu sein, gleich, ob es gilt, Kronenhirsche oder Kaninchen zu erlegen. Mit der KK-Büchse (.22 lfB) wird jagdlich zwar auf kürzere Entfernungen geschossen als mit dem Zentralfeuerpatronen-Gewehr aber die Ziele sind dann auch viel kleiner. Ich denke z. B. an Tauben. Deshalb sollte auch die KK-Waffe mit einem solide gebauten Zielfernrohr mit 4-facher Vergröße-

rung bestückt werden. Die 2½-fachen Zielfernröhrchen, die wir oft auf diesen Gewehren finden, sind wegen der geringen Lichtstärke und ihrer geringen Vergrößerung nur ein Behelf. Ein normales 4-faches Zielfernrohr ist nie eine Fehlanschaffung, denn man kann dieses Glas auch im Bedarfsfall auf eine andere Büchse umsetzen. Eine Anschaffung, mag diese noch so billig sein, ist letzten Endes eine teure Angelegenheit, weil das Schlechte bald durch Besseres ersetzt wird.

Gute Zielfernrohre mit genügender Lichtstärke und einer „Vergrößerung" einfach, also keiner Vergrößerung, sondern nur mit dem Vorteil der scharfen Darstellung von Visier, Korn und Ziel, insbesondere für den alterssichtigen Jäger, sowie 1½-fach, 2½-fach und 2¼-fach eignen sich gut für das Flüchtigschießen.

Die 6-fachen Zielfernrohre werden ihrer hohen Dämmerungsleistung wegen von Jägern bevorzugt, die oft bei ungünstigen Lichtverhältnissen schießen müssen. In dichtbewohnten Gegenden und überall dort, wo das Wild durch starken Ausflüglerverkehr gestört wird, tritt es erst spät aus. Bei dieser Schalenwildjagd hat das 6-fache Zielfernrohr gegenüber dem 4-fachen den genannten Vorzug. Älteren Jägern kommt es bei der Ansitzjagd sehr zugute.

Das 8-fache Zielfernrohr ist ein Spezialfernrohr für die tiefe Dämmerung und für die Nacht. Es wird von den Jägern am wenigsten geführt. In seinen Ausmaßen wirkt es riesenhaft, besonders auf kleinen und zierlichen Waffen. Auch das Gewicht macht sich unangenehm bemerkbar, denn es ist wohl das schwerste Glas.

Trotz des höheren Preises haben variable Zielfernrohre in den letzten Jahren mehr und mehr Käufer gefunden. Das hat m. E. einen Hauptgrund. Der Schütze erhofft sich einen wesentlichen Vorteil beim Flüchtigschießen, indem er das Glas auf die geringste Vergrößerung zurückstellt. Das trifft aber nur zu bei den variablen Zielfernrohren mit geringer Vergrößerung im untersten Bereich, so zwischen 1½- bis 3-fach. Bei Drückjagden oder bei der Pürsch in einem ziemlich unübersichtlichen Gelände, das schnelle Schüsse auf nahe Entfernung erfordert, braucht der Jäger ein großes Gesichtsfeld und eine geringe Vergrößerung. Bewährt haben sich in der Praxis die variablen Zielfernrohre 1½- bis 6-fach. Sie sind in ihren Abmessungen für jede Waffe akzeptabel, haben hinreichende Lichtstärke für den normalen Allroundgebrauch und eine für jede Jagdart ausreichende Vergrößerungsspanne. Bei den Zielfernrohren, die eine Verstellbarkeit der Vergrößerung von 4- bis 10-fach haben, wird es für den weniger Geübten schon schwieriger. Das 4- bis 10-fache bzw. 3- bis 9-fache Zielfernrohr halte ich bereits für Spezialeinrichtungen, die aber durchaus ihre gute Daseinsberechtigung haben, weil sie bei bestimmten Verwendungen auch Vorteile bieten. Aber im normalen Jagdbetrieb wird der Jäger die volle Skala der Vergrößerungen kaum ausnutzen können. Ihm fehlt entweder die bestimmte spezielle Verwendungsmöglichkeit und/oder auch die erforderliche Fähigkeit im Umgang mit solchen Geräten.

Beim jagdlichen Leistungs- und Meisterschaftsschießen werden Zielfernrohre bis zu einer 10-fachen, maximal bis zu einer 12-fachen Vergrößerung recht gern verwendet, denn die Vorteile sind hier offensichtlich. Die starke Vergrößerung ermöglicht ein gutes Abkommen, vorausgesetzt, daß das dann auch vergrößerte Wackeln nicht irritiert. Je nach Anschlagart, dem Schwierigkeitsgrad der Bedingungen und der eigenen Fähigkeit wird der Schütze zwischen 4- bis 10-facher bzw. 4- bis 12-facher Vergrößerung wählen. Die Angaben in Prospekten und Katalogen über Objektivdurchmesser, Dämmerungszahl und Sehfeld sind sehr aufschlußreich. Außerdem ist angegeben, ob diese Zielfernrohre nur mit Höhenverstellungen oder mit Höhen- und Seitenverstellungen geliefert werden und ob sie ein Stahl- oder ein Leichtmetallgehäuse aufweisen.

Zur Frage Stahl- oder Leichtmetallzielfernrohr muß gesagt werden, daß das Stahlfernrohr – wie man so schön sagt – mehr vertragen kann, wenngleich die Festigkeit der Leichtmetallzielfernrohre beachtlich erhöht worden ist. Bei normaler Beanspruchung, wozu ich auch ein leichtes Anstoßen und Anschlagen rechne, ist die Festigkeit des Leichtmetallzielfernrohres völlig ausreichend. Wer also damit rechnen muß, daß sein Zielfernrohr übermäßig harten Schlägen von außen ausgesetzt werden kann oder wer ganz besonders einem Schaden vorbeugen möchte, kann nach wie vor ein Stahlzielfernrohr wählen. Nicht selten raten Büchsenmacher zu einem Leichtmetallzielfernrohr, weil die Montageschiene am unteren Teil des Leichtmetallgehäuses ein vereinfachtes Montieren ermöglicht. Bestimmte Montagen verlangen eine Stahlkonstruktion, andere sind speziell für die Anbringung an die Aluminiumschiene des Leichtmetallrohres konstruiert.

Das Zielfernrohrabsehen

Ein gutes Absehen soll dem Schützen erlauben, das Ziel schnell zu erfassen, horizontale und vertikale Abweichungen gut zu erkennen und sowohl große als auch kleine Ziele gleich gut anzuvisieren. Erfüllt es diese Voraussetzungen, so halte ich jedes damit versehene Zielfernrohr geeignet für den universellen Jagdgebrauch.

Bei dem Normalabsehen ist davon auszugehen, daß dieses Absehen vorwiegend für den Schuß in der Dämmerung, also bei schwachem Licht, gebraucht wird. Die Balken und der Zielstachel sind breit gehalten. Sie bedecken auf eine Entfernung von 100 m bereits 22 cm. Der Abstand in der Zielmitte, von Querbalken zu Querbalken, beträgt auf 100 m 70 cm. Die Zielstachelspitze endet in einem stumpfen Winkel, damit Zielfehler bei Dämmerung, aber vor allem bei Nacht möglichst vermieden werden können. Bei diesem Absehen ist die Oberkante der Balken in gleicher Höhe der Stachelspitze. Das hilft, ein zu hohes Hineingehen ins Ziel bei Dunkelheit und dadurch Hochschüsse zu vermeiden. Bewußt wurde hier auf einen von oben in die Zielfernrohrmitte hineinragenden Balken, in Anlehnung an das ursprüngliche Fadenkreuz, verzichtet, weil sonst noch mehr Sicht verlorengegangen wäre.

Für den üblichen Jagdbetrieb ist dieser Balken auch durchaus entbehrlich. Das Normalabsehen ist heute zwar noch das meistgeführte Absehen bei uns, aber es ist bei weitem nicht mehr so stark gefragt wie früher. Das liegt wohl daran, daß gute Erfahrungen mit andern vielseitig verwendbaren Absehen bekannt werden und daß man sich heute in den Waffen und deren Verwendung stärker spezialisiert. Den Jäger mit nur einer Waffe – dem Drilling als Universalwaffe und dem Zielfernrohr mit Absehen Nr. 1 als Standardabsehen – gibt es kaum noch. Seltener wird auch der Jäger mit nur einem mit Zielfernrohr bestückten Repetierer und nur einer Flinte.

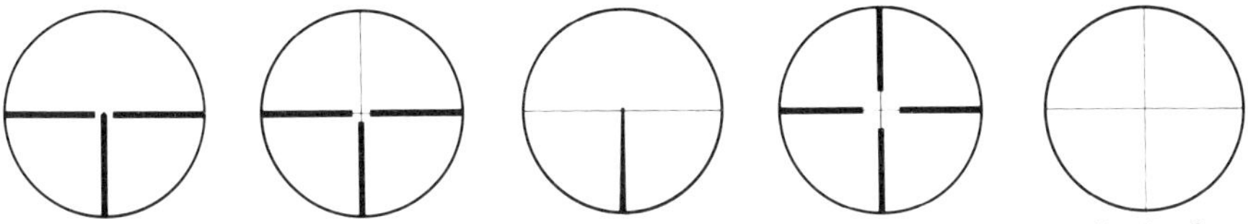

Zielfernrohr-Absehen: Die beiden linken Absehen Nr. 1 und Nr. 4 decken zu gleichen Teilen etwa 80 bis 90% des Bedarfs. Die Absehen Nr. 2, Nr. 8 und Nr. 6 sind als Spezialabsehen zu betrachten und nicht so universell einsetzbar wie die beiden vorgenannten.

Während das Zielfernrohr noch Jahre nach der Einführung, in den 20er Jahren, als Luxusartikel galt oder zumindest als entbehrlich angesehen wurde, kauft man heute kaum noch eine Büchse ohne Glas. Das gilt sowohl für die Waffe des täglichen Gebrauchs (Drilling, Bockbüchsflinte oder Repetierer) als auch für die KK-Übungsbüchse, die Hornet-Schonzeitbüchse oder Matchbüchse. Für jedes Gewehr gibt es, der vorgesehenen Verwendung entsprechend, gut geeignete Zielfernrohre mit zweckmäßigen Absehen.

Für das Zielen bei vorwiegend vollem Tageslicht auf kleine und kleinste Ziele werde ich mir kein optisches Visier mit breiten Balken anschaffen. Eine feine Visierung ist dann das Naheliegende. Bei dem Zielfernrohr mit variabler Vergrößerung ist zu bedenken, daß sich das Absehen mit der zunehmenden Vergrößerung des Zieles ebenfalls vergrößert.

Leicht kommt man auch hier von einem Extrem zum anderen. Mehr als drei Dutzend verschiedener Absehen werden heute ohne Schwierigkeit, höchstens mit längeren Lieferfristen und Aufpreisen, hergestellt. Mit einem halben Dutzend kämen wir aber gut aus, die Absehen für die Spezialzwecke des Jägers eingeschlossen!

Gut bewährt hat sich sowohl in besonderen jagdlichen Situationen als auch beim Schießen in jagdlichen Übungs- und Leistungsdisziplinen das Absehen mit den drei Balken und dem Fadenkreuz (Nr. 4). In der Dämmerung fixieren die Balken das Ziel in der Mitte des Zielfernrohrs und lassen horizontale und vertikale Abweichungen gut erkennen. Das Fadenkreuz, das nicht zu fein sein darf, ermöglicht selbst noch bei starker Dämmerung ein genaues Ziel. Der Faden verbindet einerseits die Mitte der horizontalen Balken, andererseits reicht er von der Mitte des vertikalen Balkens bis zum oberen Rand des Gesichtsfeldes. Die Balken ermöglichen immer ein schnelles Zentrieren des Zieles und das Fadenkreuz selbst das feine Zielen auch auf kleine Punktziele. Beim jagdlichen Leistungsschießen hat sich dieses Absehen beim Zielen auf die verschiedenen Scheiben gut bewährt. Ich halte es für das beste Universalabsehen. Ein wichtiger Unterschied zum Normalabsehen besteht darin, daß der Schnittpunkt des Fadenkreuzes nicht mit der Oberkante der Querbalken abschließt. Wer also an das Normalabsehen, bei dem die Zielstachelspitze bis zur Oberkante der Querbalken reicht, gewöhnt ist, wird dies bei Verwendung von Absehen Nr. 4 berücksichtigen müssen. Als geschickter Jäger und Schütze werde ich mit jedem Absehen auf Anhieb fertig werden. Ich lasse mir nur ungern Vorteile und Annehmlichkeiten im Rahmen der modernen, waidgerechten Jagdausübung entgehen. Als gutes Spezialabsehen kennen wir weiterhin das Fadenkreuz in verschiedenen Stärken und das Punktabsehen in verschiedenen Punktgrößen. Alle anderen, einschließlich der von den Grundformen abweichenden, mannigfaltigen Variationen der beiden beschriebenen und besprochenen Absehen sind Spezialabsehen für bestimmte Zwecke oder gewohnte Praktiken oder eigenwillige Konstruktionen, ohne daß dafür irgendeine besondere Bedeutung zu erkennen ist.

Es gibt noch die Möglichkeit, sich auf den senkrechten Faden Markierungen anbringen zu lassen als Haltemaße für bestimmte Entfernungen und Markierungen auf dem waagerechten Faden, als Vorhaltemaße für nach links und nach rechts sich bewegende Ziele. Bei den heutigen Patronen, deren Geschosse innerhalb vertretbarer jagdlicher Entfernungen eine gestreckte Flugbahn haben, halte ich jedoch eine derartige angestrebte Perfektionierung für übertrieben, wenn nicht für abwegig. Für das sportliche Flüchtigschießen mit der Büchse, bei dem ich Entfernung und Geschwindigkeit des Zieles genau kenne, lasse ich solch ein Abkommen gerade noch gelten. Mit Jagd hat es aber nichts mehr zu tun, auch wenn für diese Art des Schießens Wildscheiben verwendet werden.

Ein Punkt allein als Absehen eignet sich besonders als Spezialabsehen für das Flüchtigschießen auf dem Stand und auf der Jagd. In der Größe soll er dem Ziel und der Schußentfernung angemessen sein. Es soll also weder zu klein und damit auf dem Ziel schlecht sichtbar noch zu groß sein und dadurch zuviel der Zielfläche verdecken. Auf dem Schießstand mag es noch angehen, dieses Absehen auch für Wildscheiben auf 100 m Entfernung zu verwenden, doch werden damit nur ausgezeichnete Schützen zurechtkommen können. Von Anfängern und mäßig Fortgeschrittenen sollte man solch ein Absehen fernhalten, weil es vor allem Zielfehler kaum erkennen läßt.

Was bei Absehen generell beachtet werden muß, ist, daß keine zu große Parallaxe (Schrägsichtfehler) wirksam wird. Ein Zielfehler durch Parallaxe entsteht, wenn das Absehen nicht genau in der Mitte der Bildebene liegt und der Schütze beim Zielen nicht durch die Mitte des Zielfernrohres blickt. In diesem Fall hat der Schütze den Eindruck, daß sich das Ziel gegenüber dem Absehen verschiebt. Die Parallaxe wird sich beim Schießen auf unterschiedliche Entfernungen also vermeiden lassen, wenn man durch die Mitte des Zielfernrohrs visiert. Die mögliche Größe der Parallaxe hängt von der Ausführung des Absehens und von dem Durchmesser der Objektivlinse des Zielfernrohrs ab. Es gibt Absehen, die aus mehreren Bestandteilen, die auch noch unterschiedlich in der Stärke sind, zusammengesetzt werden und die dann oft hintereinander liegen müssen. Anstatt der Fäden und Balken werden auch Ätzungen auf eine im Zielfernrohr eingebaute Glasplatte vorgenommen, um das jeweils gewünschte Absehen darzustellen. In der Regel sind Zielfernrohre auf 100 m Zielentfernung parallaxfrei eingestellt; wünscht man andere Entfernungen, so kann das bei Bestellung des Zielglases berücksichtigt werden. Nachträgliche Verstellmöglichkeiten, die den geringen Zielfehler vermeidbar machen, bringen die größere Gefahr der Unstabilität oder Undichte mit sich.

Bei keinem Zielfernrohr ist also eine völlige Parallaxfreiheit zu erreichen. Man kann sie nur für bestimmte Entfernungen durch Einstellung ermöglichen. Es ist daher angebracht, sich bei jedem Zielfernrohr darüber Gedanken zu machen, für welche Einstellung Parallaxfreiheit vorliegen soll. Je nach Waffe und Verwendung wird sie entweder bei 100 m oder 150 m liegen; natürlich kann man auch bei einer bestimmten Laborierung der Patrone die günstigste Einschießentfernung (GEE z. B. 175 m) wählen.

Da sich die Parallaxe nur bemerkbar macht bei nichtkonzentrischem Sehen, ist es wichtig, sich einen sauberen Anschlag anzugewöhnen. Auf dem Schießstand wird es leichter sein, den gleichmäßigen Abstand des Auges zum Okular einzuhalten und durch die Mitte dieser Linse zu visieren, weil hier viele Einflüsse und Bedingungen, die das Schießen im Revier mit sich bringt, nicht auftreten.

Die Höhen- und Seitenverstellung

Heutige Zielfernrohre weisen eine Einstellvorrichtung auf, mit der zumindest die Höhenverstellung möglich ist, die meisten haben sowohl eine Höhen- als auch eine Seitenverstellung. Bei den Zielfernrohren nur mit Höhenverstellung des Absehens kann die seitliche Korrektur durch Verstellen des Montagefußes vorgenommen werden. Eine Höhen- und Seitenverstellung im Zielfernrohr halte ich für den Jäger für weitaus günstiger, auch wenn außerdem noch eine seitliche Verstellung des Zielfernrohrs in den Zielfernrohrbefestigungsteilen vorhanden ist. Diese Schraubvorrichtung, die einerseits dem Büchsenmacher das Montieren und Einschießen

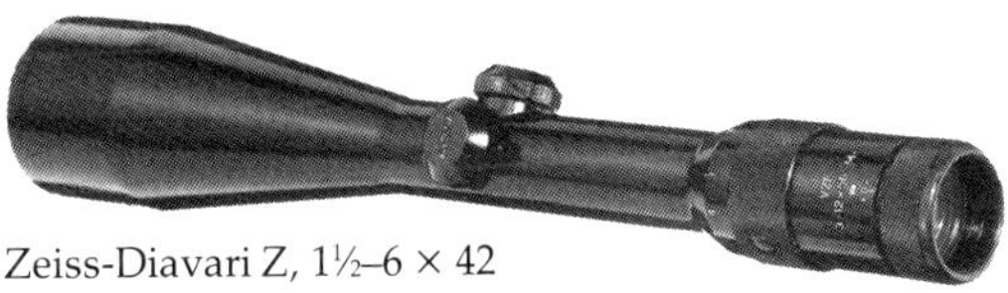

Zeiss-Diavari Z, 1½–6 × 42

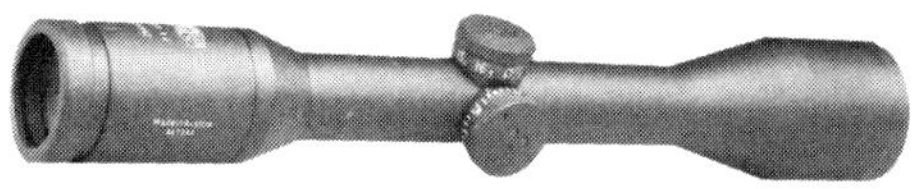

Schmidt & Bender, 2½–10 × 56

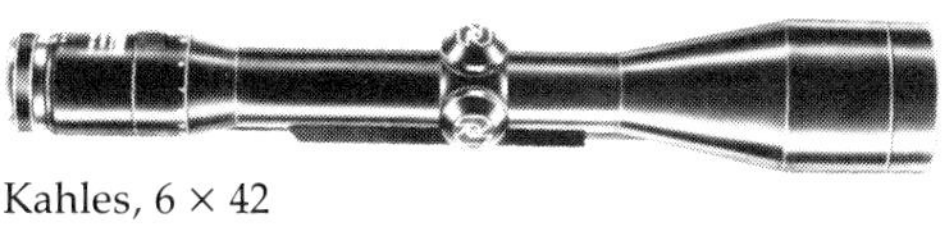

Kahles, 6 × 42

Optik aus Jena, 3–12 × 56

Dies sind nur wenige Modelle einiger namhafter europäischer Zielfernrohrhersteller. Das Sortiment auf dem Markt ist enorm groß, so daß die Wahl oft schwerfällt. Die gebräuchlichsten und für All-round-Zwecke gut geeigneten sind Qualitätszielfernrohre mit einer Vergrößerung 4fach und 6fach. Darüber hinaus bieten die verschiedenen variablen Zielfernrohre von 1½–12facher Vergrößerung eine breite Verwendungsmöglichkeit.

erleichtert und andererseits dem Jäger ein grobes seitliches Nachstellen ermöglicht, wird Support genannt.

Die Vorrichtung für die vertikale Veränderung des Absehens befindet sich vorwiegend oben und die für die horizontale Veränderung an der rechten Seite des Zielglases. Diese doppelte Einstellungsvorrichtung ermöglicht sehr feine Korrekturen. Manche Modelle sind mit einer Strich- und Rastereinteilung versehen, andere wieder sind frei regulierbar. Für den weniger Geübten ist eine Rastereinteilung günstiger, weil die Veränderung von Raste zu Raste auch einem bestimmten Maß des „Wanderns" des Treffers auf der Scheibe entspricht. Beispiel: Bei manchen Zielfernrohren macht die Drehung zur nächsten Raste auf der Scheibe in 100 m Entfernung die Veränderung der Treffpunktlage um ca. 1 cm aus, der Schuß sitzt dann also je nach Höhen- oder Seitenkorrektur 1 cm höher bzw. tiefer oder rechts bzw. links.

Um Drehfehler zu vermeiden, sind die Drehknöpfe teilweise mit Pfeilen und Hinweisen versehen. Manche Drehknöpfe haben eine Stricheinteilung, die der Rastereinteilung gleichkommt. Leider ist die Uneinheitlichkeit dermaßen groß, daß selbst der im Umgang mit Waffen Versierte sich meist überlegen muß, wie die Verstellung vorzunehmen ist. Damit eine selbständige Verstellung durch Stoß oder Schütteln nicht eintreten kann, sind bei einigen Modellen Feststellvorrichtungen vorhanden. Darüber hinaus haben heute alle Zielfernrohre, die für den robusten Jagdgebrauch bestimmt sind, auf- und abschraubbare, gut schließende und festsitzende Verdeckkappen über den Justierschrauben.

Festzuhalten bleibt, daß die Qualität eines Zielfernrohres von sehr verschiedenen Umständen abhängt. Nicht nur die Optik muß tadellos sein, sondern auch die Mechanik. Es wäre unklug, dies bei der Wahl des Zielfernrohres nicht zu berücksichtigen. Gute Zielfernrohre sind teuer, aber nicht immer muß das teuerste das unbedingt beste und zweckmäßigste sein.

Ein gut montiertes Glas schließt ein zentrales Absehen ein. Sind die beim Einschießen und späteren Kontrollschießen notwendigen Korrekturen so groß, daß das Absehen dann stark exzentrisch erscheint, ist die Montage nicht gut ausgeführt. Seit einiger Zeit bieten gute Markenhersteller Zielfernrohre an, bei denen das Absehen beim Verstellen stets in der Mitte bleibt, dafür die Bildebene verschoben wird.

Auswechselbare Absehen

Bei den meisten Zielfernrohren ist es so, daß sich der Jäger für ein bestimmtes Absehen entscheiden muß und dieses dann, solange das Zielfernrohr benutzt wird, fest im Glas hat. Sobald ein anderes Absehen gewünscht wird, muß er entweder ein anderes Zielfernrohr erwerben oder von der Möglichkeit Gebrauch machen, es in einem optischen Werk mit einem anderen Absehen versehen zu lassen. Die Firma „Pecar", Berlin, hat bereits vor Jahren ein System geschaffen, das es ermöglicht, den Austausch von Absehen selbst vorzunehmen. Ihr folgten einige weitere. Wenn also das Zielfernrohr mit einem Normalabsehen auf eine Spezialwaffe umgesetzt werden soll und aus diesem Grund ein Spezialabsehen benötigt wird, kann auf diese völlig unkomplizierte Weise das eine Absehen durch ein anderes ersetzt werden. Die Waffe muß dann allerdings neu eingeschossen werden. War die Waffe mit dem Austauschabsehen vorher schon eingeschossen und ist nichts verstellt worden, empfiehlt es sich trotzdem, nach jedem Austausch Kontrollschüsse abzugeben.

Auswechselbares Absehensystem der Firma Pecar für Zielfernrohre. Der Schütze kann mit wenigen Handgriffen das Absehen durch ein anderes ersetzen.

Die Zielfernrohrmontage

Was nützt ein Qualitäts- oder Präzisionszielfernrohr, wenn die Montage Mängel aufweist? Es ist heute so, daß viel mehr Mängel in der Montage als im Zielfernrohr selbst zu finden sind. Das liegt daran, daß die Fertigung des hochentwickelten Zielfernrohrs mehr oder weniger am Fließband vonstatten geht und jeder Handgriff strengen Kontrollen unterworfen ist, dagegen das Montieren des Zielfernrohrs heute immer noch eine individuelle, gewissenhafte Präzisionsarbeit des Büchsenmachers erfordert. Handwerkliches Können, gepaart mit reicher Erfahrung, ist für die tausendfach bewährten Einhakmontagen unbedingt erforderlich. Der Büchsenmacher bekommt zwar die Gestecke geliefert, bestehend aus Halteringen, Füßen und Fußplatten, doch bleibt noch genügend Feinarbeit für ihn übrig. Von großer Bedeutung ist auch die Verbindung zwischen dem Zielfernrohr und dem Gesteck, denn großkalibrige Waffen haben einen starken Rückstoß, und dieser Rückstoß wirkt auch auf das Zielfernrohr und die Montage. Eine feste, sich nicht im geringsten verändernde Verbindung muß auch bei stärkster Dauerbeanspruchung gewährleistet sein. Bei den Stahlzielfernrohren hat sich das Lötverfahren gut bewährt. Allerdings muß hierfür die Optik des Zielfernrohres auseinandergenommen werden, und dies verlangt einen sehr genauen Zusammenbau, bei dem Fehler auftreten können. Den guten Büchsenmacher charakterisiert u. a. eine äußerst fachkundige Behandlung des Zielfernrohrs. Ich möchte nicht auf die einzelnen Konstruktionen und Montageverfahren eingehen, weil das Gebiet zu umfassend ist. Wissenswert ist aber, daß wir Stahlzielfernrohre nicht nur durch ein Lötverfahren mit der Montage verbinden können, sondern auch mit Metallklebemitteln. Zu einem Anschrauben der Ringe ohne Löten oder ohne Klebstoff rate ich nur bei Waffen mit geringem Rückstoß.

Bei Leichtmetallzielfernrohren muß besonders darauf geachtet werden, daß beim Anbringen der Gesteckteile keine Spannungen im Linsensystem oder im Rohr entstehen. Man hat deshalb am Unterteil des Zielfernrohres eine Montageschiene angebracht, an die die Montagefüße geschraubt werden. Ringe oder Teilringe, die angelötet werden müssen, scheiden deshalb aus. An der Waffe selbst hat der Büch-

Suhler-Einhakmontage, die bekannteste Montage für abnehmbare Zielfernrohre.

Die Schwenkmontage setzt sich immer mehr durch. Sie erlaubt ein niedriges Montieren des Zielfernrohrs.

Die Aufschubmontage wird heute meist nur für Kleinkaliberwaffen verwendet.

senmacher ebenfalls zum Einlassen oder Anbringen der Fußplatten Präzisionsarbeit zu leisten.

Das Montieren eines Zielfernrohres ist in gewissem Sinne eine Vertrauenssache. Eine kostbare Waffe und ein entsprechendes Zielfernrohr würde ich nie jemandem anvertrauen, bei dem ich nicht sichergehen kann, daß er eine garantiert einwandfreie Arbeit leistet. Und dabei ist der Hinweis fällig, daß solche Arbeit nicht billig sein kann!

Bei uns in Deutschland haben sich Montagen durchgesetzt, die ein jederzeitiges, rasches Abnehmen des Zielfernrohres ermöglichen. Im Ausland, vor allem in Amerika, werden Zielfernrohre meist so montiert, daß sie nicht ohne weiteres schnell von der Waffe entfernt werden können.

Der Vorteil eines gut montierten, schnell abnehmbaren Zielfernrohrs liegt klar auf der Hand. Wesentlich dabei ist, daß nach jedem Abnehmen und Wiederaufsetzen die gleiche Treffpunktlage gewährleistet ist. Für den Jagdgebrauch kann ich deshalb nur eine erstklassige Montage, die schnelles Abnehmen erlaubt, empfehlen, während ich für das reine Schießen auf dem Stand durchaus Verständnis habe, wenn sich jemand, um Geld zu sparen, eine fest verbundene und nicht schnell lösbare Montage selbst anbringt.

Ich unterscheide deshalb von vornherein zwei große Gruppen von Zielfernrohrmontagen: 1. Solche für das schnelle Abnehmen und Wiederaufsetzen des Zielfernrohrs und 2. solche für nicht abnehmbare Zielfernrohre.

Die erste Gruppe weist drei Untergruppen auf, die sich durch Konstruktionsprinzipien unterscheiden:

1. Die Einhakmontage wird wohl am meisten verwendet und ist deshalb am bekanntesten; sie wird auch Suhler-Einhakmontage (SEM) genannt. Sie besteht aus zwei Fußplatten, in die je zwei Klauen der Montagefüße genauestens passen müssen. Damit die Füße auch sicher fest verbunden bleiben, befindet sich an der hinteren Platte ein Schieber mit einer Feder, die die dort eingreifenden Klauen im Montagefuß fest verriegelt. Die feste Verbindung der Gestecke mit dem Zielfernrohr erfolgt, wie bereits oben erwähnt, bei Stahlzielfernrohren entweder durch Anlöten oder Ankleben oder auch nur in seltenen Fällen durch Festschrauben in Ringe und bei Leichtmetallzielfernrohren vorwiegend durch das Anschrauben an die vorhandene Montageschiene unter dem Zielfernrohr. Die Suhler-Einhakmontage wird mit oder ohne Support gefertigt. Der Support bedingt einen höheren Sitz des Zielfernrohres. Man kann auf ihn verzichten, wenn im Zielfernrohr sowohl eine Höhen- als auch eine Seitenverstellung des Absehens eingebaut ist. Montagen ohne Support erfordern ein ganz besonders genaues Einpassen der Fußsockel. Ich halte den Support für entbehrlich und den mir dadurch ermöglichten Vorteil des Niedrigmontierens für wichtig.

Der Schütze wird sich weiter entscheiden müssen, ob er eine Einhakmontage mit oder ohne Durchsicht zwischen Zielfernrohr und Lauf wählt. Verzichtet er auf die Durchsicht für das Schießen über Visier und Korn, kann die Montage niedrig gehalten werden. Eine bestimmte Höhe wird aber dennoch erforderlich sein, weil sonst die Kippbewegung beim Ein- und Aushaken nicht möglich ist. Auch die Durchsicht halte ich für entbehrlich, weil es nur sehr selten unbedingt erforderlich sein wird, mit aufgesetztem Zielfernrohr über Visier und Korn schießen zu müssen. Außerdem kann die Treffpunktlage des Gewehres beim Schießen über Visier und Korn unterschiedlich sein, je nachdem, ob ich das Zielfernrohr aufgesetzt habe oder nicht; das darf man nicht vergessen! Sitzt das Zielfernrohr niedrig genug, so kann auch auf nahe Entfernung das Ziel schnell und sicher erfaßt werden. Also besser eine niedrige Montage unter Verzicht auf den Durchblick als einen Durchblick mit hoher Montage, bei der kein guter Anschlag gewährleistet ist.

Das Aufsetzen des Zielfernrohrs geschieht in denkbar einfacher Weise. Die Klauen des vorderen Fußes werden in die Aussparung der vorderen Fußplatten eingehakt, und dann wird der hintere Fuß mit den Klauen in die Schieberplatten eingedrückt. Beim Herunterdrücken des hinteren Fußes werden die Klauen des vorderen Zielfernrohrfußes ganz in die vordere Platte eingeführt. Es ist darauf zu achten, daß die nach unten erfolgende Drehbewegung ohne Kraftanwendung erfolgt und daß die hinteren Fußklauen sicher einrasten und verriegelt werden. Es gibt in Anlehnung an das Suhler Prinzip verschiedene andere Einhakmontagen, die als ausgereifte Konstruktionen zu betrachten sind.

2. Die Aufschubmontage ermöglicht zwar ein schnelles Abnehmen und Wiederaufsetzen des Zielfernrohres, sie wird aber trotz des leichten Gewichts und der wenig störenden Form wenig gefragt. Die Konstruktionen sind heute gut durchgereift und arbeiten nach dem System des Aufschiebens und Festklemmens. Das Festklemmen geschieht durch Klemmbacken, die auf der Schiene fest angedrückt werden. Die meisten der bekannten Aufschubmontagen sind durch die Suhler-Einhakmontage abgelöst worden. Einige Firmen verwenden sie aber nach wie vor mit gutem Erfolg.

3. Die Schwenkmontage hat in sich das Prinzip der bekannten schnell abnehmbaren Montagen verkörpert. Ein Drehzapfen am vorderen Fernrohrfuß wird, je nach Konstruktion, im spitzen bis rechten Winkel zur Laufachse eingesetzt und das ganze Glas hinten seitlich eingeschwenkt. Die Klauen sind bei der endgültigen Parallelstellung des Zielfernrohres zum Lauf festsitzend, und die Lage wird unverrückbar durch einen Riegel im hinteren Sockel der Montage fixiert, im Prinzip also ähnlich wie bei der Suhler-Einhakmontage. Die neuere Schwenkmontage wird wie die Aufschubmontage noch nicht häufig verlangt, obwohl sie einfacher zu montieren und deshalb preislich vorteilhaft ist.

Der Büchsenschuß im Revier

Beim Schuß auf das Wild wird der Jäger immer die für ihn möglichst bequeme und zielsichere Stellung einnehmen, um das Wild mit einem guten Treffer schnell zur Strecke bringen zu können. Die meisten schießen wohl dann am sichersten, wenn sie sitzen, dabei die Möglichkeit zum Auflegen der Waffe haben und die Arme so stützen können, daß sich für die Waffe die bestmögliche Stabilisierung ergibt. In Schirmen, auf Leitern, in Kanzeln und auf Hochsitzen dürfte es keine Schwierigkeit sein, für eine gute Sitzgelegenheit und eine sichere Gewehr- und Armauflage zu sorgen. Anders sieht es aus, wenn ich pürsche oder mich irgendwo ohne große Vorbereitung anstelle oder ansetze. Um Sicht- und Schußfeld zu haben, werde ich mich manchmal auch knien oder legen müssen. Wir sehen also, daß die Schußpositionen oder, wie man auch sagt, die Anschlagarten zwangsläufig verschieden sein werden. Man muß deshalb als waidgerechter Jäger alle Anschlagarten beherrschen. Nur so kann man den unterschiedlichen Reviergegebenheiten gewachsen sein.

Um bei den Begriffen rechts/links nicht mißverstanden zu werden, muß gesagt sein, daß sich alle Erklärungen auf den Rechts-Schützen (Anschlag) beziehen, also auf den Rechtshänder. Der Linksschütze muß entsprechen umdenken.

Der Blick durch das Zielfernrohr läßt nicht immer erkennen, ob die Laufmündung frei ist bzw. das Geschoß unmittelbar vor der Mündung eine freie Flugbahn hat. Links: dieser Schuß trifft nicht ins Schwarze, sondern ins Weiße; rechts: das Gewehr lieber etwas zu viel als zu wenig anheben, dazu Körperhaltung anpassen.

Aus Gründen der Waidgerechtigkeit und Sicherheit ist das Autodach als Gewehrauflage generell abzulehnen. Es mag nur selten zwingende Gründe geben, die solch eine Position rechtfertigen. Gefahr der Geschoßablenkung und Dachbeschädigung!

Schußpositionen

„Sitzend"

Der Anfänger tut gut, wenn er im Hinblick auf die Praxis mit der bequemsten und leichtesten Anschlagart beginnt. Das ist „sitzend aufgelegt". Auf jedem Schießstand befindet sich eine Vorrichtung, die es ermöglicht, in beliebiger Höhe die Waffe aufzulegen und so den Anschlag „sitzend aufgelegt" auszuführen. Es gibt mehrere Konstruktionen, die gleichzeitig auch eine gute Armauflage bieten. Hat man eine solche Schießhilfe nicht, so genügt ein Sandsack, den man sich passend zurechtrücken kann. Auch die richtige Sitzhöhe ist wichtig; man soll sich weder strecken noch zusammenkauern. Sitzkissen verschiedener Stärke sind deshalb auf jedem gut eingerichteten Schießstand vorhanden. Ein feststellbarer Drehstuhl kann natürlich auch den gewünschten Höhenausgleich schaffen. Eine Verkrampfung in der Körperhaltung führt regelmäßig zu schlechten Schußergebnissen.

Habe ich den Sitz und die Gewehrauflage passend eingestellt, bringe ich die Waffe in die richtige Auflagestellung. Die Büchse werde ich mit dem Schaft da auflegen, wo ich sie als Rechtsschütze sonst mit meiner linken Hand stütze. Falsch wäre es, die Waffe mit dem Lauf aufzulegen oder ganz hinten beim Abzugsbügel. Beim Auflegen des Laufes müßten wir mit einem Hochschuß rechnen, weil es die freien Laufschwingungen verhindert, d. h. auf der Unterseite abblockt, wodurch die Schwingungen nach oben größer werden. Eine in der Abzugbügelgegend aufgelegte Waffe läge nicht stabil genug. Liegt die Waffe gut und sicher auf, so kann ich meine linke Hand an die Schaftkappe zum Körper bringen und die Lage stabilisieren, oder ich kann die Waffe vor der Auflage am Vorderschaft anfassen und sie leicht gegen den Körper drücken. In beiden Fällen suche ich mir eine sichere Abstützung für die Arme, vor allem für die Ellenbogen. Unter Beachtung dieser Hinweise werde ich bei einer gut schießenden Waffe mit den Treffern nie aus dem Zehner- und Neuner-Bereich der Wildscheiben herauskommen. Dieses Ergebnis muß ich von mir und meiner Waffe verlangen, denn sonst erlebe ich bei den übrigen, etwas schwierigeren Anschlagarten manche Enttäuschung. Der gewissenhafte Jäger wird den Anschlag „sitzend aufgelegt" so lange üben, bis er kaum noch aus dem Zehner-Bereich der Wildscheibe herauskommt, und das ist eine Kreisfläche von etwa 10 cm Durchmesser.

Ob ich eine klein- oder großkalibrige Waffe schieße, spielt für den Griff der Hände keine Rolle. In jedem Fall muß ich die Büchse sicher halten, und sie muß gut in die Schulter eingezogen werden. Beim Anschlag „sitzend" ist das Schlüsselbein sehr exponiert, und bei Waffen mit starkem Rückstoß sollte deshalb eine Schaftgummikappe, der sogenannte Rückstoßminderer, verwendet werden; man kann auch vorbeugend etwas dickere Kleidung tragen. Übertrieben viel anzuziehen ist dagegen falsch, denn dann ist die beim Schießen erforderliche Bewegungsfreiheit vermindert.

Auf dem Schießstand ist es meist leichter als im Revier, sich die richtige Schußposition zu verschaffen. Wenn ich einen Hochsitz oder eine Ansitzleiter bestiegen habe, werde ich als erstes überlegen, wie ich mich am zweckmäßigsten hinsetze und dabei gleich eine günstige Auflage herauszufinden versuchen. Der Jagdausübungsberechtigte wird seine Hochsitze, Sitze und Auflagen entsprechend seiner Körpergröße gestaltet haben. Der Jagdgast kommt dagegen vielfach in die Situation, daß die Abmessungen der Jagdeinrichtungen für ihn nicht stimmen. Dann heißt es, zuerst eine günstige Sitzhöhe zu schaffen. In alle Richtungen, in die ich eventuell zu Schuß kommen kann, gilt es, die Stellung auszuprobieren und eine Auflage herzurichten.

Die Sitzhöhe kann man natürlich nicht verringern, aber notfalls die Standfläche der Füße erhöhen (Bretter, grünes Reisig, Grassoden, zusammengelegter Mantel o. ä.). Ist der Sitz zu niedrig und sind mehrere Sitzbretter vorhanden, legt man sie statt nebeneinander übereinander, aber auch ein Rucksack, ein Mantel, eine Decke, oder was man sonst noch im Rucksack hat, kann als Sitzunterlage völlig ausreichend sein. Habe ich eine günstige Auflage für den Vorderschaft nicht vorgefunden, so helfe ich mir mit einem Handschuh oder einem zusammengelegten Schal; ich kann es auch mit meinem zusammengelegten Hut probieren. Diese Vorbereitungen sind notwendig, damit ich dann, wenn es darauf ankommt, schnell weiß, wie ich einen sicheren Schuß abgeben kann. Wer kommt schon in der Aufregung darauf, schnell den Hut vom Kopf zu nehmen und als Auflage noch rechtzeitig unter den Vorderschaft zu schieben. Nach diesen Vorbereitungen visiere ich zur Probe noch alle möglichen Ziele im Gelände an, damit ich die Gewißheit habe, auf angemessene Schußentfernung überallhin sicher schießen zu können. All dieser Bemühungen braucht sich der beste Schütze nicht zu schämen; denn es spricht nicht gegen ihn, im Gegenteil, es spricht für seine Gewissenhaftigkeit und für sein waidgerechtes Empfinden.

Gelegentlich kommt es in der Praxis vor, daß in sitzender Stellung geschossen werden muß, ohne auflegen zu können. Deshalb sollte auch dieser Anschlag geübt werden. In diesem Fall sitzt der Jäger, legt jedoch die Waffe mit dem Vorderschaft nicht auf, sondern stützt sie mit der linken Hand. Die beiden Ellenbogen suchen dabei den bestmöglichen Halt auf den gespreizten Knien zur Stabilisierung der Waffe.

„Sitzend" (Schneidersitz)

Der wohl am seltensten zur Anwendung kommende Anschlag ist der, bei dem der Jäger auf dem Boden sitzt, die Beine kreuzt und dabei mit dem linken Ellbogen auf dem linken Knie und mit dem rechten Ellbogen auf dem rechten Knie Halt sucht. Daß dieser Anschlag wenig praktiziert wird, liegt wohl daran, daß er durch den Anschlag „kniend" in jedem Fall ersetzt wird. Den Anschlag „kniend" kann jeder Schlanke und jeder Dicke ausführen, den Anschlag „sitzend" aber meist nur der Wohlproportionierte. Die beleibten Herren würden sich beim Anschlag „sitzend" schwertun. Die DJV-Schießvorschrift stellte es früher dem Jäger anheim, den Fuchs entweder mit Anschlag „liegend frei" oder „sitzend" zu beschießen. Letzterer wurde aber nur sehr selten angewandt.

„Angestrichen"

Sehr praxisnah ist, vor allem auf der Pürsch, der Anschlag „angestrichen". Man kann sowohl stehend als auch sitzend oder kniend „angestrichen" schießen. Deshalb halte ich diesen Anschlag für den wichtigsten bei der Jagd. In nahezu jeder Situation kann ich dann auf Wild, das steht oder langsam zieht, sicher schießen. Nur wenn Wild flüchtig ist, empfehle ich diesen Anschlag nicht.

Was versteht man unter „anstreichen" oder „Anschlag angestrichen"? Die Büchse wird wie beim Anschlag „stehend frei" gehalten, nur daß die stützende linke Hand und deren Finger eine Anlehnung an einem festen, möglichst senkrechten Gegenstand haben. Durch diese Anlehnung wird das vertikale Wackeln teilweise ausgeschaltet und ebenso ein beträchtlicher Teil der horizontalen Bewegung. Die bekannteste Art des Anstreichens ist die am Ziel-, Jagd-, Pürsch- oder Bergstock. Ich sage immer, „dieser Stock ist der Baum, den der Jäger mit sich herumträgt". Jeder kennt die Situation beim Pürschen im Wald oder am Waldrand, wenn von den vielen Bäumen dann doch kein einziger zum Anstreichen der Waffe greifbar ist und beim Versuch, zum nächsten Baum zu gelangen, man vom Wild eräugt oder vernommen wird. Habe ich jedoch einen Pürschstock bei mir, so kann ich sofort, wenn ich Wild in Anblick bekomme und mich zum Schießen entschließe, die Waffe hochnehmen und an meinen Stock anschlagen. Dabei sei angemerkt, daß der Pürsch-

Der Jäger im Gebirge kann ohne den Bergstock nicht auskommen. Er leistet gute Dienste beim Anstreichen der Waffe, beim Bergauf- und Bergabgehen und hilft Hindernisse sicher zu überwinden. Mehr noch als der Flachlandjäger benötigt der Bergjäger Mündungsschutz und Schutzkappen für das Zielfernrohr. Es ist zweckmäßig, sie gegen Verlust wie hier durch Festbinden an die Waffe zu sichern. Der Mündungsschoner hängt am Riemenbügel, die Zielfernrohrschutzkappen sind am Zielfernrohr befestigt.

stock ebenso ausgezeichnete Dienste beim Abstützen des Fernglases und des Spektivs zum Ansprechen von Wild leistet. Alle Gegenstände, die eine senkrechte Anlehnungsfläche bieten, eignen sich gut zum Abstützen der Waffe, z. B. neben Bäumen jeder Stärke, Masten, Pfählen, Hochsitz- und Leiterstangen auch herumliegende Knüppel und Stöcke und in der Not auch das Gewehr eines mitpürschenden Jägers.

Bevor der Schütze „stehend frei" schießt, sollte er immer erst versuchen, aufgelegt zu schießen, und wenn dies nicht möglich ist, dann wenigstens angestrichen. Durch jahrelange Übung kann ich den Anschlag „angestrichen" derart vollendet beherrschen, daß ich genausogut schieße wie „aufgelegt". Wichtig dabei ist, daß der Schütze, wenn er keinen Stock bei sich hat, die Waffe nicht unmittelbar an einen harten Gegenstand anlehnt, sondern entweder versucht, die Finger dazwischen zu haben oder eine weiche Zwischenschicht zu schaffen. Ich halte es für günstiger, sich daran zu gewöhnen, immer einen Finger oder einen Teil der Hand zwischen dem Schaft und dem Anlehnungsgegenstand zu haben. Der Jäger, um seine hellen Hände zu verdecken, wird gern einen Handschuh tragen, das halte ich auch beim Anschlag „angestrichen" für zweckmäßig. Bei einem wenn auch seltenen Anschlagen an einem Eisenpfosten oder an einer Steinwand oder auch an der rauhen Rinde eines Baumes schützt der Handschuh – am besten ein Wildlederhandschuh – auch vor Verletzungen.

Die Stärke des Pürschstockes sollte so gewählt werden, daß er beim „stehend angestrichenen" Anschlag mit 4 Fingern der linken Hand gut gehalten und der Vorderschaft des Gewehrs zwischen dem ausgespreizten Daumen und dem Zeigefinger eingebettet werden kann. Diese linke Hand hat dann eine doppelte Funktion, nämlich den Stock in der Senkrechten mit möglichst wenig Schwankung zu halten sowie der Waffe, die mit ihrem Gewicht nach unten drückt, eine sichere Auflage zu

Eines der besten Hilfsmittel für den Pürschjäger ist der Zielstock. Im Gebirge wird er kräftiger sein, weil er gleichzeitig zum Abstützen des ganzen Körpergewichts beim Gehen dient. Er muß so lang sein, daß er auch Steilschüsse nach oben erlaubt. Hat der Jäger keinen Zielstock bei sich, sollte er stets versuchen, sein Gewehr am Baum anzustreichen. Der Lauf muß frei schwingen können; also darauf achten, daß er nicht gegen Zielstock oder Baum gepreßt wird.

geben. Wie bereits erwähnt: auf keinen Fall den Vorderschaft der Waffe gegen den Stock pressen! Manche Jäger versuchen, an dem Pürschstock eine Astgabel zu lassen, in die sie die Waffe einlegen können; andere umwickeln den Stock in Anschlaghöhe mit Stoff oder Gummiband, damit die Hand einen festeren Halt hat. Ich halte diese Hilfen nicht für erforderlich, sondern rate, so oft wie möglich den Umgang mit einem normalen Ziel- oder Bergstock zu üben und auch auf dem Schießstand regelmäßig diese Anschlagart anzuwenden. Da auf den meisten Schießständen der Fußboden, auf den der Stock gesetzt wird, glatt ist, empfiehlt es sich aus Sicherheitsgründen, am unteren Ende des Stockes eine Gummikappe zu befestigen. Die in Anschlag gebrachte geladene Waffe könnte sonst beim Wegrutschen des Stockes nach unten abkippen.

Die Stocklänge (Pürsch-, Berg-, Zielstock) sollte entsprechend der Körpergröße zwischen 1,60 m und 2 m betragen. Im Gebirge werde ich einen 2-m-Stock haben müssen, weil er mir nicht nur als Zielstock, sondern auch noch als Stütze beim Gehen, beim Hangabrutschen, beim Überqueren von Gräben und ähnlichem dient. Da er im Gebirge stärker beansprucht wird als im Flachland, muß er kräftiger sein. Für die normale Pürsch zum Abstützen des Glases und zum Anschlagen der Waffe reicht ein Stock im Durchmesser von etwa 2½ cm in der Mitte, bei stärkerer Beanspruchung werde ich doch auf 3½ cm gehen müssen. Bei der reinen Benutzung als Pürsch- und Zielstock werde ich von einer Eisenspitze absehen, weil ich sie erstens nicht benötige und weil sie zweitens beim Berühren eines Steines weittragende Geräusche verursachen würde. Die am besten geeigneten Holzarten dürften Haselnuß und Eberesche sein. Es ist gut, wenn einige auf Vorrat hingestellt werden, denn es geht auch ab und zu mal einer verloren. Sie brauchen auch eine gewisse Zeit, bis sie trocknen und somit leichter werden. Da wir den Pürschstock häufig im Auto transportieren müssen, wird man hinsichtlich der Länge ein bißchen Rücksicht auf die Wagengröße nehmen. Der Flachlandjäger, der keinen allzu stabilen Stock benötigt, kann sich einen zerlegbaren Stock fertigen, den er bequem in jedem Kofferraum unterbringt. Er kann sich hierfür zweier Hülsen bedienen, wie sie für zusammensteckbare Angelruten verwendet werden.

Einen ganz originellen Pürsch- und Zielstock hat übrigens Prof. France Avcin, ein jugoslawischer Ballistiker, in „Wild und Hund" (Nr. 16, 66. Jg., vom 27. Okt. 1963, Seite 607) vorgestellt; dieser Stock ist teilweise spreizbar und beugt seitlichem Wakkeln ebenfalls vor.

Findige Köpfe haben zum Anstreichen alle möglichen Hilfen geschaffen. So z. B. gibt es Jagd- und Sitzstöcke mit ausziehbaren und auf verschiedene Längen arretierbare Zielstützen. Das einfachste und beste ist und bleibt der glatte, der eigenen Körpergröße entsprechende, kerzengerade mehrjährige Haselnußsprößling. Im Bedarfsfall braucht der Schütze nicht herumzufummeln, er schlägt in jeder beliebigen Höhe an, ob es jetzt beim Stehen, Sitzen oder Knien ist, und hat so bei einiger Übung die Garantie, daß er nur noch ganz wenig wackelt.

Der Deutsche Jagdschutz-Verband hat die Bedeutung dieser Anschlagart dadurch unterstrichen, daß er sie ausdrücklich in die Schießvorschrift mit aufgenommen hat. Sowohl bei nationalen als auch internationalen jagdlichen Schießveranstaltungen – insbesondere Wettkämpfen – wird der Anschlag „stehend angestrichen" verlangt. Vom Spitzenschützen wird dabei erwartet, daß er aus der „10" nicht herauskommt. Bei nationalen Meisterschaften und beim Nadelschießen wird beim Schuß auf den „stehenden Rehbock" der Anschlag „stehend angestrichen" verlangt, bei internationalen Wettkämpfen wird „stehend angestrichen" auf den Rehbock und auf den Gamsbock geschossen.

„Liegend frei"

Im Revier wird der Anschlag „liegend frei" nicht sehr häufig praktiziert werden können, weil Geländebeschaffenheit und Bodenwuchs diesen Anschlag kaum zulassen. Dort, wo der Anschlag in liegender Position notwendig wird, sollte versucht werden, eine Auflage zu Hilfe zu nehmen, damit der Anschlag sicherer wird. Im Gebirge, speziell bei der Gamsjagd, wird man sich zum Schießen hinlegen und eine geeignete, natürliche Gegebenheit ausnutzen. Aber dabei auf keinen Fall den Schaft auf den harten Stein oder gar den Lauf auf den nackten Fels auflegen, sondern Rucksack, Loden oder wenigstens einen Handschuh darunterschieben!

Am häufigsten wird sich wohl die Möglichkeit zum Anschlag „liegend frei" im Wiesengelände anbieten, und das vor allem im Frühjahr, wenn das Gras noch niedrig ist oder auch kurz nach der Mahd. Ich habe schon manchen Fuchs bis auf vertretbare Schußentfernung angekrochen und angerobbt und dann die Büchse in den „liegend freien" Anschlag gebracht. Wichtig dabei scheint mir immer eine weiche Ellenbogenauflage und ein unter leichtem Druck erfolgendes Einziehen der Waffe in die Schulter. Der Rechtshänder übt diesen leichten Druck mit der linken Hand von vorne aus, wobei nach Möglichkeit der Schaft mit der linken Hand nicht zu weit vorn oder hinten gehalten werden soll. Günstig ist es, wenn der Winkel zwischen linkem Unter- und Oberarm 90° beträgt. Der Anschlag „liegend frei" läßt sich auch leicht in den Anschlag „liegend aufgelegt" abwandeln, wenn die linke Hand weit nach vorn geschoben und der Handrücken auf einer Unterlage abgestützt wird. Das kann ein flacher Stein, ein Maulwurfshügel, ein dicker Ast, aber auch alles andere sein, was eine kleine Erhöhung schafft und in unmittelbarer Umgebung greifbar ist. Hierbei kann es erforderlich werden, daß ich mit der linken Hand nicht mehr den Schaft halte, sondern schon den Lauf umfasse.

Bei diesem Anschlag im Revier ist es dringend erforderlich, vorher zu prüfen, ob auch tatsächlich das Geschoß nach Verlassen des Laufes frei fliegen kann, ohne auch nur einen Grashalm zu berühren. Mit dem Blick durch das Zielfernrohr kann man dies nicht feststellen, weil entsprechend der üblichen Montagehöhe das Zielfernrohr etwa 5 cm Abstand von der Laufseele hat und obendrein nahe Objekte dieser Größe und Stärke in ihm nicht oder kaum erkennbar sind.

Auf dem Schießstand braucht nur der Anschlag „liegend frei" geübt zu werden, weil der Anschlag „liegend aufgelegt" lediglich eine Erleichterung und Abwandlung dieses Anschlages darstellt. Bei den DJV-Schießen nach Schießvorschrift darf die linke, den Vorderschaft umfassende Hand nicht auf die Pritsche oder Matte aufgelegt, sondern es muß der echte Liegend-frei-Anschlag praktiziert werden. Die verschiedenen Techniken der einzelnen Anschlagarten behandle ich im Kapitel „Jagdliches Leistungsschießen", bei dem es schon auf ganz besondere Feinheiten ankommt. Diese können dann auch weitgehend unter Berücksichtigung der jeweiligen Situation im Revier angewendet werden.

„Kniend"

Der Anschlag „kniend"wird von den Jägern nach meinen Beobachtungen viel zu wenig angewendet. Da ihn die DJV-Schießvorschrift nicht in die Bedingungen eingeordnet hat und die meisten jagdlichen Schießstände nicht auf ein Schießen „kniend" eingerichtet sind, ist kaum ein Jäger zu finden, der diese Anschlagart regelmäßig übt und sich von seiner möglichen Leistung beim Kniend-Schießen überzeugt hat. Im allgemeinen versteht man unter dem Anschlag „kniend", daß das rechte Bein kniet und daß sich der Fuß des linken Beines eine halbe Schrittlänge halblinks vor das rechte Knie setzt. Der Ellbogen des linken Armes stützt sich dabei auf das hochstehende Knie, und die Hand des gestützten Armes faßt die Büchse kurz, d. h. unmittelbar vor dem Abzugsbügel. Der rechte Arm ist völlig frei.

Wer den Pürschstock stets mit sich führt, kann den Anschlag „kniend" dadurch abwandeln, daß er zwar auf dem rechten Knie am Boden kniet, aber nicht mit dem linken Ellbogen einen Halt auf dem linken Knie sucht, sondern in etwas mehr aufrechter Art am Pürschstock wie beim Anschlag „stehend angestrichen" Anlehnung sucht. Ich rate jedem, den Anschlag „kniend angestrichen" dem normalen Kniend-Anschlag vorzuziehen. Der Schütze kann auch mit beiden Knien auf den Boden gehen und dann am Pürschstock anstreichen.

„Stehend frei"

Der Anschlag „stehend frei" fordert zweifellos das meiste an Können und Beherrschung. Vielen ist es unbegreiflich, weshalb diese Anschlagart in das Schießprogramm des DJV aufgenommen wurde. Denkt man aber darüber etwas nach und kennt die Materie des Schießens, so erfaßt man sofort die unbedingte Berechtigung dieser Anschlagart im Übungs- und Wettkampfprogramm der Jägerschaft. Ich betone ausdrücklich „Übungs- und Wettkampfprogramm", denn im Revier werde ich nur in den seltensten Fällen gezwungen sein, „stehend frei" zu schießen. Dabei meine ich „stehend frei" auf unbewegliche Ziele; denn das Schießen „stehend frei" auf bewegliche Ziele hat mit dem klassischen Anschlag auf unbewegliche Ziele genauso wenig gemeinsam wie der Anschlag „liegend frei" mit dem Anschlag „stehend angestrichen".

Der waidgerechte, also gewissenhafte Jäger wird den Anschlag „stehend frei" fleißig auf dem Stand bis zur Vollendung üben, ihn aber möglichst nicht im Revier anwenden. Das klingt widersinnig. Einerseits wird das Üben verlangt, andererseits jedoch wird der Schuß „stehend frei" auf Wild abgelehnt. Das muß ich erklären: Der Anschlag „stehend frei" erfordert höchste nervliche Anspannung, äußerste Ruhe in der Körperhaltung, Beherrschung der Atem- und Abzugtechnik, einen einwandfreien Stand und eine saubere Büchsenhaltung. Schon die kleinsten Fehler wirken sich hier schwerwiegender aus als bei allen anderen Anschlagarten. Beherrscht also der Jäger den Anschlag „stehend frei", so wird er im Revier in schwierigen Situationen auch mit anderen Anschlagarten gut zurechtkommen. Der Anschlag „stehend frei" ist ein gutes Mittel der Erziehung zu einem zuverlässigen Schützen. Ich kann von mir behaupten und bin sogar stolz darauf, obwohl ich den Anschlag „stehend frei" durchaus beherrsche, noch nie einen Büchsenschuß „stehend frei" auf ein stehendes gesundes Stück Wild – außer beim Fangschuß und auf kurz verhoffendes Wild bei Drückjagden – abgegeben zu haben. Ich führe fast immer den Pürschstock mit, und wenn ich ihn mal nicht dabei habe, suche ich umgehend eine Möglichkeit zum Auflegen oder Anstreichen der Waffe.

Ein Jäger, der heute grundsätzlich und vorsätzlich „stehend frei" auf Wild schießt, handelt m. E. unwaidmännisch, auch wenn er auf dem Stand beweisen konnte, daß er bei „stehend frei" ausgezeichnete Ergebnisse erzielt hat. Wir alle müssen wissen, daß im Revier beim Schießen auf Wild erschwerte natürliche Bedingungen vorhanden sind, die sich mit den geordneten Verhältnissen auf einem Stand nicht vergleichen lassen. Erwähnt sei hier nur die normale Erregung, erst recht das Jagdfieber, vorangegangene Anstrengungen vom Pürschen oder mühsames Angehen des Wildes, ungünstige Witterungsbedingungen, nachteilige Kleidung und auch der Jagdhund kann den Schuß etwas beeinträchtigen. Hier könnte jemand einflechten, ein gut abgerichteter Hund beeinträchtigt nicht den Jäger oder lenkt ihn nicht ab. Welcher Hund aber ist gefeit gegen Insektenstiche, welcher Hund schüttelt oder kratzt sich nicht in einem für den Jäger ungünstigen Augenblick und welcher Hund strafft nicht mal die Führleine etwas mehr als nötig? Bei einem sicheren, festen Anschlag kann ich viele äußere Einflüsse noch ausgleichen, beim Stehend-frei-Anschlag nicht.

„Stehend frei" auf bewegliche Ziele

Der Anschlag „stehend frei" beim Beschießen von beweglichen Zielen mit der Büchse kommt, wenn auch nicht so häufig, doch ab und zu in jedem Revier vor. Ich denke dabei weniger an gesundes als an krankes Wild. Jeder erfahrene Jäger hat schon erlebt, daß ein krankes ziehendes oder flüchtiges Wild beschossen werden mußte. Da darf nicht lange überlegt, sondern aus jeder Lage heraus muß geschossen werden. Wer vorher das Flüchtig-Schießen mit der Büchse nicht geübt hat, wird nur herumstümpern. Wenn es schnell gehen muß, muß der Anschlag sitzen und das richtige Mitziehen gekonnt sein.

Am besten verschafft sich der Schütze einen festen Stand, wenn die Zeit noch dazu da ist, faßt die Büchse mit der linken Hand vorn am Vorderschaft (bei normal halbgeschäfteten Büchsen) und hält sie auch während des Führens mit leichtem Druck nach hinten in der Schulter. Die rechte Hand umspannt, wie bei jedem Anschlag, den Kolbenhals mit festem Griff. Das ruhige Mitziehen und Abziehen ist Übungssache, gehört in das Kapitel des Schießens auf dem Stand und kann nicht in der Praxis erlernt werden.

In Revieren, wo das Schwarzwild zahlenmäßig stark vorhanden ist, wird auch auf der Pürsch ab und zu „flüchtig" aus der freistehenden Position geschossen werden müssen, ebenso wird da und dort auf Hochwilddrückjagden und somit auch auf das „Flüchtig-Schießen" nicht verzichtet werden können.

Der angestellte Schütze hat auf den sicheren Stand größten Wert zu legen. Er darf nicht wackelig stehen oder bei der geringsten Fuß-Bein-Bewegung rutschen. Nach Einnehmen des Standes hat jeder ausreichend Zeit, um ein oder zwei Anschläge zu machen und die Kleidung auf guten Sitz hin zu überprüfen. Gegenstände, die behindern könnten, wie z. B. der Rucksack, sollten abgelegt werden. Führen Sie sich das Vorhaltemaß vor Augen und schätzen Sie Schußentfernungen. Weiter als auf 60 m sollte auch der geübteste Jäger kein Schalenwild beschießen.

Jagdliche Schießtechnik und Anschlagarten nach Vorschrift

Der gute Schuß ist kein Zufallsprodukt, sondern hängt von vielen Umständen ab. Um treffsicher zu sein, muß ich bestimmte Handlungen in einer sinnvollen, der jeweiligen Schießart entsprechenden Reihenfolge abwickeln. Körperhaltung, Fuß-/ Beinstellung, Kopfhaltung, Gewehrhaltung, das Anschlagen, Zielen, das richtige Atmen und schließlich das Auslösen des Schusses müssen einwandfrei koordiniert sein. Es nützt nichts, wenn ich die genannten Vorgänge im einzelnen beherrsche, aber nicht in der Lage bin, sie in das richtige Verhältnis zueinander zu bringen. Um ein gleichmäßig guter Schütze zu sein, muß ich sowohl jede einzelne Handlung korrekt ausführen als auch deren Ablauf bis zum Brechen des Schusses und darüber hinaus in einen harmonischen Einklang bringen können. Ein guter, zuverlässiger Schütze ist nicht derjenige, der nur ab und zu mal gut trifft und damit mehr oder weniger starke Leistungsschwankungen zeigt, sondern derjenige, der ständig eine gleichmäßig gute Schießleistung ohne große Abweichungen zu halten vermag. Das kann er aber nur, wenn er die Technik des Schießens einwandfrei beherrscht.

Die jagdliche Praxis hat uns einige bereits erwähnte Anschlagarten aufgezwungen. Der Anschlag „stehend freihändig", kurz „stehend frei" genannt, auf unbewegliche Ziele genießt eine Sonderstellung. Wie bereits erwähnt, ist keine Anschlagart besser geeignet, die Feinheiten der Atem-, Abzugs- und Stabilisierungstechnik zu erlernen, als gerade diese. So hat die DJV-Schießvorschrift in ihrem Übungs- und Leistungsprogramm u. a. die Anschlagarten in sinnvoller Weise erfaßt, die das Schießen in der Praxis in besonderem Maße berücksichtigen, jedoch unter Weglassung des Aufgelegt-Schießens, aber wiederum unter Einbeziehung des Anschlags „stehend frei" als grundsätzliche Übung zur Erlernung einer einwandfreien Schießtechnik.

Es gab und gibt auch heute noch Stimmen gegen das „Stehend-Frei-Schießen" im jagdlichen Schießprogramm, die glauben, dieser Anschlag sei zu schwer und außerdem praxisfremd. Schwer ist er wohl, dieser Anschlag, aber daß er praxisfremd sein soll, kann nicht behauptet werden, nur weil man ihn aus guten Gründen eines waidgerechten Denkens weitgehend zu vermeiden versucht. Ich darf ihn nicht verdrängen, nur weil er zu unbequem und schwer zu erlernen ist. Der Anschlag „stehend frei" hat in der Jägerschaft schon allein wegen seines hohen Ausbildungs- und Erziehungswertes eine absolute Daseinsberechtigung, und wenn wir den mittelmäßigen Jagdschützen zum guten oder gar ausgezeichneten Jagdschützen machen wollen, kommen wir nun einmal um den Anschlag „stehend frei" nicht herum.

Der Anschlag „liegend frei"

Der Jäger liegt in einem Winkel von etwa 30° zu seinem Ziel, wobei beide Ellbogen aufgestützt werden und die Beine ziemlich gestreckt sind, bei Rechtsauflage insbesondere das linke Bein, während das rechte im Kniegelenk eine Andeutung von Beugen zeigt. Das Körpergewicht ist gleichmäßig auf die beiden gestützten Ellbogen verteilt, damit eine ungleichmäßige Beanspruchung der Arme und eine dadurch bedingte einseitige Ermüdungserscheinung vermieden wird. Je flacher der Körper aufliegt, desto stabiler wird zwar die Körperlage, um so schwieriger wird es aber sein, den Kopf in die richtige Zielhaltung zu bringen und zu atmen.

Anschlag liegend-frei. Beide Ellenbogen müssen sicher und unverrutschbar aufliegen, damit der Schuß beim Abrutschen nicht „in den Sand gesetzt wird". Dieser Anschlag wird überwiegend beim Beschießen der Fuchsscheibe auf dem Schießstand angewandt. Im Revier wird er weniger praktiziert, weil der Bodenbewuchs genügende Sicht und den freien Flug des Geschosses behindert.

Der Anschlag „liegend frei" mit beiden Beinen gestreckt, ist mehr auf den schlanken Körper zugeschnitten. Je mehr Bauch und Körperfülle vorhanden sind, um so mehr wird der Schütze dazu neigen, das rechte Bein anzuwinkeln, um den Körper etwas seitlich legen zu können. Dadurch wird zwar das Körpergewicht nach der Seite verlagert, jedoch ist darauf zu achten, daß nach wie vor das Körpergewicht auf beiden Ellbogen gleichmäßig ruht. Durch die etwas seitliche Gewichtsverlagerung des Körpers profitiert in erster Linie die Atmung. Der Druck der inneren Organe auf das Zwerchfell und dadurch auf den Brustraum wird stark gemindert, man ist auch etwas lockerer und freier. Außerdem bekommt der Kopf durch die seitliche Liegeweise mehr Abstand vom Boden bzw. von der Pritsche, was ein günstigeres Verhältnis des Kopfes zum Schaft und zur Visierung mit sich bringt.

Mit dem Hinweis auf die leichte Variationsmöglichkeit des Anschlages durch ein mäßiges bis sehr starkes Beugen des rechten Knies wird grundlegend deutlich, daß es keinen einheitlichen Anschlag in allen Feinheiten und bis ins Detail geben kann. Der Körperbau des Menschen ist unterschiedlich und erfordert um so mehr Abweichungen vom Normalanschlag, je mehr er von den Maßen des normal gebauten Menschen abweicht. Natürlich liegen bestimmte untere und obere Grenzen in der Körperhaltung fest, um nicht infolge zu großer Toleranz zu einer eigenwilligen, völlig falsch verstandenen Auslegung zu kommen.

Ich sagte vorher, daß beide Ellbogen gleichmäßig ein Gewicht zu tragen haben. Je weiter ich die linke Hand nach vorn an den Vorderschaft schiebe, um so niedriger wird die Waffe liegen. Das gibt zwar eine verbesserte, ruhige Körperlage, aber eine Verschlechterung der Stellung für den Schützen. Die Atmung wird erschwert, die linke Hand stärker belastet und einige Muskelpartien verspannt. Jede Verkrampfung, Verspannung und übermäßige Anstrengung einer bestimmten Muskelpartie führt schnell zu Ermüdungserscheinungen einzelner Körperteile und damit zu einem unausgeglichenen Schießen. Das Anschlagen und Zielen ist keine Augenblicksache, sondern ein Ausharren über mehrere Sekunden in einer Stellung in einem ausgewogenen, lockeren Körperzustand bei höchstmöglicher Konzentration und ruhiger Gewehrhaltung.

Die Beinlage bei leichtem bis starkem Beugen des rechten Knies erfordert eine entsprechende Fußlage. Der rechte Fuß ruht breitseitig auf der Pritsche und der linke stützt sich mit der Spitze ab.

Ob der Schütze richtig liegt, merkt er spätestens beim Einsetzen des Gewehrs in die Schulter. Eine falsche Lage macht das Gewehreinsetzen umständlich und nur unter erheblichem Kraftaufwand möglich. Es gibt Schützen, die sich völlig falsch hinlegen und das Gewehr einzuziehen versuchen, und wenn sie merken, daß es sehr schwer ist, alle Körperteile in Einklang mit der Waffe zu bringen, so fangen sie an, sich unter großem Kraftaufwand zurechtzurücken und zu schütteln, um einigermaßen schießen zu können. Das Hinlegen und Einnehmen der günstigen Stellung muß kraftlos geschehen, weil sonst der Körper zu lange braucht, um sich wieder zu beruhigen.

Die linke Hand umfaßt den Vorderschaft locker, denn sie hat nur die Aufgabe, die Waffe sicher zu stützen und ihr die Zielrichtung zu geben. Der linke Ellbogen, der im wesentlichen das Gewicht der Waffe trägt, stützt sich etwas links von der Achse des Gewehrs ab. Ab und zu sieht man, daß der linke Ellbogen unter dem Gewehr seitlich hindurchgedrückt wird und auf der rechten Seite unter dem Gewehr ruht. Dies bringt zwar eine Verspannung mit augenblicklich vorteilhaft erscheinender Beruhigung der Gewehrlage, hat aber bei etwas längerer Dauer den Nachteil, daß eine Verkrampfung eintritt und die Gleichmäßigkeit des Schießens beeinflußt. Die rechte Hand, die den Kolbenhals umfaßt, hält die Waffe gegen die Schulter-/Brustpartie, aber auch ohne übermäßigen Kraftaufwand. Der rechte Ellbogen soll dabei ganz bequem seine Auflage finden.

Das beim jagdlichen Anschlag zugelassene Gefälle der Pritsche wird von den meisten erfahrenen Jägern ausgenutzt, weil es für die gesamte Körperlage bequemer ist. Der Neigungswinkel der Fläche darf nicht zu stark sein, damit während des Schießens auch ein millimeterweises Zurückrutschen ausgeschlossen ist. Pritschenauflagen, sogenannte Matten, sind gestattet und sollten auf jedem Schießstand vorhanden sein. Sie sind aus rutschfestem Material, Stoff, Kunststoff oder Kokosfaser gefertigt und in den Abmessungen der Schießpritsche zu haben.

Beim „Liegend-frei-Anschlag" rate ich folgendermaßen vorzugehen: Legen Sie die Waffe mit geöffnetem Verschluß auf die Pritsche, besteigen Sie die Liegefläche und nehmen Sie zunächst eine grobe Liegestellung ein. Dann nehmen Sie die Waffe zur Hand und machen einen Testanschlag mit geöffnetem Verschluß. In den meisten Fällen wird die vordere Partie des Körpers bereits beim ersten Testanschlag einwandfrei liegen. Eine Korrektur der Körperlage ist meist nur in der Hüfte, den Beinen oder Füßen notwendig. Nach dem groben Einrichten des Körpers und der Waffe senken Sie die Waffe wieder auf die Pritsche und entspannen sich kurz. Sie können dabei die Augen schließen und bringen nach dieser zwei/drei-Sekunden-Pause die Waffe mit geschlossenen Augen in den Anschlag. Nun überprüfen Sie Ihre Lage zum Ziel und nehmen notfalls geringe Korrekturen vor, die sich höchstwahrscheinlich nur noch auf die Bein-/Fußlage beziehen werden.

Die einmal fest eingenommene Schießstellung muß möglichst von Anfang bis zum Ende der Schußserie gleichmäßig beibehalten werden. Ich darf also nicht nach jedem Schuß die Körperlage grundlegend verändern. Nach der Schußabgabe werfe ich die Hülse aus, unter gleichzeitiger Entlastung des linken Armes, indem ich den Arm und die Waffe auf die bequemste Art auf die Pritsche auflege. Beim Entladen und dem Laden wird es jeweils notwendig sein, den Körper leicht nach links zu drehen, damit ich die Handgriffe ausführen kann. Was bei diesem Anschlag dem Schützen besonders zugute kommt, ist eine niedrige Zielfernrohrmontage und eine Schäftung, die ein bequemes Anlegen der Wange bei gleichzeitigem Durchblick durch das Zielfernrohr ermöglicht.

Man sieht auch hier, daß ein Zusammenpassen und Zusammenwirken von vielen Kleinigkeiten den guten Gesamtanschlag ausmachen.

Anschlag „stehend angestrichen"

Dieser Anschlag ist *der* Anschlag des Jägers; er ist mit keinem anderen Anschlag der Sportschützen auch nur annähernd vergleichbar. Unter „Anstreichen" verstehe ich ein seitliches Anlegen der Waffe an einen Stock oder Balken, im Revier kann es auch ein Baum oder etwas ähnliches sein. Es ist der Festigkeit gebende Anschlag bei stehender Haltung, bei dem ohne allzu große Übung ein Wackeln weitgehend ausgeschaltet werden kann. Insbesondere wird damit die vertikale Bewegung der Waffe erheblich eingeschränkt. Durch das Anstreichen finden sowohl die Waffe als auch der Körper eine sichere Stütze. Im Vergleich zu anderen stehenden Anschlägen wird dabei nur eine geringe Anspannung des gesamten Muskelapparates erreicht.

Beim Anschlag stehend-angestrichen auf dem Stand ist es aus Sicherheitsgründen am zweckmäßigsten, wenn der Zielstock oben und unten einen festen Halt hat. Lose Zielstöcke stehen auf Schießstandböden nicht hinreichend sicher, und außerdem sind nicht alle Schützen, die auf dem Stand üben, in ihrer Handhabung erfahren.

Günstig ist die Fußstellung, wenn die Fersen etwa 30 cm und die Schuhspitzen etwa 40 cm auseinanderstehen. Mit anderen Worten heißt das, wir nehmen auf diese Weise eine uns wenig ermüdende Fußstellung ein. Dabei stehen wir nicht mit den Füßen in Richtung auf das Ziel, sondern etwas rechts seitwärts gedreht. Das liegt daran, daß beim Anschlagen in stehender Position die rechte Schulter zurückliegt und die Brust nicht mit der Breitseite zum Ziel zeigt. Der linke Fuß steht in einem Winkel von ca. 35 bis 45° zur Schußrichtung. Das Gewicht des Körpers ruht gleichmäßig auf beiden Beinen. Eine minimale Mehrbelastung des linken Fußes kommt automatisch dann zustande, wenn sich der Körper bei dieser Fußstellung mit der Waffe in Zielrichtung gegen die am Stand eingebaute Anstreichlatte oder den Zielstock lehnt. Dies muß aber vermieden werden, denn der Schütze soll bei entspannter Körperhaltung das Schwergewicht der Waffe abfangen; der Zielstock bzw. die -latte sollen nicht als Stütze für den Körper dienen. Dann und wann sehen wir nämlich experimentierfreudige Jäger, die sich mit ihrem vollen Gewicht gegen die Stange lehnen, weil sie meinen, die Waffe und den Körper auf diese Art besser in ein festes Gleichgewicht bringen zu können. Der Druck gegen die Stange, wenn sie an ihrem oberen und unteren Ende festgemacht ist, vermittelt zwar im Augenblick des Anschlagens ein solides Standgefühl, führt aber leicht zu unsauberem Schießen. Dies liegt daran, daß durch die Schrägstellung des Körpers beim Anlehnen einige Muskeln in einer Weise beansprucht werden, die zu Verkrampfungen führen können. Häufige Ausreißer sind die Folge. Benutzen wir also die Stange nicht als Stütze für den Körper, sondern in einer lockeren, entspannten Haltung als Stütze für die Waffe von unten her.

Fußstellung beim Anschlag „stehend-angestrichen".

Die Waffe selbst wird überhaupt nicht angestrichen; sie kommt nicht in Berührung mit dem Stock, sondern nur mit der Hand des Schützen. Diese linke Hand des Schützen hat die Aufgabe, sich an dem Stock festzuhalten und gleichzeitig der Waffe eine Stütze von unten in Vorderschafthöhe zu geben. Was die Hand und der Arm sonst hätten allein tun müssen, geschieht jetzt in Verbindung mit dem Stock. Wichtig ist dabei, daß die Hand einen sicheren Halt am Stock findet und die Waffe dadurch sicher stützen kann. Am besten ist dies möglich, wenn die Stärke des Stockes in günstiger Relation zur Größe der Hand ist, d. h. nicht zu dick, damit die Finger der linken Hand ihn gut fassen können. Ein seitliches Berühren oder gar Anpressen des *Vorderschafts* an den Stock muß bei Waffen mit nicht freischwingendem Lauf vermieden werden, um das Schwingen des Laufes nicht ungünstig zu beeinflussen. Bei Kleinkaliberwaffen (.22 lfB), die nur gering schwingen, und allen Waffen mit freischwingendem Lauf wird eine direkte Berührung des Stockes durch den Vorderschaft keine Trefferabweichungen verursachen. Auf keinen Fall, d. h. auch nicht bei der Kleinkaliberwaffe, darf aber der *Lauf* eine unmittelbare Verbindung mit dem Stock haben.

Der Abstand des Schützen vom Stock ergibt sich durch dessen Armlänge. Wenn die linke Hand den Vorderschaft stützt, ist der Arm im Ellbogen leicht gebeugt. Also, nicht strecken und nicht stark winkeln. Beides bringt Nachteile.

Das eigentliche Halten der Waffe und das leichte Einziehen in die Schulter erfolgen durch die rechte Hand. Der gute, nicht zu feste Griff am Kolbenhals mit ganz leichtem Druck gegen die Schulter – ich betone, ganz leichtem – wirkt sich günstig auf die linke Hand aus.

Stimmt die Fußstellung, steht der Körper ungezwungen aufrecht, hat dann die linke Hand bei leicht gewinkeltem Arm den Stock gefaßt, um der Waffe eine Stütze zu gewährleisten, und hat endlich die rechte Hand den Kolbenhals im sicheren Griff, so brauche ich lediglich den Kopf seitwärts an den Kolben zu lehnen, um das Ziel aufzunehmen. Bei guter Schäftung ist die Kopfbewegung gering und auch die Kopf-/Hals-Stellung entspannt.

Anschlag „stehend frei"

Das Stehend-frei-Schießen wird mit Recht als die schwerste Anschlagart bezeichnet. Das gesamte Gewicht von Körper und Waffe ruht auf den Füßen, und die schwierige Aufgabe des Schützen liegt zunächst in der Stabilisierung des Gleichgewichts, um ein ruhiges Zielen zu ermöglichen. Vielen Menschen fällt es an sich schon schwer, ihren eigenen Körper aufrecht stehend in einen stabilen Zustand zu bringen, also nicht zu wackeln. Beim Schützen kommt erschwerend hinzu, daß die Büchse einschließlich Zielfernrohr ein Gewicht von etwa 4 kg (jagdliche Match-Waffen maximal 5 kg) hat, das er unter Aufwand von Muskelkraft ruhig zu halten hat. Das Gewicht der Waffe verlagert den Schwerpunkt des Schützen in eine für ihn nachteilige Position. Während sich der Schwerpunkt beim Stehen ohne Gewicht etwa in der Mittellinie des Körpers befindet, wird er, je schwerer die Waffe ist, um so weiter von dieser Mittellinie abweichen.

Zur Herstellung einer für die Schußabgabe günstigen Körperstellung muß ich den Schwerpunkt des Körpers, insbesondere das Rumpfstück, verlagern. Das ist nichts Besonderes; der Mensch tut es x-mal am Tag völlig unbewußt, um sein Gleichgewicht zu halten. Nur spielt ein dabei auftretendes Schwanken oder Wakkeln keine Rolle. Ein Beispiel: Sie tragen einen Stapel Bücher in Brusthöhe, an den Körper gepreßt. Unbewußt drücken Sie das Kreuz durch, um das Gleichgewicht zu halten. Werden die Bücher aber mit gestrecktem Arm vor dem Körper getragen, kommen Sie nicht umhin, das Gewicht des Oberkörpers noch mehr nach rückwärts zu verlagern. Sie tun nichts anderes, als einen günstigen Schwerpunkt zu schaffen, um Ihre Körperlage zu stabilisieren. Tun Sie es nicht, fallen Sie entweder nach vorn, oder Ihre Arme müssen krampfhaft Schwerstarbeit leisten.

Beim Anschlag „stehend frei" kompensiert der Körper des Schützen das Gewicht der Waffe durch Verlagerung. Die gesamte Körperhaltung bei diesem Anschlag ist weder schön noch natürlich. Das ergibt sich aus der Tatsache, daß sie unter Muskelanspannung zustande kommt. Der Schütze muß nun versuchen, bei möglichst geringer Muskelanspannung das Gleichgewicht zu halten und ruhig zu zielen. Beim Durchbiegen des Rückens wird ein Teil des Gewichtes auf das Rückgrat verlagert. Die Muskulatur wird dabei entlastet. Zur besseren „Versteifung" des Körpers, im wesentlichen des Rumpfes und der Gelenke, kann zusätzlich eine leichte Drehung in der Längsachse des Körpers vollzogen werden.

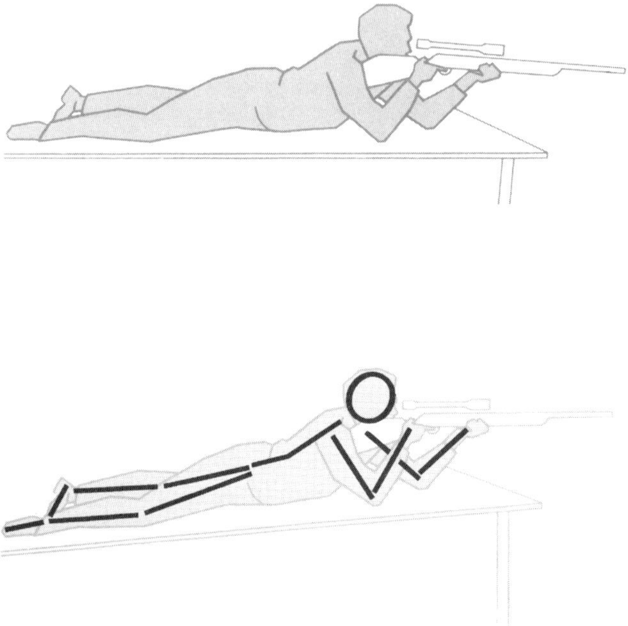

Liegend-frei

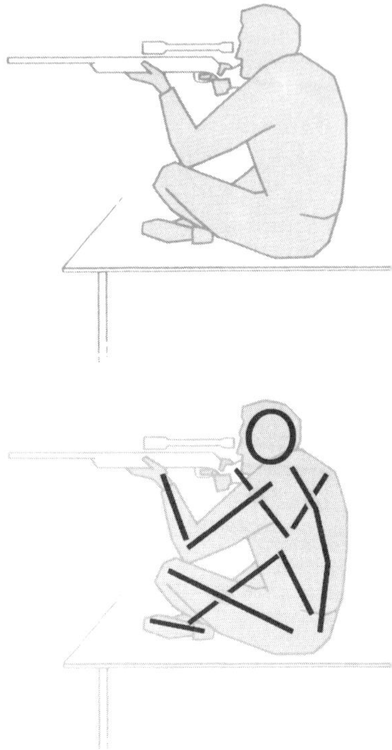

Sitzend-frei (Schneidersitz)

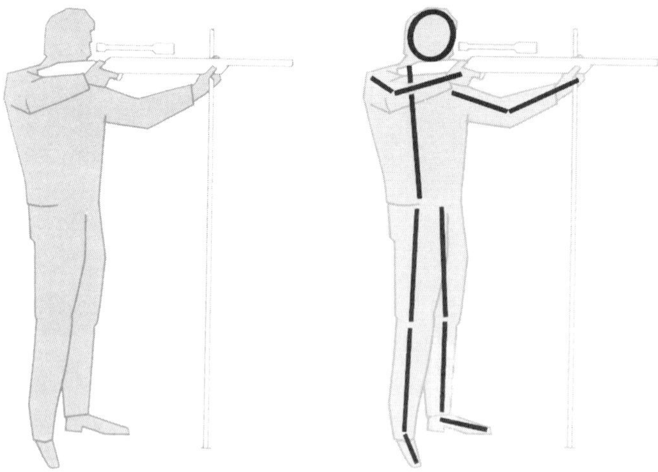

Stehend-angestrichen

Korrekte, günstige Anschlagarten

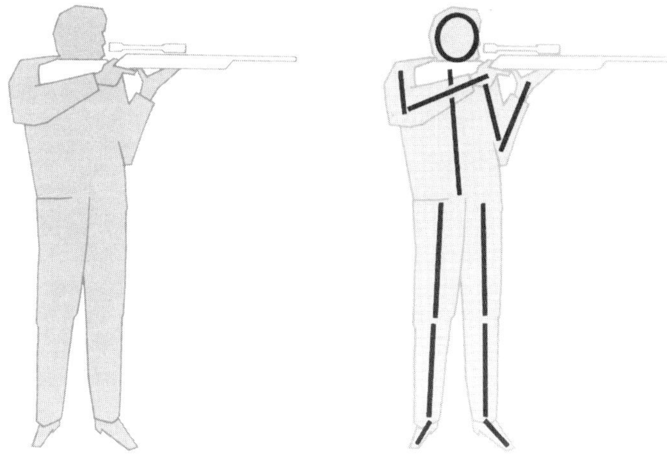

Stehend-frei auf sich nicht bewegende Ziele

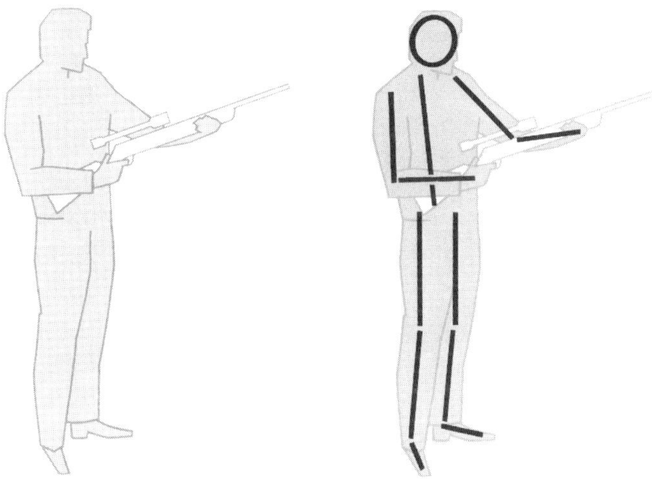

Stehend-frei auf bewegliche Ziele; Ausgangsstellung, sprich: jagdliche Gewehrhaltung

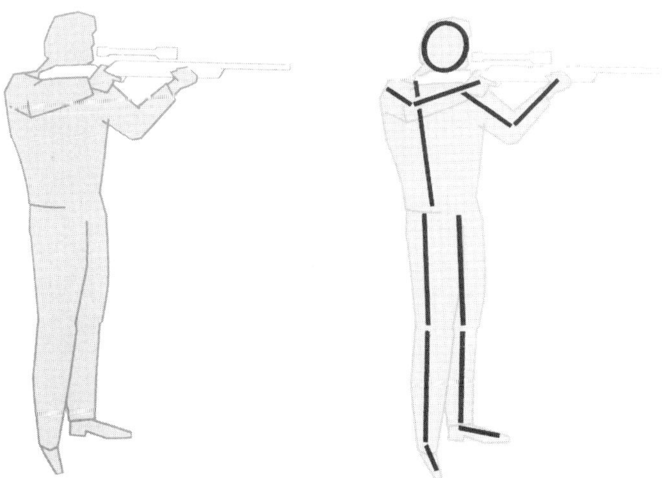

Stehend-frei im Anschlag auf bewegliche Ziele

Der linke Arm dient als Stützarm und wird mit dem Ellbogen auf die linke Hüfte gestützt. Manchem wird es schwerfallen, den Hüftknochen zu ertasten, weil er von Fleisch und Fett umgeben ist. Dann stützt er eben dort auf, wo beim durchgedrückten und seitwärts verdrehten Rückgrat der Ellbogen an der linken Seite zu liegen kommt. Je nach Körpergröße, Kopfform, Armlänge und anderen Abmessungen des Körpers wird die aus den Fingerspitzen gebildete Gewehrauflage gewählt. Am

Links: Anschlag stehend-frei. Je nach Körperhaltung und Körperabmessungen wird die linke Hand die Büchse stützen. Bei aufrechter Haltung und schlanker Figur ist ein Stützen des Abzugbügels mit dem Daumen und des Schaftes mit drei Fingern (Zeige-, Mittel-, Ringfinger) zweckmäßig. Wenn die Büchse mit der rechten Hand sicher umspannt und gut eingezogen ist, kann man in dieser Stellung auch mit schweren Jagdgebrauchskalibern schießen.

Rechts: Anschlag stehend-frei, Gewehrhaltung mit dem „langen Arm". Dieser Anschlag ist der geeignetste für das Schießen auf flüchtiges Wild und auf die bewegliche Scheibe „Überläufer". Der linke Arm und die linke Hand fassen die Waffe am vorderen Teil des Vorderschafts. Somit wird hinreichende Beweglichkeit des Körpers in Verbindung mit der Waffe ermöglicht, auch bei sehr starken Kalibern kann der Rückstoß in dieser Haltung gut abgefangen werden.

häufigsten finden wir den gestreckten Daumen auf der Unterseite des Abzugbügels und die vier ebenfalls gestreckten Finger entsprechend davor, oder der Daumen stützt sicher kurz vor dem Abzugbügel. Langarmige Schützen und solche, die den Körper beim Zurückbiegen auch noch in sich zusammensacken lassen können, werden das Gewehr kurz vor dem Abzugbügel entweder auf die hinteren Fingerglieder der geballten Faust aufstützen oder auf der flachen Hand ruhen lassen. Man kann aber auch die Waffe wie in eine Gabel zwischen Daumen und Zeigefinger legen. Ausschlaggebend ist, daß nicht noch zusätzlich zu der sowieso schon unnatürlichen Haltung der Körper gereckt, geduckt oder gedreht werden muß.

Wichtig ist die Fußstellung. Der rechte Fuß steht etwas mehr als 90° zur Schußrichtung und der linke in einem Winkel von 45°. Der Abstand von Ferse zu Ferse beträgt dabei 20 cm und der Abstand von Fußspitze zu Fußspitze etwa 40 cm. Das ist auch für die meisten Menschen die bequemste Aufrechtstellung. Alle Maßangaben sind Durchschnittswerte von Spitzenschützen: Abweichungen nach der einen oder anderen Seite sind teils durch das Körpergewicht, die Körperform, aber auch durch gewisse Gewohnheiten bedingt. Selbst gute Schützen werden erst überlegen, fragt man sie nach der Gewichtsverteilung. Das Gewicht ruht gleichmäßig auf beiden Füßen, bei einigen Schützen, durch den Anschlag und durch die Gewichtsverlagerung bedingt, ein klein wenig stärker auf dem linken als auf dem rechten Fuß. Ich bin der Ansicht, wir sollten bei der Ausbildung eine gleichmäßige Gewichtsverteilung lehren und anstreben, weil bei korrektem Anschlag die Verteilung des Gewichts nach längerer Übung der Körperform und den Eigengewohnheiten individuell angepaßt wird. Beim Stehend-frei-Schießen ist es weiter besonders wichtig, daß ich die einmal eingenommene Fuß-/Beinstellung bis zum Ende der Serie beibehalte. Ich hüpfe also nicht während des Absetzens, Ladens, Wiederinanschlaggehens von einem Bein aufs andere, sondern vollziehe alle Handgriffe ruhig, konzentriert, ohne mich auch nur geringfügig mit den Füßen zu bewegen.

Noch etwas zur Haltung des rechten Arms: Ich bin der Meinung, daß der rechte Arm so gehalten werden soll, wie es dem Schützen am bequemsten ist, allerdings unter Berücksichtigung der festen Verbindung des Kolbens zur Schulter. Dabei kennen wir zwei Grundhaltungen. Es ist einmal der fast waagerecht abstehende Oberarm und dann der an den Körper angelegte bzw. mehr oder weniger kraftlos herunterhängende Oberarm. Ich persönlich praktiziere die in sich etwas zusammengesunkene Körperhaltung, und dazu paßt besser der herabhängende, anliegende Oberarm. Zu der seitwärts mehr verschraubten Stellung halte ich den abstehenden Oberarm für günstiger. Beim abgewinkelten Oberarm ist die Kopfhaltung etwas gerader, was nicht zuletzt durch das höhere Anliegen der Waffe in der Schulter bedingt ist.

Fußstellung beim Anschlag „stehend-frei".

Noch vor nicht allzu langer Zeit galt der kurze Anschlag, wie man den Anschlag „stehend frei" mit an der Hüfte angelegtem linken Ellbogen bezeichnete, als der sportliche, und der mit dem linken Arm, also weiter vorn am Vorderschaft haltend und den Ellbogen nicht aufstützend, als der Stehend-frei-Anschlag des Jägers. Es hat lange gedauert, bis die Vorzüge des kurzen Anschlages voll und ganz erkannt wurden. Vor 15 Jahren konnte man selbst noch bei den Bundesmeisterschaften im jagdlichen Schießen Schützen mit langer Armhaltung sehen, die aber, bis auf wenige Ausnahmen, an Leistungen den Schützen mit dem kurzen Anschlag unterlegen waren. Es bedurfte keiner Überredungskunst, der Erfolg sprach für sich selbst, und heute ist es eine ganz rühmliche Ausnahme, wenn von den mehreren hundert an der Bundesmeisterschaft teilnehmenden deutschen Spitzenschützen ein oder zwei sind, die noch mit langem Arm schießen. Anders ist es jedoch beim Anschlag „stehend frei" auf bewegliche Ziele.

Anschlag „stehend frei" beim Flüchtigschießen

Die Schwierigkeit bei diesem Anschlag liegt darin, bei ausgeglichener Körperstellung noch so beweglich zu bleiben, daß die Waffe ohne Anstrengung und Verkrampfung in der Horizontalen geführt werden kann. Spannungen von Muskel- und Knochenpartien dürfen also nicht auftreten, weil ich beweglich bleiben muß. Ab Hüfte aufwärts benötigt der Körper eine Dreh- und Schwenkmöglichkeit. Die linke Hand ist nicht mehr ausschließlich Stützhand, sondern im wesentlichen, wie beim Flintenschießen, Halte-, Führ- und Richtungshand. Die Drehbewegung des Rumpfes wird gleichzeitig durch die Führbewegung der linken Hand beim Mitführen des Gewehrgewichts unterstützt. Auch hier gilt der Grundsatz, Belastung und Anstrengung gleichmäßig zu verteilen, damit der Gesamtablauf bei der Zielaufnahme bis zum Lösen des Schusses leicht und harmonisch wird.

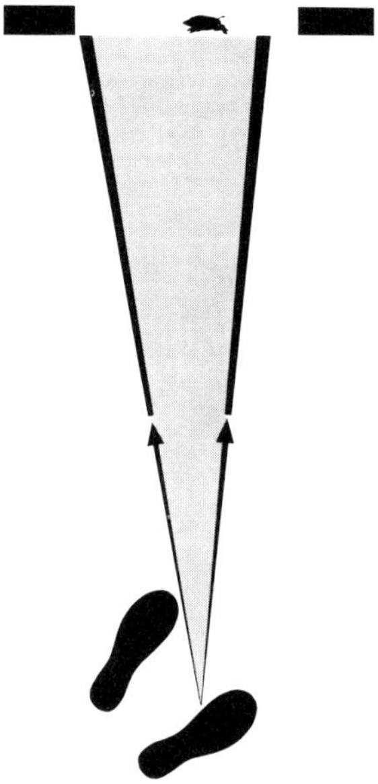

Fußstellung beim Anschlag „stehend-frei" auf den flüchtigen Überläufer im Verhältnis zum Ziel.

Der Anschlag mit langem Arm für das Beschießen beweglicher Ziele erfordert zur besseren Aufrechterhaltung des Gleichgewichtes eine Vergrößerung der Stützfläche für den Körper. Mit anderen Worten heißt das, daß die Füße etwas weiter auseinanderstehen als beim Anschlag „stehend frei" auf unbewegliche Ziele. Die Mittellinie zwischen beiden Füßen bildet einen Winkel von etwa 45° zur Schußrichtung. Die mittlere Entfernung von Fußspitze zu Fußspitze liegt bei 40 cm. Das Gesamtgewicht von Körper und Waffe ruht gleichmäßig auf beiden Füßen, dies sowohl bei der Ausgangsstellung als auch während des Mitziehens und der Schußabgabe. Von der Fertigstellung zur Schußstellung wird das Schwergewicht kaum verändert. Von den Füßen bis knapp zur Hüfte bleibt die Körperlage erhalten; lediglich der Oberkörper, der die Bewegung des Anschlagens ausführt, bewegt sich geringfügig. Dazu werden beide Arme in Bewegung gesetzt. Die linke Hand umfaßt den Vorderschaft kräftig, um mit ihm beim Anheben einen leichten Druck gegen die Schulter auszuüben. Auf keinen Fall die Waffe nur in der Handfläche auflegen und lose führen. Auch die rechte Hand umfaßt den Kolbenhals sicher und kräftig unter gleichzeitigem leichten Druck gegen die Schulter. Der Druck gegen die Schulter darf nicht zu stark sein. Bei diesem Anschlag wird der rechte Arm weder senkrecht am Körper anliegen, noch über die Waagerechte hinaus nach oben gewinkelt sein. Am ungezwungensten finde ich es, wenn der rechte Oberarm etwas von der Waagerechten nach unten abweicht.

Beim jagdlichen Schießen – auf dem Schießstand – geht die Waffe erst in Anschlag, wenn das Ziel abgerufen ist. Bevor der Jäger dies tut, muß er die Fertigstellung einnehmen, die verlangt, daß ähnlich wie beim Flintenschießen der Kolben unter dem rechten Ellbogen bzw. Unterarm sichtbar ist und die Hüfte berührt. Die linke Hand umfaßt den Vorderschaft dort, wo sie auch bei Abgabe des Schusses zu liegen hat. Die Laufmündung steht dabei in Augenhöhe. Nach Einnehmen dieser

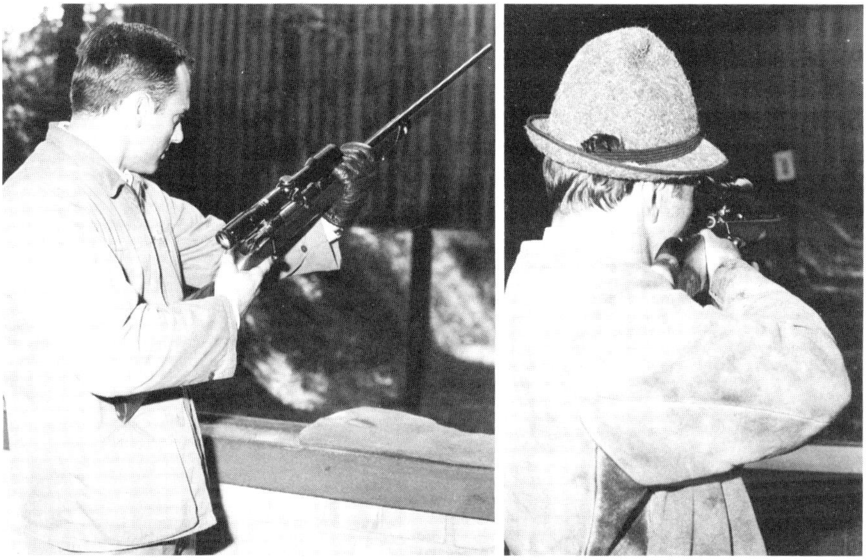

Links: In Erwartung des flüchtigen Überläufers. Nach der jetzigen Vorschrift wird der Überläufer vom Schützen abgerufen. Besser wäre es, wenn der Schütze mit seiner jagdlichen Gewehrhaltung bekundet, daß er bereit ist, den Überläufer anzunehmen und – wie beim Flintenschießen – das Auslösen danach, jedoch ohne Abruf erfolgt. Die Laufmündung ist beim Schützen im Bilde unzweckmäßig hoch. Bei Bodenzielen sollte die Mündung unter Augenhöhe sein. Die linke Hand (Führhand) greift etwas zu weit herum, ansonsten ist die Gesamthaltung sehr gut. Der Zeigefinger der rechten Hand (Abzugfinger) ist noch gestreckt und liegt leicht am Abzugbügel an.

Rechts: Die Waffe sitzt richtig in der Schulter. Der Schaftrücken erlaubt ein bequemes Anlegen der Wange, und das Zielauge blickt bequem durch die Mitte des Zielfernrohres, ohne daß der Hals gestreckt und der Kopf unnatürlich geneigt werden muß. Auch bei der Büchse muß der Schaft den Körpermaßen des Jägers entsprechen.

Grundstellung wird die Scheibe vom Schützen abgerufen und von der Standaufsicht in Bewegung gesetzt. Erst bei Erscheinen der Scheibe darf der Schütze in Anschlag gehen. In der Fertig-Stellung berücksichtige ich schon die Kopfhaltung beim Anschlag und neige ihn deshalb etwas nach rechts. Beim Hochgehen mit der Waffe soll der Kopf keine Bewegung mehr machen, sondern nur eine Verbindung mit dem Kolben herstellen.

Das Hochbringen des Gewehrkolbens an den Kopf muß flüssig und zügig vor sich gehen, keinesfalls hastig oder ruckartig. Den zeitlich nur kurzen Stillstand während des Abwartens bis zum Erscheinen der Scheibe muß ich mit guter Selbstbeherrschung überstehen. Es ist meist nur ein Teil einer Sekunde und vergrößert nicht wesentlich den Schwierigkeitsgrad. Der gesamte Anschlag- und Zielvorgang darf nur etwas mehr als zwei Sekunden dauern, weil die Scheibe nicht länger als 2 Sekunden sichtbar ist. Mehr als bei allen anderen Büchsen-Anschlagarten kommt es beim Flüchtigschießen auf die gute Schäftung der Waffe an. Ziele ich mittels Zielfernrohr, was heute gang und gäbe ist, so brauche ich einen hochgezogenen Schaft, damit ich bei der sicheren, festen Anlehnung des Kopfes an den Schaft ohne Nachkorrektur mit dem rechten Auge durch das Zielfernrohr das Ziel erfassen kann.

Allen geschilderten Techniken der Grundanschläge, wie sie nach der DJV-Schießvorschrift verlangt werden, sind sowohl auf meinen persönlichen Erfahrungen als auch auf Beobachtungen und deren Auswertungen aufgebaut. Es wird keiner so vermessen sein zu behaupten, daß es nur ganz bestimmte, fest umrissene Formen gibt. Beim Schießen muß dem Individualismus des Schützen Rechnung getragen werden, d. h., vieles muß toleriert werden. Das Zweckmäßigste war bisher noch immer das Beste, und beim Schießen beweist die Leistung einer Vielzahl von Schützen in einer Spitzengruppe die Richtigkeit der Theorie.

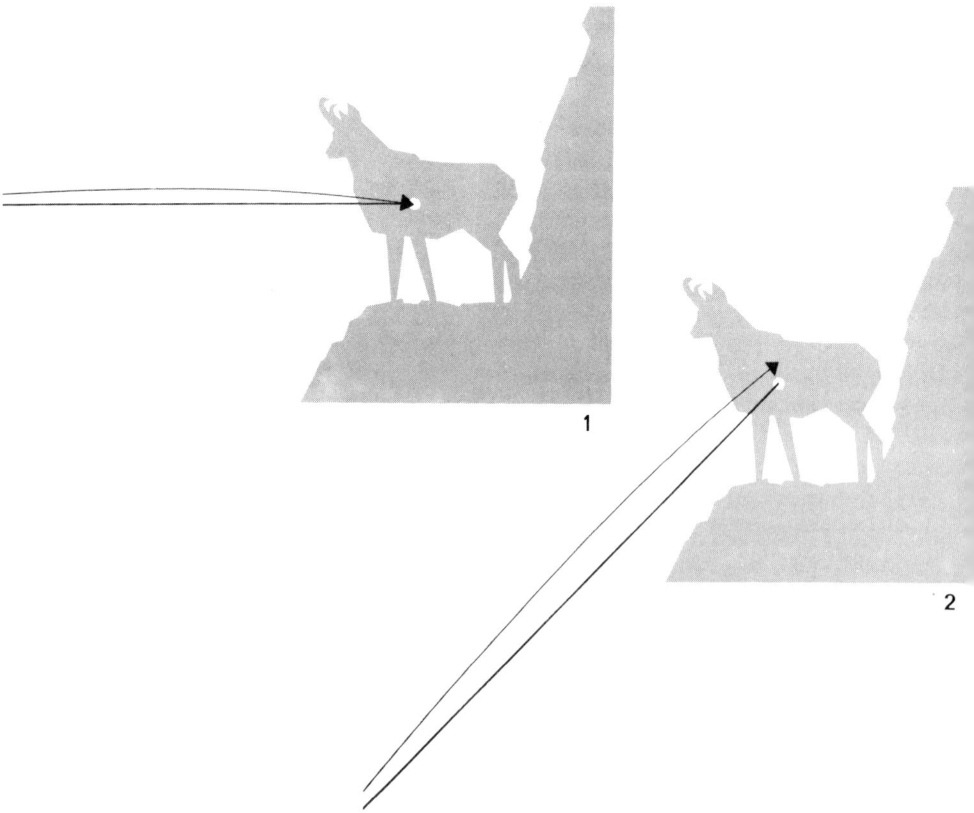

Der Steilschuß mit der Büchse

Im Jagdbetrieb läßt sich der Schuß steil von oben und unten nicht vermeiden. Ich erinnere nur daran, daß häufig Schalenwild von Kanzeln und Hochsitzen fast senkrecht nach unten beschossen wird und jährlich mehrere tausend Stück Gams-, Rot- und Rehwild in steiler Felswand und auf steilen Hängen zur Strecke kommen.

Wir haben auf dem Schießstand gelernt, daß Blatt anzuvisieren und halten es auch so im Revier, sofern der Schuß nicht extrem weit ist und die Visierlinie von der Waagerechten nur unwesentlich abweicht. Die Fleckschußentfernung seiner Waffe

Änderung der Treffpunktlage bei steilen Schüssen.
1. Die Waffe ist auf eine Entfernung von 150 m waagerecht eingeschossen.
2. Beträgt der Winkel der Visierlinie zur Waagerechten mit derselben Waffe auf dieselbe Entfernung 45°, so ergibt sich eine Abweichung von etwa 10 cm, d. h. ein Hochschuß.
3. Bei dem noch steileren Winkel von 60° haben wir einen Hochschuß von sogar 20 cm.
4. Ein extremer Steilschuß von 75° bringt einen Hochschuß von sogar 60 cm. Diese etwaigen Werte gelten für Gebrauchswaffen im Kal. 7 × 64 bzw. Waffen mit Kalibern ähnlicher ballistischer Leistungen.

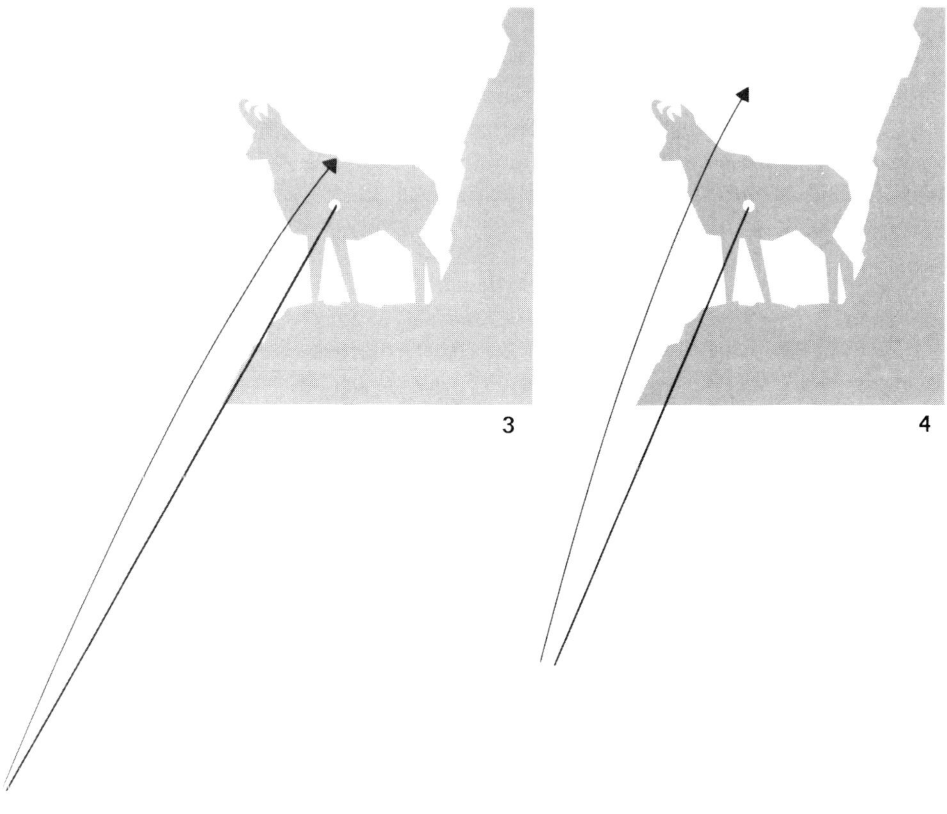

muß jeder kennen und wissen, wie groß die Abweichungen der Geschosse auf kürzere und weitere Entfernung im vertretbaren jagdlichen Bereich liegen.

Bei Schüssen auf extrem kurze Entfernung ist auch noch zu berücksichtigen, daß die Seelenachse des Zielfernrohrs von der Seelenachse des Laufes etwa 5 cm Abstand hat. Würde man jetzt von der Kanzel schräg von oben auf das Blatt des Rehes zielen, so würde das Geschoß einen Tiefblattschuß, wenn nicht gar einen Hochlaufschuß oder nicht selten einen Fehlschuß verursachen. Man muß in solchen Fällen das Blatt sehr hoch anfassen, unter Umständen sogar die Rückenpartie anvisieren, damit der Einschuß Hochblatt liegt und der Ausschuß schräg gegenüber Tiefblatt ist.

Bei vielen Schüssen und ganz besonders bei vielen Weitschüssen im Hochgebirge kommen noch andere Kriterien dazu. So wird die Treffpunktlage eines Geschosses durch die Änderung des Luftwiderstandes beeinflußt. Je höher ich im Gebirge jage, um so geringer wird der Luftdruck und somit der Luftwiderstand für das Geschoß. Die Luft hat dort eine geringere Bremswirkung. Ferner ist die Flugbahnkrümmung, also die Stärke des Falles des Geschosses auf seinem Flugweg, veränderlich, und zwar abhängig von der horizontalen Strecke, während der die Erdanziehung auf das Geschoß einwirkt.

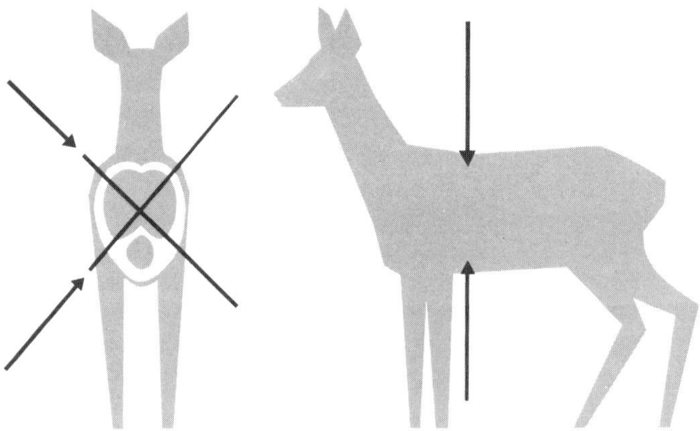

Bei steilen Schüssen muß man nicht nur die Veränderung der Treffpunktlage berücksichtigen, sondern auch noch den angestrebten günstigsten Treffpunkt. Weder der Steilschuß von oben noch der Steilschuß von unten darf als Treffpunkt (Einschuß) den Bereich der jagdlichen „10“ haben. Er muß vielmehr so liegen, daß die verlängerte Flugbahn durch die Querschnittmitte des Wildkörpers zeigt.

Praktisch wird man mit einem Gewehr, das in Meereshöhe eingeschossen ist, im Gebirge einen Hochschuß haben. Die Abnahme des Luftwiderstandes muß mit ungefähr 12 % je 1000 Meter Zunahme angesetzt werden.

Die unterschiedliche praktische Auswirkung der Schwerkraft kann man am besten an Extrembeispielen erklären. Beim waagerechten Schuß macht sich die Erdanziehung bei der Krümmung der Flugbahn am stärksten bemerkbar, beim senkrechten Schuß nach oben und unten dagegen überhaupt nicht. Es werden lediglich die Verzögerung bzw. die Beschleunigung des Geschosses betroffen. Ein senkrecht abgefeuertes Geschoß hat keine gekrümmte Flugbahn.

Die Flugbahn der Geschosse ist noch einigen anderen Einflüssen ausgesetzt, die für uns Jäger aber unbedeutend sind und die wir deshalb nicht bedenken müssen.

Wenn ich als Flachlandjäger ins Hochgebirge zur Jagd gehe, werde ich mein Gewehr im Hochgebirge neu anschießen, und zwar in etwa in der Höhenlage, in der ich zu jagen beabsichtige. Auf alle Fälle muß ich dort ein oder zwei Kontrollschüsse abgeben, die mir zeigen, ob und wie stark die Treffpunktlage im Gebirge von der mir gewohnten im heimatlichen Revier abweicht. Entsprechend werde ich die Höhe des Zielfernrohrabsehens verstellen.

Beim steilen Schuß ist zu berücksichtigen, daß das Gewehr eine andere Schulterlage hat und der Körper eine ungewohnte, ungeübte Haltung einnimmt. Bei extrem steilem Schuß besteht die Gefahr, daß der Okularring des Zielfernrohrs beim rückstoßbedingten Abrutschen des Kolbens unter die Achsel das Gesicht, vor allem Nase, Augenbrauen und Stirn, erheblich verletzen kann.

Die Ausführungen und Abbildungen sollen deutlich machen, daß im Hochgebirge bei steilen Schüssen das Wild häufiger überschossen als unterschossen wird, vorausgesetzt, daß die Schußentfernung richtig geschätzt wurde.

Das Flintenschießen

Grundsätzliches

Das Flintenschießen unterscheidet sich vom Büchsenschießen grundlegend durch das „Zielen". Unter Zielen verstehe ich ein genaues, möglichst haargenaues Visieren zum exakten Treffen. Der Flintenschuß ist ein aus der Körperbewegung des Schützen abgegebener Schuß auf ein in der Bewegung befindliches Ziel. Es kommt dabei nicht darauf an, einen Punkt oder ein kleines Zentrum des Zieles mit nur einem Projektil zu treffen, sondern eine Zielfläche mit der Hunderte von Schrotkörnern enthaltenden Garbe abzudecken. Ein genaues Zielen ist wegen der flächendeckenden Größe der Garbe nicht erforderlich, und exakt treffen zu wollen, würde dem Wesen des Schrotschusses entgegenstehen. Es würde die natürliche, flüssige Bewegung des Körpers und der Waffe erstarren lassen.

Wesentlich ist beim Flintenschießen auf bewegliche Ziele außerdem, daß die Waffe bei Abgabe des Schusses ins „Leere" deutet, also dorthin, wo das zu treffen beabsichtigte Ziel in ca. 0,1 bis 0,2 Sekunden sein wird. Diese Zeit entspricht der Flugdauer einer Schrotgarbe auf jagdliche Entfernung. Handelt es sich um schnelle Ziele, so ist deren Weg während der Flugzeit der Schrote ein längerer als bei langsamen. Beim Hasen beträgt die Fluchtstrecke ca. 10 m/s, die Taube legt dagegen eine Strecke von ca. 20 m zurück. Die Geschwindigkeit der Schrote ist je nach Laborierung ebenfalls unterschiedlich, etwa 300 m/s, jedoch unwesentlich in der Auswirkung auf die „Wegstrecke" des Zieles.

Es wird häufig von Vorhaltemaßen gesprochen. Ich halte diesen Ausdruck für unzutreffend, fehl am Platz, ja sogar irreführend. Ein Flintenschütze hat nicht vorzuhalten, sondern am Ziel in Bewegungsrichtung vorbeizuschwingen und dabei abzudrücken. Halten drückt einen Stillstand, Schwingen eine Bewegung aus. Ich „ereile" also mein Ziel, gehe an ihm vorbei und schieße. Den Schwung, den ich zum Überholen des Ziels brauche, passe ich seiner Geschwindigkeit an.

Die Einheitsfrage Nr. 1 des Neulings lautet dann fast immer: Wie weit muß ich vorbeischwingen, bis ich abdrücken kann? Diese Frage kann niemand allgemeingültig beantworten. Das Gefühl für das rechte Maß in der jeweiligen Situation ist nur durch die Übung, sprich Erfahrung, zu ermitteln. Der Flintenschütze selbst beeinflußt den Schießvorgang sehr. Hat er ein gutes Reaktionsvermögen, so schaltet er schnell beim Erscheinen des Zieles, erfaßt es schnell, schwingt schnell und – alles zusammenfassend würde man sagen – er schießt schnell.

Einige von diesen schnellen Schützen meinen, sie drücken in dem Augenblick ab, in dem sie am Ziel vorbeischwingen. Dabei sind sie aber infolge ihres Schwunges dem Ziel schon voraus gewesen – was richtig ist – als der Schuß brach. Die langsamen Schützen dagegen gewinnen beim Treffen den Eindruck, als lägen sie dem Ziel weit voraus. Ihr Schwung ist nicht so groß und läßt meist nach dem Überholen des

Ziels nach, während das Ziel nicht bzw. nicht viel an Geschwindigkeit verliert. Von der Befehlserteilung des menschlichen „Befehlszentrums" Hirn an den Abzugfinger bis zum Brechen des Schusses liegt eine Zeitspanne. Diese ist bei jedem Schützen verschieden lang (denken Sie an die Redewendung: eine lange Leitung haben). Ebenso wird der Zeitpunkt des Abdrückens während des Vorbeischwingens am Ziel und damit auch die Beurteilung der Entfernung vom Ziel unterschiedlich sein.

Weiter ist zu bedenken, daß ein sich von mir wegbewegendes Wild eine andere Flintenbewegung verlangt als ein breit flüchtendes bzw. streichendes. Ein sich vom Schützen geradeaus entfernendes Ziel wird in seiner Bewegung langsamer wirken als ein sich querbewegendes. Im ersten Fall brauche ich zum Schießen viel Schwung und habe einen langen Weg bei der Flintenbewegung. Im zweiten Fall komme ich mit einem „Am-Ziel-Vorbeiziehen" aus, und die Flintenbewegung ist kurz.

Dem Anfänger kann man nicht oft genug raten, sich einen flüssigen Stil anzu*trainieren*, der je nach Bewegung des Ziels mehr oder weniger schwungvoll sein muß. Ich weise gern auf den Maler hin, der den Pinsel elegant und mühelos schwingt, wenn er eine Wand streicht. So muß der Schütze versuchen, sein Ziel mit Schwung „wegzuwischen".

Für die jederzeit erforderliche Beweglichkeit zum Schwingen muß der Schütze durch seine Fuß-Beinstellung und Körperhaltung sorgen. Die Fußstellung, die der Mensch bei einer ungezwungenen, lockeren Körperhaltung hat, ist auch die richtige Fußstellung beim Flintenschießen. Dies gilt für den Schießstand wie auch für das Revier. Eine natürliche Haltung ermüdet nicht, verleiht sicheren Stand und bietet optimale Beweglichkeit. Zum mutmaßlichen bzw. bekannten Ziel steht der Körper nicht voll breit, sondern leicht schräg. Die linke Schulter zeigt etwas zum Ziel. Dadurch ist der Körper, insbesondere die rechte Schulterpartie, für den Gewehranschlag vorbereitet. Die linke Hand hat die Funktion des Führens der Waffe. Sie liegt beim Schießvorgang am Vorderschaft und erfüllt eine wichtige Funktion beim „Suchen und Finden" des Zieles.

Der Stand des Schützen wird außerdem durch eine geringe Verlagerung des Körpergewichts nach vorn für die Schußabgabe gefestigt und auf den Rückstoß der Waffe vorbereitet. Immerhin ist der Rückstoß beim Schrotschuß aus einer 12er oder 16er Flinte so stark, daß er einen Erwachsenen, wenn er kerzengerade steht, leichter ins Wanken bringt, als wenn er durch die erwähnte Verlagerung der Waffe sein Gewicht im günstigen Winkel entgegenstellt. Für den zweiten Schuß ist das von besonderer Bedeutung. Ein aus dem Gleichgewicht geratener Körper läßt keinen sicheren Schuß zu. Und bevor er wieder in die Ausgangsstellung kommt, ist ein schnelles Ziel meist außer Reichweite der Schrote.

Die Gewichtsverlagerung geschieht ganz einfach durch ein leichtes Beugen des linken Knies und ein leichtes, aber bewußtes Vorwärtslehnen des gesamten Oberkörpers.

Die Hüfte muß sowohl bei der Grundstellung als auch in jeder Phase des Schießens beweglich bleiben.

Ich erwähnte bereits, daß die linke Hand die Führhand ist. Um die Waffe gut führen zu können, muß die Hand sehr weit vorn am Vorderschaft fassen. Sie soll dabei aber nicht gestreckt sein. Bei Bockflinten ist dies ohne weiteres möglich. Flinten mit nebeneinander liegenden Läufen gestatten eine zweckmäßige Gewehrhaltung nur, wenn sie einen langen Vorderschaft besitzen. Haben sie einen leider noch immer allgemein üblichen kurzen Vorderschaft, so hilft nur ein Verlängerungsstück, wie es im Handel erhältlich ist.

Es wird beim Flintenschießen auch mal vom „Schuß hinwerfen“ gesprochen. Gemeint ist meist eine blitzschnelle Schußabgabe auf ein Ziel, das überraschend kommt. Ein geübter, überdurchschnittlich guter Schütze wird dennoch flüssig in der Bewegung schießen. Der Anfänger wird dazu nicht in der Lage sein und den Schuß nur überhastet meist neben das Ziel setzen.

Der Schrotschuß wurde früher unter Jägern auch der „rauhe Schuß“ genannt. Rauh meint hier das Gegenteil von fein. Damit war ausgedrückt, daß er, wie eingangs erwähnt, kein fein gezielter Schuß ist. Das sollten sich vor allem die Büchsenschützen immer vor Augen halten, die das Flintenschießen erlernen wollen. Ich kenne einige Jäger, die von klein auf das Luftgewehr- und Kleinkaliberschießen als Leistungssport in Schützenvereinen mit beachtlichen Erfolgen betrieben haben, die nach Jahren aber immer noch in den Fehler verfallen, den Stil des Büchsenschießens auf das Flintenschießen zu übertragen. Dies macht sich schon rein äußerlich in der Körperhaltung bemerkbar.

Üben und Wetteifern ist nicht nur Vorrecht der Männer. Auch die Jägerin hat das Recht und die Pflicht zu üben. Außerdem sind weibliche Anmut und guter Stil durchaus – wie hier im Bild gezeigt wird – in Einklang zu bringen.

Der Flintenschütze tut gut, wenn er sich den Streukreis einprägt, der der Streuung seiner Flinte auf die verschiedenen jagdlichen Schußentfernungen entspricht. Den Schrotschuß muß man auch als solchen wirken lassen, d. h., die Schrotgarbe muß erst zur Entfaltung gekommen sein, bevor sie ihr Ziel erreicht. Andererseits muß ich daran denken, daß die Schrotgarbe relativ schnell ihre Wirksamkeit verliert, wenn sie zu schütter wird und die einzelnen Schrote an Energie stark verlieren. In Zahlen ausgedrückt heißt es: Die Schrotgarbe hat ihre günstige Wirkung auf eine Schußentfernung von 20 bis 35 m. Schrotstärke und Bohrung sind dabei zu berücksichtigen. Ein Schrotschuß auf zu nahe

Entfernung wirkt wie ein Büchsengeschoß, und über 35 m ist die Wirkung zu gering, um das Wild im Schuß verenden zu lassen. Es wird, wenn es getroffen wird, nur noch krankgeschossen.

Das Flintenschießen verlangt viel Selbstdisziplin und rasche Entscheidung. Innerhalb von Bruchteilen von Sekunden muß ich abwägen können, ob der Schuß im günstig wirksamen Schrotbereich liegt.

Bei keiner Schießart wird intuitiveres Handeln erforderlich als beim Flintenschießen.

Ist das Flintenschießen eine Kunst?

Blättert man in alten Lehrbüchern und Zeitschriften, so wird man häufig die Behauptung finden, das Flintenschießen sei eine Kunst. Ich bin anderer Auffassung, denn wäre es so, wie früher behauptet wurde, so müßte der gute Flintenschütze ein Mensch mit einer besonderen Veranlagung und Begabung sein. Vielmehr wird es jeder zu einem guten Flintenschützen bringen können, der bereit ist, das Flintenschießen von Anfang an richtig und systematisch zu lernen, was bedeutet, Ratschläge und Lehren erfahrener Jäger anzunehmen und regelmäßig zu Hause und auf dem Stand mit der Flinte zu üben.

Vielleicht überträgt man das normale Anfangsstadium des Büchsenschießens zu sehr auf einen vielfach üblichen Beginn des Flintenschießens. Es ist doch so, daß derjenige, der zum ersten Mal eine Büchse in die Hand bekommt, mit der leichtesten Übung beginnt. Man darf sich hinsetzen, das Gewehr auflegen, sich viel Zeit nehmen und dann schießen. Ist außerdem die Schußentfernung gering und die Scheibe groß, so kann ich mir vorstellen, daß jedes Kind, auch bei der schlechtesten Anleitung, die Scheibe treffen wird. Vielleicht fehlt auch noch der Rückstoß und der Knall. Geht dann dieselbe Person auf den Wurftaubenstand und versucht auf Anhieb gar im jagdlichen Anschlag eine Taube zu treffen, so wird die Enttäuschung groß sein. Merken Sie, wir messen mit zweierlei Maß und vergleichen Dinge, die überhaupt nicht vergleichbar sind.

Beim Wurftaubenschießen muß ich Bewegungen koordinieren, das Ziel schnell erfassen und in einer knappen Sekunde schießen. Dann soll der Anfänger auch noch berücksichtigen, daß sein Schuß dorthin abgegeben werden muß, wo gar kein Ziel ist, d. h. wo *noch* kein Ziel ist, das sich ja erst mit der Schrotgarbe nach Abgabe des Schusses zu treffen hat. Das ist eine große Forderung an den Anfänger, sie kann wie eine kalte Dusche wirken, ähnlich wie die Erwartung beim Büchsenschießen, wenn ein Anfänger auf 100 m den stehenden Überläufer „stehend frei" mit einer Großkaliberbüchse beschießen und gut treffen soll. Dieser Anfänger hätte dann zwar keine blaue Wange und Schulter wie beim Flintenschießen, sondern einen vom Zielfernrohr zerschlagenen Nasenrücken oder Augenbraue, eine heile Scheibe, und er würde für alle Ewigkeit von der Kunst des Büchsenschießens sprechen.

Vorschwingen, Vorhalten, Führen

Während das durchschnittliche Schießen mit der Büchse fast kein oder nur wenig Reaktionsvermögen im allgemeinen verlangt, kann man das vom Flintenschießen, insbesondere vom Wurftaubenschießen oder beim Beschießen von schnellen Flugzielen auf der Jagd, nicht sagen. Habe ich bis jetzt meine Reaktionsfähigkeit schlummern lassen, so muß ich sie wecken, indem ich die schnelle Reaktion übe und mich steigere.

Von allzu vielen Jägern wurde das Flintenschießen stiefmütterlich behandelt. Es hat sich im Vergleich zu anderen Ländern wie England und USA nur geringer entwickelt, wurde auch weniger beachtet und gefördert. Meist kaufte man sich als Jäger die Flinte, die man vom Büchsenmacher – denn damals waren es fast ausschließlich Büchsenmacher, die Jagdgewehre verkauften, heute spricht man schon mehr von Waffenhändlern – empfohlen bekam. Man gab vielleicht ein paar Schüsse auf ein Blatt Papier ab, um sich davon zu überzeugen, daß die Flinte auch wirklich eng schießt und für den Weitschuß geeignet ist, so wie es der Büchsenmacher versprach. Ansonsten ging man mit dem Gewehr „eben auf die Jagd".

Derjenige, der das Glück hatte, in einem niederwildreichen Revier jagen zu dürfen, konnte das Flintenschießen mehr üben als derjenige, der nur ab und zu mal einen Schuß auf Wild abgeben konnte. Wild als Übungsobjekt zu haben, war, weil man es nicht anders kannte, gang und gäbe. Heute ist es unwaidmännisch, ja, höchst verwerflich. Jeder verantwortliche Jagdausübungsberechtigte müßte darauf achten, daß nur sichere Schützen zur Jagd ins Revier eingeladen werden. Ein sicherer Schütze ist für mich ein Jäger mit sicherer Waffenhandhabung und zugleich ein treffsicherer Jäger. Viele Jagdausübungsberechtigte wissen gar nicht, daß sie sich mitverantwortlich, ja sogar strafbar machen, wenn sie Leute zur Jagd einladen, die eine Waffe nur mangelhaft handhaben. Hier muß weiter fortschreitend ein Wandel eintreten, nicht zuletzt deshalb befasse ich mich ausführlich mit dem Flintenschießen.

Es wurde erkannt, daß sich schlechtes Schießen mit den heutigen Grundsätzen der Waidgerechtigkeit nicht in Einklang bringen läßt. Was nützen alle Anstrengungen zur Waidgerechtigkeit, wenn schließlich ein großer Teil des beschossenen Wildes mit schlechten Schüssen erst auf der Nachsuche oder überhaupt nicht zur Strecke kommt. Wir wissen, daß einige der beschossenen Hasen, Tauben und Enten scheinbar gesund davonkommen und dann nach Stunden, Tagen, Wochen oder gar nach Monaten doch irgendwo an den Folgen des vermeintlichen Fehlschusses eingehen. Auch der beste Schütze ist nicht gegen einen schlechten Schuß gefeit, aber ihm wird viel seltener ein bedauernswerter Schuß unterlaufen als einem schlechten Schützen.

Es ist interessant, eine Einschätzung des Flintenschießens von Laien zu hören. Man glaubt, auf Anhieb einigermaßen gut mit der Flinte umgehen zu können, weil man vielleicht beim Militär bereits mit der Büchse gut schoß. Diesen Leuten versuche ich dann zu erklären, daß das zwei grundverschiedene Schießarten sind, die miteinander nur wenig gemein haben. Es gibt noch eine ganze Menge anderer unsinniger Behauptungen. So die, daß ein guter Flintenschütze nicht zugleich ein guter Büchsenschütze werden könne oder umgekehrt. Dies liest man sogar noch in etwas älterer Fachliteratur, und viele plappern es heute noch nach, weil diese Behauptung schon von – zu einseitig denkenden – sogenannten Altmeistern im Flintenschießen aufgestellt wurde. Wie unrichtig diese Ansicht ist, belegen allein die erfreulich vielen Träger der goldenen Schießleistungsnadel.

Die Jägerschaft verfügt über eine sehr große Anzahl hervorragender Büchsenschützen, die zugleich auch hervorragende Flintenschützen sind. Man braucht sich nur einmal die Mühe zu machen und bei einer der alljährlich stattfindenden Landes- bzw. Bundesmeisterschaften im jagdlichen Schießen zuzusehen.

Einseitig gutes Schießen hat sicherlich seine Gründe. Schießt jemand von Kindesbeinen mit der Büchse und bringt es durch Intensivtraining zu meisterlicher Form, so ist dann die Technik des Flintenschießens zusätzlich recht schwer zu erlernen. Dieser Schütze wird das ihm in Fleisch und Blut übergegangene Prinzip des statischen Schießens unbewußt auf das dynamische Schießen übertragen. Daran wird sein Flintenschießen wenigstens während einer langen Anfangszeit, wenn nicht immer, kranken. Ich habe es wiederholt erlebt, daß solche Büchsenschuß-Experten auch nach außen hin nicht die geschmeidige, flüssige Form des Flintenschützen abgeben können, sondern immer etwas steif wirken.

Das soll aber nicht heißen, daß die beiden unterschiedlichen Formen des Schießens – ist man nicht zu sehr und jahrzehntelang spezialisiert – von Jägern nicht meisterlich beherrscht werden können.

Der umgekehrte Weg ist wesentlich leichter. Es kommt bei uns (im Gegensatz z. B. zu England) zwar selten vor, daß jemand überhaupt noch nicht mit der Büchse geschossen hat, aber ein vortrefflicher Flintenschütze geworden ist und dann erst mit dem Büchsenschießen beginnt. Es gibt aber viele Fälle, bei denen der Mann das Büchsenschießen nur leidlich kennt, aber schon ein sehr guter Flintenschütze ist. Das Erlernen guten Büchsenschießens wird dann nur eine Frage regelmäßigen Übens sein.

Dem Anfänger im Flintenschießen rate ich dringend, sich nur demjenigen anzuvertrauen, der ein Systematiker ist und die Schwierigkeiten kennt. Der Schießlehrer muß immer wieder auf die grundlegenden Fehler aufmerksam machen und dann im fortgeschrittenen Stadium auch die geringfügigen Fehler erkennen. Ein guter Lehrer wird auch sagen können, weshalb man vorbeischießt. Andererseits ist es nicht so, daß jeder hervorragende Schütze einen guten Lehrer abgibt. Gut schießen und gut lehren sind zweierlei. Bei den Kapiteln „Ausbilder und Ausbildung“ sowie „Schießschulen“ werde ich mich näher diesem nicht unwesentlichen Punkt der Ausbildung zuwenden.

Zum Flintenschießen im allgemeinen ist zu sagen, daß schon von jeher keine einheitliche Auffassung über die letzte Phase, zumindest nicht über die Feinheiten der letzten Phase des Flintenschusses, geherrscht hat. Erwähnen möchte ich nur drei Begriffe: Vorschwingen, Vorhalten und Führen.

In Verbindung mit dem Wurftaubenschießen ist dabei gemeint, daß der eine Schütze mit seinem Schwung, den er sich vom Beginn des Anschlags holt, an der

Taube in ihrer Flugrichtung vorbeischwingt. Unter „Vorhalten" wird vielleicht Ähnliches gemeint, aber manchmal durch Angaben von Vorhaltemaßen unterschiedlich interpretiert, und schließlich las man dann in Büchern und Aufsätzen, daß man das Ziel, die Taube also, ereilen bzw. überholen soll und sich dann bewußt auf ein bestimmtes Vorhaltemaß zu konzentrieren habe. Ist man soweit vorn, wird losgedrückt. Unter „Führen des Zieles" versteht man, vor dem Ziel in einem bestimmten Abstand, der mit Entfernung, Fluggeschwindigkeit und Flugwinkel des Zieles in Einklang zu bringen ist, seine Visierlinie der Flinte zu führen. Dem Laien wird sofort einleuchten, daß sowohl das Vorhaltemaß beim Vorbeiziehen am Ziel als auch beim Vor-dem-Ziel-Mitfahren beachtliche Schwierigkeiten in der Errechnung des richti-

Wer das jagdliche Flintenschießen systematisch erlernt hat, kann selbst bei geringer, aber regelmäßiger Übung seine gute Form bis ins hohe Alter erhalten. Der Senior im Bild zeigt jugendlich-kraftvollen Stil mit starker Belastung des linken Beines (Trapstand).

Junge Leute lernen das Schießen schneller als ältere. Sie können sich auch leichter einer Standardschäftung anpassen. Aber auch ein junger Mensch tut gut, Ratschläge Erfahrener anzunehmen, denn nur so spart er Zeit und Geld und geht der Gefahr aus dem Wege, daß sich Fehler einschleichen. Dieser Schütze steht gut, doch die Gewehrhaltung der linken Hand mit dem Daumen auf der Schiene ist eigenwillig. Die linke Hand müßte bei Erwartung und Annehmen der Tontaube (hier auf dem Skeetstand) die Mündung etwa in Augenhöhe bringen und den Gewehrkolben im Schaftkappenbereich in Hüfthöhe senken.

gen Maßes mit sich bringt. Ich kann nur sagen, daß derjenige, der sich auf das Glatteis des theoretisch zu errechnenden und in der Praxis anzuwendenden Vorhaltemaßes begibt, oft ausrutschen und zu Fall kommen wird.

Meine eigene Erfahrung und die Beobachtung vieler Schützen mit unterschiedlichen Methoden haben mir bestätigt, daß die einzig richtige Art des Flintenschießens die folgende ist: Von der allerersten Phase des In-Anschlag-Gehens, d. h. von der allerersten Bewegung her, beim Erscheinen des Ziels, den Schwung in Richtung des Ziels mit Körper und Waffe nehmen und beim Vorbeischwingen am Ziel den Schuß auslösen! Der ungehemmte Schwung reicht dann auch für das rechte Maß des Vorhaltens aus. Schätzen und Rechnen fallen weg. Das Schießen aus der Bewegung und das Weiterschwingen sind das Wesentliche. Auf keinen Fall soll man bei einem bestimmten Abstand vom Ziel, also mit einem Vorhaltemaß, stehenbleiben und abdrücken. Bei dem Vorschwingen und Abdrücken liegt noch ein großer Vorteil. Ich nutze den Schwung einer sowieso benötigten Bewegung, des Anschlagens in Richtung der Taube und verkürze dadurch die Zeit des gesamten Bewegungsablaufes vom Erscheinen der Taube bis zum Brechen des Schusses. Bei der anderen Methode sind kostbare Sekundenbruchteile nötig, um die in meinem Gehirnzentrum ermittelten Daten verarbeiten zu können. In dieser Zeit ist mein Ziel schon wieder weit weg und benötigt u. U. ein anderes „Vorhaltemaß".

Der Weg zum Meisterschützen führt nur selten schnell und steil nach oben, nehmen Sie auch nicht an, daß ein hervorragender Flintenschütze mit jedem Schuß sein Ziel voll trifft. Fehlschüsse der Meister wird es immer geben. Kein Mensch ist unfehlbar, und so unterlaufen auch dem brillantesten Schützen Fehler, die beim Schrotschuß zum Vorbeischießen führen. Denken Sie nur daran, daß man nicht jeden Tag gleich gute Reaktionen hat, daß man nicht bei jedem Schuß voll konzentriert sein kann und daß vielerlei Einflüsse, die zum Teil für uns nicht einmal wahrnehmbar sind, auf den Schützen einwirken. Auch ein unsauberer Anschlag kann häufig zu einem glatten Vorbeischießen führen. Ich selbst merke manchmal schon vor der Abgabe des Schusses, daß die Garbe ins Leere geht. In einem solchen Falle ist mir der einwandfreie Anschlag mißglückt und der Schuß „mußte" ausgelöst werden, ohne daß mir Zeit für eine Korrektur des Anschlages blieb. In einem von drei Fällen habe ich dann aber doch noch das Glück, mit einem oder zwei Randschroten ein Stück von der Taube abbröckeln zu lassen (was ja als Treffer genügt). Würde jemand beim Feststellen eines Fehlanschlages eine volle Korrektur vornehmen wollen, so kann er sicher sein, daß sein Ziel bei der Schußabgabe außerhalb des Wirkungskreises der Schrote sein wird.

Ab und zu werde ich gefragt, ob denn ein Schießlehrer unerläßlich sei oder ob man sich das Schießen theoretisch aus dem Lehrbuch holen und dann in die Praxis umsetzen kann. Sicher ist das möglich, aber es dauert auch im günstigsten Fall wesentlich länger als das Erlernen unter Anleitung eines guten Lehrers. Beim Selbsterlernen fehlt die Beurteilung der Stellung und der Bewegung während des Schießens von einem nahen Standpunkt neben oder hinter dem Schützen. Nur so ist aber einwandfrei festzustellen, welche Fehler gemacht werden. Natürlich kann man sich in den verschiedenen Phasen des Schießens photographieren oder filmen lassen,

Konrad Wirnhier, Weltmeister, Goldmedaillengewinner bei der Olympiade 1972 in München, Bronzemedaillengewinner bei der Olympiade 1968 in Mexiko (beide Male in der Olympischen Disziplin Skeetschießen), Europameister, Deutscher Meister und Sieger zahlreicher Wettbewerbe sowie Inhaber der DJV-Sondernadel in Gold, ist nicht nur als Naturtalent mit starken Nerven bekannt, sondern auch als jemand, der die Koordination der Bewegungen und Handgriffe in höchster Perfektion beherrscht. Sein Stil ist ganz natürlich, locker, ja beinahe lässig. Kopfhaltung, Fußstellung und Gewehrhaltung stellen den angestrebten Standard beim jagdlichen Schießen dar.

Gräfin Soden, Weltmeisterin im Trapschießen, ist auch erfolgreiche Jägerin und Inhaberin der DJV-Schießleistungsnadel in Gold. Ihre gerade Haltung, der kaum gewinkelte linke Arm, die ungezwungene Kopfhaltung und die kraftvollen Bewegungen prägen ihren Stil.

Dr. Edgar Kurz, dreifacher internationaler Meister im jagdlichen Schießen, ist ein Jäger, der durch seine äußerst schnelle Reaktion besticht. Ihm zu eigen ist die starke Verlagerung des Schwerpunktes während des Zielvorganges und der Schußabgabe. Körperhaltung und Bewegung sind in jeder Phase geschmeidig-elastisch.

In jeder Phase des Schießvorganges wirkt Wirnhier elegant und locker. Sein uneigenwilliger Stil wurde vielen Anhängern des Flintenschießens zum Vorbild. Von extremen Haltungen und Stellungen kehrten sie zurück zum natürlichen Standard.

um sich später nach dem Bild zu beurteilen. Sich in allen Einzelheiten seines Übungsablaufes photographieren und filmen zu lassen, um sich selbst zu beurteilen, ersetzt nicht die sachverständige Anleitung eines guten Schießlehrers. Dagegen ist eine Videoaufzeichnung, die vom Schießlehrer ausgewertet wird, durchaus zu empfehlen.

Individuelle Einstellung

Oft habe ich mir Gedanken gemacht über den Stil des Schießens unter Berücksichtigung der extrem unterschiedlichen Körpermaße. Auch beim Flintenschießen ist es nicht möglich, von einem ganz bestimmten Stil zu sprechen, der von allen Schützen angewandt und beherrscht werden soll. Es gibt – zum Glück! – keine Standardmenschen mit Standardmaßen, folglich wird nie nach einem festen Stil zum Erreichen von Höchstleistungen geschossen werden können. Die Gabe des Schießlehrers oder Ausbilders liegt darin, jeden Schützen individuell zu beurteilen und ihm unter Berücksichtigung der Grundregeln und Grundsätze des Flintenschießens zu einem individuellen Stil zu verhelfen.

Dieser Stil des Schießens wird nicht zuletzt auch vom Temperament des einzelnen beeinflußt. Man erlebt es häufig, daß beim Übungsschießen ein sonst guter Schütze nur sehr mäßig schießt, weil er vielleicht müde oder lässig ist. Dann hört man z. B.: „jetzt bin ich zornig" oder gar „wütend" und gebärdet sich auch so und trifft dann wesentlich besser. Es kann aber auch durchaus umgekehrt sein, daß ein temperamentvoller Schütze temperamentvoller als sonst schießt und dadurch Handgriffe und Bewegungen zu hastig und unsauber ausführt. Das eine wäre also

Jürgen Arendt, bester deutscher Flintenschütze, bei der Meisterschaft im jagdlichen Schießen 1970. Links: Fertigstellung, rechts: bei der Schußabgabe. In der Ausgangsstellung wirkt Arendt sprung- und sprintbereit, geduckt-katzenhaft, wobei er das linke Bein – hier beim Trapschießen – ganz besonders stark belastet. Typisch ist bei diesem Schützen das Strecken in die aufrechte Haltung. Er hebt den rechten Fuß an und stellt ihn auf die Zehenspitzen. Ein Stil, den man mehr beim Trap- als beim Skeetschießen sieht.

Rudolf Schoenfeldt, einer der hervorragenden Allround-Jagdschützen mit Büchse, Flinte und Kurzwaffe, mehrfacher Medaillengewinner bei Bundesmeisterschaften und Landesmeister, erwartet die Taube fast lauernd und streckt den Körper beim Schießen. Sowohl in der Bereitschaftsstellung als auch in der Schußstellung steht er mit beiden Füßen voll auf dem Boden.

Dr. Ludwig Roselius, Deutscher Meister 1967, streckt ebenfalls Unter- und Oberkörper von der „Fertigstellung" zur „Schußabgabestellung" – jedoch erheblich weniger. Joachim Klindtworth jun., zweifacher Deutscher Meister 1964 und 1966, beobachtet wie alle erfahrenen Jagdschützen weniger seinen Vordermann und dessen Erfolge, als vielmehr die Flugbahn der Taube.

Manfred Drotschmann, Deutscher Meister 1970 und mehrmaliger Landesmeister, verändert kaum Körperhaltung und Schwergewicht. Auffällig: er schiebt seinen Kopf extrem nach vorn.

Joachim Klindtworth sen., einer der erfahrensten Jagdschützen, hier mit einer Querflinte, muß, weil der Vorderschaft zu kurz ist, die Waffe mit der linken Hand an den Läufen fassen. Bockflinten haben den Vorteil, daß man sie auch beim Halten mit extrem gestrecktem linken Arm am Vorderschaft greifen kann.

Keine Zwillinge. Sie haben lediglich die gleiche Schule durchlaufen und dasselbe Vorbild gehabt. Stil und Ausdruck der Konzentration sprechen dafür.

die Mäßigung seines normalen Temperaments und das andere eine Temperamentssteigerung. Es sei immer wieder betont, daß die Einschätzung eines Schützen und die sich daraus ergebende Einstellung zum Schießstil nur von hervorragenden Schützen vorgenommen werden darf, die zugleich auch die Fähigkeit haben, Fehler zu erkennen, Feinheiten zu korrigieren, den Menschen im Temperament zu beurteilen und für ihn dann den richtigen Weg zum Schießen zu finden.

Wenn das Flintenschießen einerseits große Fähigkeiten vom Schießausbilder oder Schießlehrer verlangt, so darf man nicht vergessen, daß auch derjenige, der das Flintenschießen erlernen will, ein gutes Maß an Lernbereitschaft und Einfühlungsvermögen mitbringen muß. Wenn ich sehe, daß jemand ein Besserwisser ist, obwohl er nicht einmal die primitivsten Grundbegriffe des Flintenschießens beherrscht, so werde ich keine Zeit und Mühe an diesen Mann vergeuden, sondern ihm raten, er möge seine eigenen Ansichten beherzigen.

Als Jäger muß man sich auch beim Flintenschießen immer der Tatsache bewußt sein, daß alle Anstrengungen, die gemacht werden, um ein sicherer, guter Flintenschütze zu sein, nicht einem Selbstzweck dienen, sondern der waidgerechten Jagdausübung. Man konnte sich früher des Eindrucks nicht erwehren, daß dem Büchsenschießen mehr Bedeutung zugemessen wurde als dem Flintenschießen. Das mag daher gekommen sein, weil der Büchsenschuß dem Schalenwild galt, besonders dem Hochwild, das in der Rangordnung mancher Jäger höher stand als das Niederwild.

Heute sind wir über dieses Messen mit zweierlei Maß hinaus. Das Erlegen eines Kaninchens oder einer Taube muß unter den gleichen waidmännischen Gesichtspunkten erfolgen wie die Bejagung eines Kronenhirsches. Der wirtschaftliche Wert hat hierbei keine Bedeutung. Wenn man bedenkt, daß bei den heutigen Jagdgegebenheiten der Schrotschuß häufiger angewandt wird als der Büchsenschuß, so muß ich erst recht von jedem Jäger eine sichere, einwandfreie Handhabung der Flinte verlangen können.

Die Freude am guten Schuß

Man spricht in Jägerkreisen auch sehr häufig von der Freude am guten Schuß. Es ist meiner Ansicht nach nicht verwerflich, diese Freude als Jäger offen zum Ausdruck zu bringen. Im Gegenteil: ich halte die Freude am guten Schuß für sehr wichtig, denn wäre es jemandem gleichgültig, ob er sein Wild schlecht oder gut trifft, so müßte man annehmen, daß er dem Wild gegenüber in allen seinen Handlungen gleichgültig ist.

Es kann natürlich auch so sein, daß ein Jäger von dem jagdlichen Schießen, insbesondere mit der Flinte, so begeistert ist, daß er über das normale Maß des Übens und der Beteiligung an jagdlichen Schießwettkämpfen eine weitere Betätigungsmöglichkeit mit der Flinte sucht. Das Naheliegendste ist dann, sich einer sportlichen Vereinigung anzuschließen, die das Flintenschießen speziell betreibt. Ich halte diesen Schritt für gut, denn damit hat der nicht ausgelastete Jäger eine

Sportart gefunden, die ihm erstens zusagt und zweitens für seine jagdliche Betätigung einen durchaus erkennbaren Gewinn bringt.

Intolerante versuchen, bei Jägern, die noch nebenbei das Schießen sportlich betreiben, abfällige Bemerkungen zu machen und sie als Jäger hinzustellen, die in der Jagd eine sportliche Betätigung sehen. Solchen Leuten muß man energisch

Wird das Wild in nächster Nähe erwartet, sollte die Gewehrhaltung so gewählt werden, daß von der Bereitschaftstellung bis zum Anschlag wenig Bewegung auszuführen ist. Bei Gewehrhaltung mit Laufmündung in Augenhöhe braucht die Waffe lediglich mit der rechten Hand in Anschlag gebracht zu werden. Die linke Hand bildet die Hebelauflage. Gewehrriemen immer so handhaben, daß er beim Anschlagen und Schießen nicht stört. Auch der Hund darf nicht behindern, weder wenn er angeleint ist noch wenn er sich frei beim Führer befindet.

In Erwartung des Wildes: Der Schütze hat seinen Stand bezogen. Das Treiben ist angeblasen, der Jäger ist schußbereit. In unebenem Gelände und im Schnee ist ganz besonders auf sicheren Stand zu achten. Man stellt sich immer gut zur Hauptschußrichtung. Die Gewehrhaltung mit gesenktem Lauf ist kraftsparend. Die Armmuskulatur, vor allem die des linken Armes, wird nur wenig beansprucht. Allerdings hat diese Haltung auch einen wesentlichen Nachteil: Die Gewehraufwärtsbewegung ist groß, es kommt eine gewisse Unruhe in den Anschlag. Wichtig ist auch zweckmäßige Kleidung: Keine Taschen auf der rechten Brustseite, Schießhandschuhe sind bei Kälte von Vorteil. Winterliche Kleidung trägt auf. Oft ist eine Schaftverkürzung notwendig.

widersprechen, denn jeder Mensch hat das Recht, neben der Jagd auch noch eine andere Sportart zu betreiben. Es gibt Jäger, die Fußball spielen, Leichtathletik betreiben, reiten und boxen, warum soll es nicht auch Jäger geben, die einer Schießsportart huldigen? Man wird feststellen, daß diejenigen, die einem Jäger die schießsportliche Betätigung vorhalten, Leute sind, die selbst schlecht schießen oder nur neidisch auf eine gute Schußleistung sind. Ich sehe in der schießsportlichen Betätigung der Jäger einen Vorteil für das Waidwerk im allgemeinen. Sind wir nicht auch stolz auf unsere Jäger, die es auf dem sportlichen Sektor des Schießwesens – wie bei der Olympiade – zu großen Erfolgen bringen? Es gibt nichts Besseres in bezug auf die Meinungsbildung der Öffentlichkeit, wenn wir nach außen dokumentieren können, daß die Jäger gute Schützen sind.

Es ist übrigens durchaus nicht die Auffassung der breiten Masse, daß die Jäger gut schießen können. Oft kommt es daher, weil wir auf Treibjagden, wo z. T. schlecht geschossen wird, der Beobachtung der Nichtjäger ausgesetzt sind und danach kritisch in unserer Schießleistung beurteilt werden. Und das ist ja gerade das Schießen mit der Flinte.

Sie sehen also, daß bei der Berücksichtigung dieser Tatsache das Flintenschießen mehr im Blickfeld der Öffentlichkeit steht als das Büchsenschießen. Es wird wohl wenig Fälle geben, bei denen das Büchsenschießen des Jägers im Revier Zuschauer hat. Man sollte deshalb bei der Vergabe von Einladungen für eine Treibjagd auch schon aus diesem Grunde nur Jäger einladen, die ihre Flinte beherrschen.

Nicht zuletzt dient das Flintenschießen auf dem Schießstand der Pflege der Kameradschaft, der Pflege freundschaftlicher Beziehungen und der Festigung des Zusammengehörigkeitsgefühls. Wo sonst als auf den Tontaubenständen sind Jäger ungezwungen stundenlang zusammen und können manche jagdliche Erfahrung austauschen, die dann wiederum nicht nur dem einzelnen, sondern vielleicht auch dem Verein, dem Verband oder gar dem Waidwerk zugute kommt.

Wenn wir vom Flintenschießen im allgemeinen sprechen, so dürfen wir nicht vergessen, daß es auch eine Art Ventil für den einzelnen Jäger darstellt.

Nicht jeder ist in der glücklichen Lage, ein Revier gepachtet zu haben oder einen Jagderlaubnisschein zu besitzen oder zumindest reichlich mit Einladungen zur Jagd gesegnet zu sein. Ich sehe in dem jagdlichen Schießen, insbesondere im Trap- und Skeetschießen, eine ausgezeichnete, nutzbringende Betätigung des Jägers, wenn es ihm an Jagdgelegenheiten mangelt. Man kann sich gewissermaßen als Jäger abreagieren, d. h. eine Befriedigung bei einer jagdähnlichen Betätigung finden und das Bewußtsein darüber stärken, daß, wenn man zur Jagd eingeladen wird, sich selbst nicht blamiert und den Revierinhaber nicht enttäuscht.

Der Wille und Zwang zum Üben

Die große Bedeutung des jagdlichen Flintenschießens ist m. E. erst vor wenigen Jahren voll erkannt worden und fand ihren Niederschlag nach und nach bei den Prüfungen zur Erlangung des ersten Jagdscheines und in der planmäßigen Arbeit der Hegeringe, Vereine und Kreisgruppen. Ich weiß, daß früher, als es noch keine Mindestleistungsforderungen bei der Jägerprüfung gab, daß Flintenschießen nur höchst selten auf dem Lehrplan stand und auch nicht freiwillig von dem Prüfling systematisch betrieben wurde. So wurden Jahr für Jahr viele tausend Prüfungszeugnisse ausgestellt, die dem Inhaber alle notwendigen Kenntnisse, die zur Jagdausübung erforderlich sind, bescheinigten. Ich wage zu behaupten, daß 90% aller Erstjagdscheininhaber völlig unzureichende Kenntnisse im Umgang mit der Flinte, was das Treffen einschließt, besaßen. Hatte man erst den Jagdschein in der Tasche, so war man ja Jäger und wollte sich nicht mehr auf dem Taubenstand blamieren. Schätzungsweise hat nicht einmal ein Viertel aller Jungjäger allein den Weg zum Flintenübungsstand gefunden, um mit der Flinte zu trainieren.

Es ist nichts dagegen einzuwenden, wenn auf den Schießständen das Gewehr im entladenen und geknickten Zustand auch so getragen wird.

Heute haben wir immerhin schon dadurch, daß eine Mindestleistung bei der Prüfung mit der Flinte verlangt wird, erreicht, daß alle Prüfungsanwärter den Weg zum Tontaubenstand nehmen müssen, dort mit der Flinte vertraut gemacht werden und so weit das Flintenschießen lernen, daß sie die Prüfung bestehen. Nach der bestandenen Prüfung ist der Prozentsatz derer, die zum Übungsstand zurückkommen, wesentlich höher als früher, und außerdem ist die sogenannte, oft nur vorgeschützte Scheu, sich blamieren zu können, fast völlig verschwunden. Am Ende dieses Kapitels, das ich allgemeingehalten habe, um das Flintenschießen ins rechte Licht zu rücken und um die Bedeutung dieser Schießart für die Jagd deutlich werden zu lassen, möchte ich noch einmal ganz besonders betonen, daß – trotz aller Behauptungen in früheren Lehrbüchern – das Flintenschießen keine Kunst darstellt, sondern eine Betätigung ist, die von jedem Jäger, der mit normalen, körperlichen und geistlichen Fähigkeiten ausgestattet ist, so erlernt werden kann, daß sie allen verwöhnten Ansprüchen und allen jagdlichen Gegebenheiten gerecht wird.

Der Anschlag

Zu Beginn möchte ich einige Begriffe erläutern. Beim jagdlichen Schießen erfolgt das Anschlagen erst, wenn nach dem Einnehmen der jagdlichen Gewehrhaltung die Wurftaube oder ein anderes bewegliches Ziel erscheint. Dagegen versteht man unter „sportlichem Anschlag", auch Voranschlag genannt, die Grundstellung mit angeschlagener Waffe vor dem Erscheinen der Taube. Die jagdliche Gewehrhaltung ist also nur ein Teil des jagdlichen Anschlages, wenn man auch fälschlicherweise die jagdliche Gewehrhaltung häufig mit „jagdlicher Anschlag" bezeichnet.

Der jagdliche Flintenanschlag muß, wenn er vom Anfang bis zum Ende flüssig sein soll, seinen Ausgang bei richtiger Fuß-Beinstellung finden (die Füße tragen das

Links: Bereitschaft, Mitte: Fertigstellung, rechts: Schußstellung. Die Fertigstellung, auch jagdliche Gewehrhaltung genannt, muß für den Taubenauslöser klar erkennbar sein. Sie muß sich deutlich von der Bereitschaftstellung unterscheiden, damit die Taube nicht zu früh ausgelöst wird.

gesamte Gewicht von Körper und Waffe). In jeder Phase des Schießens muß ich so stehen, daß ich das Gleichgewicht gut halten kann. Bei der Abgabe des Schusses wird der Rückstoß über Arme und Schultern in den Körper abgeleitet und schließlich mit Beinen und Füßen abgefangen. Auch muß meine Fußstellung die notwendigen Körperdrehungen nach links und rechts gewährleisten, damit ich gut schwingen kann.

Bei der Grundstellung des „jagdlichen Anschlages" stehen beide Füße mit der gesamten Fläche auf, wobei der linke Fuß mit seiner Spitze ziemlich in die Richtung des Schusses zeigt. Der rechte Fuß steht bequem daneben mit einem Abstand von Ferse zu Ferse von etwa zehn Zentimetern, und die Fußspitzen liegen rund 30 cm auseinander. Durch ein leichtes Beugen des linken Knies und ein leichtes Neigen des Körpers nach vorn ist das Gewicht geringfügig – nicht mehr! – auf das linke Bein und den linken Fuß verlagert. Eine zu starke Gewichtsverlagerung auf das linke Bein würde das Schwingen nach links und rechts, vor allem aber nach rechts, behindern. Wichtig ist, daß man bequem und sicher steht. Ich möchte es vermeiden, hier schon auf die feinen Unterschiede von Stellung und Haltung beim Skeet- und Trapschießen einzugehen, da das nur verwirren würde.

Diese Stellung wirkt sehr hart, die Füße stehen zu weit auseinander, die Laufmündung ist zu tief und die Schaftkappe liegt zu hoch an. Die extreme Fußstellung macht es schwer, den Körper nach links und rechts zu drehen und das Gleichgewicht zu halten.

Zur jagdlichen Gewehrhaltung besagt die DJV-Schießvorschrift, daß die Schaftkappe die Hüfte berühren muß. Diese Formulierung hat Raum gelassen für eigenwillige Auslegungen, zumal nicht ein Mensch wie der andere gebaut ist und wir Männer keine besonders ausgeprägte Hüfte zeigen. Und hat schon jemand eine deutliche Hüfte, so ist es fraglich, ob sie auch in verdecktem Zustand (Hemd, Pullover, Jacke) erkennbar ist. Außerdem gibt es einmal Menschen, deren Hüfte extrem hoch und andere, deren Hüfte tief liegt. Ich bin seit jeher der Auffassung, daß man die korrekte jagdliche Gewehrhaltung in Zusammenhang mit dem Ellenbogen des rechten Armes sehen sollte. Bei locker angelegtem, fast senkrecht hängendem Oberarm muß die Schaftkappe unter und etwas seitlich vom Ellenbogen mindestens zur Hälfte sichtbar sein. Die DJV-Schießvorschrift trägt diesem annähernd Rechnung, indem es heißt: „Der Kolben muß außerhalb des rechten Ellenbogens sichtbar sein . . .". Außerdem gehört zu der korrekten jagdlichen Haltung, daß dann die Schaftkappe den Körper leicht berührt. Eine solche jagdliche Gewehrhaltung ist für jeden, der sie auf dem Stand zu überwachen hat, gut zu beurteilen, zumal er sichtbare Vergleiche anstellen kann.

Altmeister des Flintenschießens lehrten, daß der Schaft unter den Arm eingeschoben werden muß. Andere verlangten ein festes Andrücken des Schaftes zwischen Oberarm und Rippen. Diese Technik wird heute nicht mehr allgemein vertreten oder gelehrt, da das feste Anpressen an den Körper leicht zu Verkrampfungen führen kann und das tiefe Einschieben zwischen Oberarm und Körper, vielleicht gar unter die Achselhöhle, nur für den schon erprobten Spezialisten eine flüssige Bewegung des Schaftes an die Schulter in Verbindung mit der Weiterbewegung zuläßt.

Ich muß betonen, daß es für Jäger zwischen der jagdlichen Gewehrhaltung auf dem Stand und im Revier keine wesentlichen Unterschiede gibt, da in dem jagdlichen Übungsschießen kein Selbstzweck zu sehen ist, sondern eine Vorbereitung auf die Praxis. Auf dem Wurftaubenstand, wo es um das Erreichen von Höchstleistungen geht, sind allerdings unter Umständen einige Kleinigkeiten mehr zu beachten, die der Schießordnung gerecht werden und dem Schützen Vorteile bringen.

Liegt der Flintenkolben an der Hüfte, so achte man darauf, daß die Mündung etwa in Augenhöhe steht. Wird nun die Taube geworfen, braucht man nur mit der rechten Hand den Kolben auf dem kürzesten Wege vor die Schulter zu bringen. Die Kopfhaltung muß vor dem Anschlag schon so gewählt sein, daß der Flintenkolben ohne zusätzliche Veränderung der Kopfhaltung an die Wange des Schützen zu liegen kommt. Der Körper darf nur die allernotwendigste Bewegung machen.

Der gesamte Bewegungsablauf ist zügig. Beobachtet man einen Schützen, der diesen jagdlichen Anschlag von der Fertigstellung bis zum Schuß einwandfrei beherrscht, so hat man das Gefühl, daß es sich nur um eine relativ kurze, aber flüssige Bewegung von Waffe und Körper handelt. Der Meisterschütze wird das Einziehen der Waffe in die Schulter, das Anbacken und das Auslösen des Schusses fast im gleichen Bruchteil der Sekunde vollziehen. Ein derart exakt koordiniertes Handeln gestattet dem Schützen ein sehr schnelles Schießen. Die Bewegungen sind dabei keineswegs hastig. Was nützt es, wenn schnell angeschlagen, dann aber noch relativ lange mit- oder vorgeschwungen oder gar gezielt wird, bevor der Schuß bricht. Mißt man die Zeit bei einem Schützen mit hastigen Bewegungen und schlechtem Koordinationsvermögen und vergleicht sie dann mit der Zeit jener Schützen, die zügig anschlagen und gut koordinieren, so stellt man fest, daß der hastig schnell Anschlagende vom Erscheinen der Taube bis zum Brechen des Schusses unter Umständen vier Zehntelsekunden länger braucht als der andere. Erzielen beide gleichgute Resultate, so ist mir aber derjenige der größere Könner, der den Ablauf des Schießens harmonisch gestaltet; außerdem gibt er eine bessere Figur ab, und selbst der Laienzuschauer wird ihn in seiner Art bestechender finden.

Die korrekte Fuß-Beinstellung, die korrekte Körperhaltung und die einwandfreie jagdliche Gewehrhaltung kann man sich selbst schulmäßig angewöhnen. Besser ist es aber, wenn ein erfahrener Flintenschütze alle Einzelheiten des jagdlichen Anschlages erklärt und einstudiert und so lange immer und immer wieder korrigierend eingreift, bis das Ziel erreicht ist.

Das Üben vor dem Spiegel mit scharfer Selbstkritik ist förderlich. Es darf sich nur nicht im intensiven Üben einzelner Phasen oder von Details erschöpfen. Achten Sie beim Üben vor dem Spiegel auch auf die Kopfhaltung. Was eine gute Kopfhaltung ist, kann Ihnen sofort der erfahrene Schießlehrer zeigen, wenn Sie ihm einen Anschlag vormachen. Der Schütze kann es als Anfänger nur erahnen, weil er von der Sicht auf die Schiene seiner Flinte ausgeht und sich selbst auch vor dem Spiegel schlecht beurteilen kann. Man denke immer daran, daß eine Nachkorrektur des Anschlages unbedingt vermieden werden muß; denn jedes Bewegen des Kopfes unmittelbar nach dem Anschlag bringt eine zusätzliche Unruhe neben einem beachtlichen Zeitverlust. Beides führt unweigerlich zum schlechten Ergebnis. Ich brauche jemanden überhaupt nicht zu kennen und kann ihm trotzdem nach seinem ersten Anschlagen der Waffe sagen, ob er ein Anfänger, ein mittelmäßiger oder ein sehr guter Schütze ist.

Beim Einnehmen der jagdlichen Gewehrhaltung darf man nie vergessen, daß der Schuß einen Knall und einen Rückstoß verursacht. Deshalb wird der Kolbenhals mit der rechten Hand sicher umspannt und mit der linken Hand der Vorderschaft fest gehalten. Die Hände, insbesondere die rechte Hand, sollen einen Teil des Rückstoßes abfangen. Dieses Abfangen mit der linken Hand wird aber nur zu einem ganz geringen Bruchteil wahrgenommen, wenn sie falsch plaziert ist. Niemand verfalle jetzt aber in den Fehler und konzentriere sich beim Halten der Waffe allein auf das Abfangen des Rückstoßes. Die linke Hand muß im wesentlichen die Führ-/Zielhand bleiben! Der allergrößte Teil des Rückstoßes wird von der rechten Schulter abgefangen bzw. in den Körper bis in die Beine und Füße weitergeleitet. Eine feste Verbindung von Händen und Schulter zur Waffe gewährleistet das zweckmäßige Abfangen des Rückstoßes. Bei losen Kontakten „schlägt“ jede Flinte schmerzhaft an Schulter, Wange und Finger.

Während des gesamten Vorganges der jagdlichen Gewehrhaltung und beim Anschlagen lehnt der Zeigefinger, also der Abzugfinger, ausgestreckt seitwärts am Abzug. Erst in der allerletzten Phase, kurz vor dem Abdrücken, wird der Zeigefinger mit dem Abzug in Verbindung gebracht. Darauf ist genau zu achten, und es darf nicht zugelassen werden, daß der Zeigefinger bereits beim Einnehmen des „jagdlichen Anschlages“ am Abzug liegt. Wir erleben sonst zu häufig die gefährlichen, ungewollten Schüsse beim Hochnehmen der Waffe an die Schulter.

Da man sich auf dem Stand unmittelbar nach dem Laden, sprich Einführen der Patronen in die Patronenlager und Verschließen der Läufe nach hinten, zum Schuß entschließt, wird das Gewehr nicht gesichert. Auf jedem Stand, auch Büchsen- und Kurzwaffenstand, tritt anstelle eines sonst erforderlichen Sicherns immer das vollständige Entladen. Waffen mit sogenannter automatischer Sicherung können unmittelbar nach dem Laden entsichert werden.

Der Wichtigkeit halber sei stichwortartig alles zusammengefaßt, was beim „jagdlichen Anschlag“ und beim Koordinieren der Bewegungen und Handgriffe während des Schießvorganges von Bedeutung ist: Fußstellung – Beinhaltung – Verteilung des Körpergewichts auf Beine und Füße – Körperhaltung – Kopfhaltung – Umfassen des Kolbenhalses mit der rechten Hand – Abzugfinger am Abzugbügel –

Plazieren der linken Hand und festes Halten des Vorderschaftes – Oberarmhaltung des rechten Armes – Lage der Schaftkappe zum Ellenbogen und Körper – Höhe und Richtung der Laufmündung.

Versuchen Sie jetzt selbst, all das harmonisch aufzubauen und in einen fließenden Ablauf beim Anschlagen zu bringen. Der Schwung des Körpers und der Waffe setzt bei der allerersten Bewegung ein und darf bis zum Brechen des Schusses keine Unregelmäßigkeit oder gar Unterbrechung erfahren. Nach dem Auslösen des Schusses schwingt die Waffe harmonisch aus. Das ungehemmte Ausschwingenlassen ist ein Teil des gesamten Bewegungsablaufs.

Trockenübungen

Wenn Sie sich die Fuß-Beinstellung und die Haltung des Körpers einschließlich des Kopfes hinreichend eingeprägt haben, wenden wir uns nun dem eigentlichen Anschlagen zu. Ausgehen werde ich immer von der jagdlichen Gewehrhaltung, d. h., daß sich der Schaft in Hüfthöhe befinden muß. Ich werde bemüht sein, den Kolben zügig, flüssig und ohne jede Nachkorrektur an die Schulter zu bringen und eine Verbindung zum Kopf des Schützen herzustellen. In diesem Augenblick müssen die Läufe auf den Punkt deuten, den ich „anvisieren" will. Dies ist schön und gut gesagt. Es erfordert aber tausendfache Übung, bevor ich sagen kann, mein Anschlag „sitzt", und nur dann und wann mal ist er nicht einwandfrei. Bestimmt habe ich jetzt nicht übertrieben, wenn ich das Wort „tausendfach" verwendet habe, denn es ist tatsächlich so, daß nur eine ständige Wiederholung des Anschlagens zu der gewünschten Gleichmäßigkeit des Anschlags führt.

Je schneller das Anschlagen mit der Flinte vor sich gehen muß, um so mehr werde ich es exerziermäßig üben müssen.

Das Üben ohne Schuß nennen wir „Trockenübung". Bevor ich jedoch diese Übungen mit viel Energie angehe, sollte ich sicher sein, daß mir das Gewehr liegt, d. h. der Schaft einigermaßen paßt. Nicht von jedem kann verlangt werden, daß er sich bei einem Spezialisten einen Schaft anmessen und fertigen läßt, der seinen Körpermaßen entspricht, deshalb sage ich ganz bewußt, der Schaft soll einigermaßen passend sein. Und nebenbei gesagt, wer gibt mir die Garantie, daß auch ein sogenannter Maßschaft wirklich den für mich idealen Abmessungen entspricht, es sei denn, er würde von einem wirklichen Könner des Faches gefertigt.

Dem Anfänger mit normalen Körpermaßen rate ich von einem Maßschaft ab. Ich lege ihm aber nahe, sich vom Fachmann eine Standardausführung vermitteln zu lassen, die seinen Körperabmessungen entspricht. Erst wenn ich das Flintenschießen in etwa beherrsche, kann ich einen guten Schuß selbst beurteilen. Das ist dann auch der Zeitpunkt für die Bestellung eines Maßschaftes.

Zurück zur Anschlagübung. Wird mir von meinem Ausbilder oder Schießlehrer bestätigt, daß ich korrekt anschlage und damit auch den richtigen Blick über die Schiene habe, so muß ich mir diesen Anschlag fest einprägen. Anfangs dürfen die Bewegungen des Inanschlagbringens des Gewehres langsam sein, damit sich keine

Flüchtigkeitsfehler einschleichen, später aber muß ich doch den zügigen, schnellen Anschlag üben, ohne mich dabei zu überhasten.

Wie oft soll ich nun das Gewehr jeweils von der Hüfte in die Schulter nehmen? Das Maß ergibt sich von selbst. Wenn sich die ersten Ermüdungserscheinungen zeigen, d. h., wenn Sie anfangen, die Oberarmmuskeln zu spüren, dann hören Sie auf, auch dann, wenn Sie den Eindruck haben, daß das Gewehr von Mal zu Mal schwerer wird. Haben Sie sich etwas ausgeruht, üben Sie weiter, bis sich wieder Müdigkeitserscheinungen bemerkbar machen; dann aber sollten Sie aussetzen bis zum nächsten Tag.

In welche Richtung soll ich die Flinte bewegen oder halten, wenn ich den Anschlag übe? Das ist eine ganz verständliche Frage des Anfängers. Bei der Ausgangsstellung, während der ich die Schaftkappe an der Hüfte anliegen habe, befindet sich die Laufmündung etwa in Augenhöhe. Solange ich mich im Anfangsstadium befinde, werde ich mit der linken Hand, die den Vorderschaft hält, so wenig wie nur möglich Bewegung ausführen. Ich werde die Flinte beim Anschlagen zunächst nur in die Waagerechte bringen, d. h., die Laufschiene ist dann fast waagerecht. Es ist also zuerst nicht nötig, den Körper einschließlich des linken Armes in große Bewegung zu setzen. Lediglich mit der rechten Hand und dem rechten Arm wird durch eine Aufwärtsbewegung, die nicht ruckartig sein darf, die Schaftkappe an die Schulter und damit gleichzeitig der Schaft ans Gesicht gebracht. Dieser Vorgang kann auch als eine Hebelbewegung bezeichnet werden. Die Flinte ist der Hebel, die linke Hand der Drehpunkt, und der rechte Arm benötigt die Kraft, um den Hebel nach oben zu drücken. Probieren Sie es einmal aus, ohne die Flinte fest in die Schulter zu bringen, sondern halten Sie die Waffe zum Kennenlernen dieser Hebelbewegung leicht in der linken Hand und heben dann den Kolben zwischen Oberarm und Körper mit der rechten Hand nach oben. Wenn Sie die Kraft der rechten Hand verringern, bewegt sich der Kolben der Flinte wieder nach unten in die Ausgangsstellung.

Die „Trockenübung", ob zu Hause oder im Freien, sollte sich aber nach der Überwindung der Anfangsschwierigkeiten nicht darauf beschränken, nur den Flintenkolben zu heben und wieder in die Ausgangsstellung zu senken; darüber hinaus soll auch das Anschlagen geübt und Ziele anvisiert werden. Zuerst sind Ziele auszusuchen, die sich in Augenhöhe befinden, später, wenn man sich das Anschlagen und das „Zielen" mit fast waagerechter Flintenhaltung sicher angeeignet hat, können Ziele in jeder beliebigen Höhe gewählt werden. Derartige Ziele gibt es in jedem kleinen Raum. Es können Ecken eines Bildes sein, der Lichtschalter, die Kante des Türrahmens oder auch eine bestimmte Stelle des Tapetenmusters. Zum ersten Mal wird hierbei die linke Hand, die den Vorderschaft der Flinte hält, ihre wichtige Funktion ausführen, nämlich ein fast unbewußtes Hindeuten auf das Ziel. Das Auge hat dabei meiner Ansicht nach mehr eine Seh- als eine Zielfunktion. Natürlich erfordert ein gleichmäßiges und präzises Hindeuten auf das Ziel im Rahmen des Gesamtvorgangs des Anschlagens und des Anvisierens des Zieles stetige Übung.

Wer einen großen Spiegel zu Hause hat, kann sich ein Schußpflaster oder eine Briefmarke auf diesen Spiegel kleben, sich davorstellen und so Anschlagubungen durchführen. Die Übung vor dem Spiegel hat den großen Vorteil, daß sich der Übende sehen, einen Teil seiner Übung überwachen und dabei mögliche Zielfehler selbst korrigieren kann.

Der erste Teil der „Trockenübungen" dient zunächst dazu, die richtige Ausgangsstellung zu schaffen und vor allem die richtige Lage der Flinte in der Schulter und am Gesicht gleichmäßig zu erlernen. Vielleicht sind viele häufige Korrekturen bei dieser ersten Übung notwendig gewesen. Es ist besser, im Anfangsstadium alle Fehler, auch die kleinsten, auszumerzen und sie nicht bis ins Fortgeschrittenenalter mitzuschleppen. Die einzige Bewegung, die in der ersten Anschlagübung lag, war das Anheben der Waffe in die Schulter. Der Körper wurde bewußt ruhiggehalten, damit der Schwierigkeitsgrad dieser Übung recht niedrig war. Bei dieser ersten Anschlagübung habe ich auch das rechte Maß für die Laufschiene bekommen.

Wenn Sie im jagdlichen Anschlag einigermaßen sicher sind, ist es gut, nicht mit den Übungen aufzuhören, sondern jeden Tag regelmäßig weiterzuarbeiten. Beim Üben des Anschlages rate ich, darauf zu achten, daß die Flinte genauso festgehalten und eingezogen wird wie auf dem Stand, wo Knall und Rückstoß hinzukommen. Die „Trockenübung" muß von Zeit zu Zeit durch ein Übungsschießen unterbrochen werden, damit sich der Schütze überzeugen kann, ob er auf dem richtigen Wege ist oder ob sich, was durchaus möglich ist, Fehler eingeschlichen haben. Die regelmäßigen Anschlagübungen kräftigen die beim Schießen beanspruchte Muskulatur und beeinflussen daher auch positiv das Schießen auf dem Stand und im Revier, weil sich nicht so leicht Verkrampfungen als Folge ungewohnter Anstrengungen einstellen. Bei allen Anschlagübungen muß darauf geachtet werden, daß die anfangs erwähnte Fuß-Beinstellung, die Körper-Kopfhaltung sowie das richtige Fassen der Flinte nicht vernachlässigt werden. Es könnte sonst bedeuten, das eine zu verbessern, das andere zu verschlechtern. Im Endeffekt könnte das eine Verschlechterung der Trefferergebnisse bedeuten.

Zielfehler

Es ist durchaus möglich, daß die Flinte die Maße aufweist, die meinen Körperabmessungen entsprechen. Trotzdem unterlaufen Zielfehler. Das liegt meist daran, daß ich eine nicht natürliche Haltung einnehme oder, in dem Bestreben, es absolut richtig zu machen, Körperteile verkrampfe. Oft ist es ein übermäßiges Strecken oder Winkeln des Halses oder eine übertrieben buckelige Stellung, die mir zuviel oder zuwenig Sicht auf die Laufschiene einbringt. Aber allein das rechte Maß an der Schiene zu sehen, nützt noch nichts. Ich muß auf einen geraden Blick über die Schiene achten und nicht gegebenenfalls seitwärts oder übers Eck schauen. Sinn der ersten „Trockenübung" muß es ferner sein, die Flinte nicht zu kanten. So wie manche Leute nicht merken, daß ein Bild schief hängt, so merken es einige Schützen nicht, daß sie ihr Gewehr stets verkanten. Es fehlt einfach das Gefühl für die waagerechte und senkrechte Stellung. Hier bleibt nichts anderes übrig als korrigieren und nochmals korrigieren. Es wird durchaus nicht jedem gelingen, das Gefühl für die

Waagerechte und Senkrechte zu ermitteln, aber es wird in jedem Fall gelingen, durch einen richtigen Griff und Anschlag die Waffe nicht mehr zu kanten.

Am einfachsten stellt der Ausbilder Ziel- und Winkelfehler fest, wenn er den Anfänger bittet, die Waffe auf ihn anzuschlagen. Gewöhnen Sie sich aber unbedingt an, das Gewehr vorher zu öffnen und sich zu überzeugen, ob es wirklich entladen ist. Auch der Übende hat sich in gleicher Weise Sicherheit über den entladenen Zustand der Waffe zu verschaffen. Es ist immer ein recht eigenartiges Gefühl, ein Gewehr, und mag es tausendmal entladen sein, auf sich gerichtet zu wissen. Der Übende stellt sich also zwei bis drei Meter vor seinen Ausbilder, bringt die Waffe in Anschlag und zielt auf dessen rechtes oder linkes geöffnetes Auge. Das andere Auge des Ausbilders ist geschlossen. Ich bin sicher, daß jeder mittelmäßige Ausbilder spätestens jetzt feststellen kann, ob ein Zielfehler vorliegt und ob die Waffe verkantet ist.

Wir wissen, daß das Flintenschießen vorwiegend das Schießen auf bewegliche Ziele ist und daher auch ein Schießen aus der Bewegung des Schützen sein muß. Es wäre falsch, würde man sich beim Trockentraining ausschließlich mit dem Anschlagen und dem „Zielen“ auf ruhende Punkte begnügen. Wahrscheinlich wäre das die beste Methode, den Anfänger an das Stochern oder das Schnappschießen heranzuführen. Als Stochern bezeichne ich eine unregelmäßige, „kantige“, „abgehackte“ Flintenführung nach dem Anschlag und während das Ziel in Bewegung ist; sie kann im extremen Fall so sein, daß der Schütze nach dem Anschlagen die Waffe stillhält, dann wieder bewegt, erneut stillhält, bewegt, stillhält und dann erst gequält den Schuß auslöst. Dabei hat man dann das Gefühl, daß er immer ungleich weit von seinem Ziel ab ist. Der Stocherer versucht, sein Ziel einzuholen, zu schießen, wird den Schuß nicht los, eilt dem Ziel wieder nach, wird den Schuß nicht los und so weiter, bis es dann doch kracht.

Unter Schnappschuß verstehe ich einen Schuß, der zwar unmittelbar nach dem Anschlagen fallen kann, bei dem aber die Waffe im Augenblick der Schußabgabe stillsteht. Gewissermaßen ein Abfangen des Ziels. Gelegentlich wird mit diesen beiden grundfalschen Methoden auch etwas getroffen, aber es sind reine Zufallstreffer und häufig auch nur Randschrote der Schrotgarbe, die das Ziel erfassen. Man könnte es auch als „Deutschießen“ bezeichnen. Ein schnelles Hindeuten mit der Waffe und Losdrücken.

Wie kann ich aber den Anschlag und gleichzeitig das Schwingen mit der Flinte üben? Ich gehe in die Ausgangsstellung und sage mir, das jetzt zu beschießende Ziel geht nach links im Winkel von 45° ab. Ich beginne also, meinen Schwung von der allerersten Bewegung auf ein gedachtes Ziel nach links oben auszunutzen und führe mit der linken Hand die Waffe in die gedachte Richtung. Wesentlich ist jetzt, daß ich die Waffe ausschwingen lasse und nicht an einer bestimmten Stelle zum Stillstand bringe. Meines Erachtens spielt es gar keine Rolle, ob ich mir ein Ziel im Winkel von 45°, 50° oder noch mehr vorstelle oder ob ich mir eine ganz flache Wurftaube denke. Wichtig ist dabei, daß ich jedes Mal die feste Überzeugung gewinne, auf ein sich bewegendes Ziel in der Bewegung schießen zu müssen und dann auch nach dem Schuß noch nicht anhalte.

Wenn Sie sich nicht schon bei dem „Zielen" auf ruhende Punkte Gedanken gemacht haben, ob sie den bzw. die Abzüge betätigen sollen oder nicht, so werden Sie das spätestens aber bei der Übung auf gedachte bewegliche Ziele tun. Wenn Sie mich fragen, so werde ich antworten: Üben Sie auch das Auslösen des Schusses! Üben Sie es aber mit Pufferpatronen, denn die Flinte ist ein zu kostbares Werkzeug, das in bestem Zustand erhalten und weitgehend zu jeder Zeit geschont werden sollte. Ich schlage deshalb vor, während der Anschlagübungen ab und zu unter Verwendung von Pufferpatronen auch die Abzüge zu betätigen. Ganz wichtig ist dabei, niemals die Pufferpatronen mit einer scharfen Patrone zu verwechseln! Zweimal, dreimal hinsehen, in der Hand umdrehen, bevor man die wirkliche Pufferpatrone in den Lauf steckt.

Die Anschlagübungen können mit der Zeit als stupide, gleichförmige, langweilige Übungen angesehen werden. Man kann auch leicht „versauern". Die beste Abwechslung ist dann die Übung mit scharfer Munition auf dem Stand. Es wäre falsch, von Mal zu Mal große Fortschritte erwarten zu wollen, die sich in einer größeren Trefferzahl niederschlagen. Ich kann erhebliche Fortschritte gemacht haben, ohne daß es sich in der effektiven Schießleistung bemerkbar macht. Wichtig ist, das Gefühl zu bekommen, von Mal zu Mal im Stil flüssiger zu werden, nicht mehr auf jede Einzelheit achten zu müssen, sondern gewisse Dinge schon intuitiv verrichten zu können, sich auch an den Flintenschuß, d. h. den Knall und den Rückstoß zu gewöhnen. Das Treffen kommt nach und nach von allein.

Kommt der Schütze nach einem Übungstag wieder zurück in sein Kämmerlein und übt den Anschlag weiter, wird er ihn nicht mehr mit dem Gefühl einer stereotypen, nutzlosen Übung betrachten, sondern umgekehrt einen deutlichen Auftrieb zum Weiterüben spüren.

Ich kenne einen guten Schützen, dessen Flinten im Schlafzimmer stehen und der selbst im Bett vor Anschlagübungen nicht zurückschreckt. Bitte, verfallen Sie als Anfänger aber nicht in den Fehler und üben sie jetzt sitzend im Bett den Anschlag, denn dann würden Sie aufgrund der Sitzhaltung völlig andere Gegebenheiten – Gewichtsverlagerung des Körpers – vorfinden. Derjenige, der dies tat, hatte nur im Sinn, seine Arm- und Schultermuskulatur für das Flintenschießen wieder fit zu machen.

Anschlagübungen sollten auch nicht vor dem Fenster stattfinden und schon gar nicht in Richtung von Nachbars Garten oder des Nachbarn Wohnzimmer. Sie glauben nicht, wie allergisch Mitmenschen reagieren können, wenn sie in einem Wohngebiet, sei es auch nur im eigenen Wohnzimmer, Menschen mit der Waffe exerzieren sehen. Jede Angeberei mit der Waffe muß unterbleiben, weil sie unweigerlich zur Schädigung des Ansehens der Jäger führt.

Die Trockenübung des Schusses muß mit einem Zeitgefühl verbunden werden. Die Praxis verlangt die Schußabgabe in der Zeit von etwa einer Sekunde. Erscheint das Ziel, so habe ich also für den Anschlag, zu dem ich jetzt auch den gesamten Bewegungsablauf zähle, bis zum Brechen des ersten Schusses eine Sekunde Zeit. Der geübte Schütze mit einem guten Koordinations- und Reaktionsvermögen wird nur 0,8 Sekunden benötigen und der Ungeübte bis zu 1,2 Sekunden und mehr. Es bleibt mir also nichts anderes übrig, als auch meine Übung auf diese Zeit einzustellen und den Abzug innerhalb der auszunutzenden Zeit zu betätigen.

Dem Anfänger rate ich immer wieder, auch bei der Trockenübung zunächst den Einzelschuß zu üben. Ich habe die Erfahrung gemacht, daß sowohl auf dem Stand als auch bei der Trockenübung der zweite Schuß nicht sinnvoll genug ausgelöst wird, solange der Anfänger den Ablauf bis zum Brechen des ersten Schusses nicht fest im Griff hat. Die Trockenübung bringt die Fehler, die sich beim Üben des zweiten Schusses einschleichen, nicht zutage, weil Knall und Rückstoß fehlen, und weil der Zeitzwang nicht so deutlich zu erkennen ist. Es erübrigt sich, auf den zweiten Schuß näher einzugehen, weil er an anderer Stelle noch eingehend behandelt wird.

Obwohl seit vielen Jahren auch bei uns die feste Überzeugung besteht, daß beim Flintenschießen beide Augen geöffnet sein sollten, sehen wir doch sehr viele Jäger mit einem zugekniffenen Auge. Wie bei anderen Dingen, so sollte man auch hier demjenigen, der seit Jahren und vielleicht Jahrzehnten mit nur einem offenen Auge schießt, nicht zu bekehren versuchen, sondern sollte ihn, falls er gut zurechtkommt, so weiterschießen lassen. Beim Anfänger muß aber unbedingt darauf geachtet werden, daß der Vorteil des Schießens mit beiden offenen Augen nicht vergeben wird. Er liegt darin, daß der Blickwinkel größer ist und der Schütze räumlich sehen kann. Außerdem führt das Zukneifen eines Auges zu einer starken Beanspruchung des offenen Auges.

Es soll in diesem Kapitel nicht der Eindruck entstehen, daß die Anschlagübung nur etwas für den blutigen Anfänger oder den schlechten Schützen wäre. Bis jetzt wurde zwar nur die Anschlagübung für den Anfänger und für den weniger Geübten behandelt. Aber selbst der beste Jagdschütze kommt nicht umhin, seinen guten Anschlag durch Übungen laufend zu überprüfen und zu festigen. Das muß nicht täglich geschehen, es genügt, wenn es in mehr oder weniger regelmäßigen Abständen vorgenommen wird; vor jedem Übungsschießen, vor jedem Leistungs- und Nadelschießen sowie vor jedem Wettkampf und nicht zuletzt – worauf es ja schließlich ankommt – vor jeder Jagd wird es erforderlich sein. Es sind nicht die Schlechtesten, im Gegenteil, es sind die gewissenhaftesten, die jedesmal, wenn sie ihren Stand bei einer Jagd beziehen, die Flinte einige Male anschlagen, um zu sehen, ob wirklich alles, auch in bezug auf Kleidung, in Ordnung ist. Eine solche Generalprobe heiße ich für gut, weil dadurch unter Umständen ein schlechter Schuß auf Wild rechtzeitig vermieden werden kann.

Die Bohrung der Jagdflinte

Vielen Jägern, auch solchen, die bereits über eine Reihe von Jahren ihren Jagdschein besitzen und jagen, ist der Sinn und Zweck einer Bohrung der Flintenläufe nicht ausreichend bekannt. Das schließe ich aus unzähligen Gesprächen, bei denen von Flintenleistungen gesprochen wurde. Es ist teilweise eine leider immer noch verbreitete Ansicht, daß eine gute Flinte weit schießen muß, sie muß also nach der alten

Erst der Schuß auf eine Stahlwand macht manchem Jäger die Streuung seiner Flinte offensichtlich. Angaben wie ¼ oder ¾ Choke vermögen nur einem Fachmann etwas auszudrücken. Hier an der Wand wird der Unterschied zwischen Vollchoke (Trefferbild unten) und Zylinderbohrung (Trefferbild oben) bei gleicher Schußentfernung, gleicher Schrotstärke und gleicher Ladung veranschaulicht.

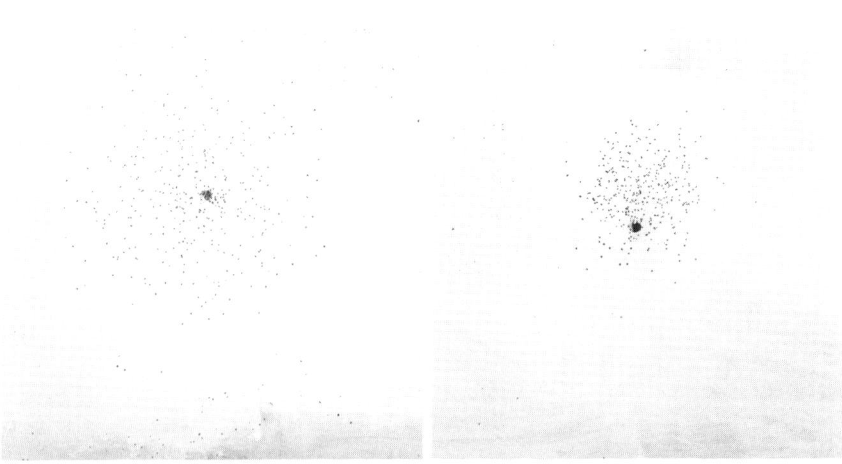

Die zweckmäßige Streuung einer Allround-Jagdflinte. Links: Das Trefferbild aus dem unteren Lauf der Bockflinte mit ¼ Choke zeigt Fleckschuß; rechts: das des oberen Laufes mit ¾ Choke hat geringen Hochschuß. Geschossen wurde 2½-mm-Schrot aus 20 m Entfernung mit Kaliber 12.

und irrigen Vorstellung einiger Waidgenossen eine enge Bohrung haben. Grundsätzlich hat aber die Qualität einer Flinte überhaupt nichts mit der effektiven Durchschlagskraft der Schrote und dem wirksamen Schußbereich der Ladung zu tun. Wer nur Wert auf eine eng schießende Flinte legt und damit den Weitschuß meint, der soll sich einen billigen Massenartikel kaufen. Eine wahre Freude wird er mit dieser Flinte niemals haben. Je extremer die Bohrung, um so spezieller und eingeengter wird der Verwendungszweck für die Flinte sein und um so besser muß der Jäger sein, der diese Flinte führt.

Gäbe es mehr Waffenverkäufer, die zugleich auch erfahrene Flintenschützen und gute Jäger sind und außerdem lieber auf ein Geschäft verzichten, als daß sie etwas Falsches verkaufen, so hätten wir mehr zufriedene Jäger in bezug auf ihre Flintenleistung, und wir könnten die Unsitte des Weitschießens mit der Flinte wirksamer bekämpfen!

Von einer guten Bohrung der Flintenläufe muß ich eine gleichmäßige Verteilung der Schrote verlangen, wobei natürlich die Wahl der richtigen Patrone auch nicht übersehen werden darf. Die Bohrung soll für den normalen Jagdbetrieb, bei dem ich weder extreme Nahschüsse noch extreme – wenn auch noch vertretbare – Weitschüsse als die überwiegend abgegebenen Schüsse betrachte, geeignet sein. Man kann es auch anders ausdrücken: Die Flinte für normale Verwendung, für die allgemeine Jagd in Deutschland mit normalen Schußentfernungen zwischen 20 und höchstens 35 m dürfte zweckmäßig gebohrt sein, wenn der eine Lauf ½-Choke- und der andere Lauf ¾-Choke-Bohrung aufweist.

Bei häufigem Bedarf für außergewöhnliche Fälle rate ich zu einer Zweitanschaffung. Die Zweitflinte, die einem speziellen Zweck dienen soll, wäre dann entweder eine mit engerer Bohrung für den tolerablen Weitschuß (¾- und Vollchoke) oder eine mit offenerer Bohrung wie ¼- oder ½-Choke oder gar Zylinderläufen für besonders nahe Entfernungen. Die unterschiedliche Bohrung der Läufe hat sich deshalb durchgesetzt, weil das meiste Wild von dem Schützen wegflüchtet, und wenn der erste Schuß vorbeigeht oder nicht gut trifft, der zweite Schuß auf eine etwas weitere Entfernung abgegeben werden muß. In der jagdlichen Praxis kommt es aber auch vor, daß das Wild mit dem ersten Schuß auf eine weitere, mit dem zweiten Schuß sodann auf eine nähere Entfernung beschossen wird.

Bei Doppelflinten mit zwei Abzügen werden die Abzüge entsprechend der Schußentfernung betätigt; bei Doppelflinten mit einem Abzug besteht bei fast allen Modellen die Möglichkeit, mittels eines Schiebers die Reihenfolge der Schußabgabe zu wählen. Ich kenne nur wenige, die die Technik der Wahl des richtigen Flintenlaufs voll beherrschen und nutzen. Fragt man Jäger auf einer Treibjagd, ob sie, je nach Situation, zuerst den hinteren und dann den vorderen Abzug oder umgekehrt betätigen, dann wird man feststellen, daß nur selten ein Schütze dabei ist, der auf die richtige Reihenfolge der Abzüge bedacht ist. Das allein wäre für mich schon ein wichtiger Grund, den Unterschied in der Bohrung der beiden Läufe nicht zu groß zu wählen, wie z. B. ½- und Vollchoke oder ¼- und ¾-Choke, sondern ich würde höchstens einen Unterschied von ¼-Choke hinnehmen. Dies bezieht sich sowohl auf die Flinten mit Doppel- als auch auf die mit Einabzug, denn auch Jäger mit der

Möglichkeit der Umschaltung ihrer Waffen von einem auf den anderen Lauf bleiben meist dabei, den offeneren Lauf zuerst zu schießen, auch wenn das Wild auf sie zukommt.

Da der Jäger seine Waffe vorwiegend für die Jagd und nicht für das Schießen auf dem Trap- und Skeetstand kauft, sondern dort lediglich zur Erreichung einer guten Schußleistung übt, wird er sich keine Spezialwaffe für das Wurftaubenschießen kaufen. Bei der Wahl der richtigen Bohrung sollte unter Umständen auch die Reaktionsfähigkeit des Jägers berücksichtigt und geprüft werden, nämlich, ob es sich um einen Mann mit langsamen oder schnellen Bewegungen handelt, weil evtl. ¼- bis ⅛-Choke weniger oder mehr empfohlen werden kann. Das Anraten und Verkaufen einer zweckmäßigen Flinte ist nicht vergleichbar dem Verkauf eines Paares Jagdstiefel, bei dem der Käufer im wesentlichen selbst fühlt, ob ihm der Schuh paßt bzw. wo er ihn drückt und der Verkäufer lediglich über das Material und die Vorteile beim Tragen Bescheid wissen muß.

Ich behaupte, daß am häufigsten auf der Jagd zwischen 20 und 35 Metern geschossen wird, und ich bitte darum, draußen im Revier zur Überzeugung und Selbstbestätigung Entfernungen von 20 bis 35 m im Abstand von 5 m abzustecken

Die gerechte Flintenschußentfernung liegt je nach Würgebohrung und Schrotstärke zwischen 15 und 35 m. Wer darüber hinausgeht, schießt das Wild nur krank, wer auf eine nähere Entfernung schießt, entwertet das Wildpret. Beide, Nah- und Weitschießer, handeln unwaidmännisch.

und auf diese Entfernungen Papierbogen zu beschießen. Und dann stelle man sich einen Hasen, ein Kaninchen, einen Fasan oder ein Rebhuhn vor. Ich will keinem Jäger zu nahe treten, aber ich habe oft das Gefühl, daß nur wenige eine 35-m-Strecke ausgemessen haben. Deshalb wissen auch die wenigsten, in welchen Grenzen der günstigste Wirkungsbereich ihrer Flinte liegt. Bei der Beurteilung der Deckung einer Fläche soll man gewissenhaft, jedoch auch nicht zu pingelig sein und etwas verlangen, was nicht im Rahmen des Möglichen sowohl der Waffen- als auch der Munitionsindustrie steht. Es wird bei jeder guten Patrone, da und dort aus nächster Nähe betrachtet, mal eine höhere Verdichtung von Schroten und dann wieder ein etwas geringer gedecktes Feld zu sehen sein. Wenn das Papier aus einem größeren Abstand (1–2 m) betrachtet wird, kann die Deckung besser beurteilt werden. Ein Auszählen der Schrotkörner halte ich bei einem groben Test nicht für erforderlich.

Wie viele Schrote auf dem Papier sein werden, in mehr oder weniger gleichen Abständen voneinander, hängt nicht allein von der Bohrung und der Schußentfernung ab, sondern auch von der Anzahl der Schrote, die in einer Patrone enthalten sind, damit also auch von der jeweiligen Schrotstärke und Ladung. Ich werde als gewissenhafter Jäger sämtliche Schrotstärken durchprobieren, um mir eine Vorstellung von der Deckung und der Anzahl der Schrote zu machen; theoretisch ist das jeder Munitionstabelle zu entnehmen, was jedoch in der Praxis überprüft wird, ist anschaulicher und haftet besser im Gedächtnis.

Hat jemand im Laufe seines Jägerlebens erkannt, daß seine Flinte zu eng schießt, so besteht meist die Möglichkeit, die Flinte von einem erfahrenen Büchsenmacher aufbohren zu lassen, d. h. sie mit einer offeneren Bohrung zu versehen. Das Gegenteil ist leider nicht möglich. Ich halte es aber für meine Pflicht, darauf hinzuweisen, daß u. U. aus einer guten engen Bohrung eine mittelmäßige bis schlechte weite Bohrung werden kann. Das Verändern der Würgebohrung muß gekonnt sein, und wenn ich so etwas vorhabe, dann gehe ich nicht zum Schmiedel, sondern zum Schmied, der etwas davon versteht und mich beraten kann. Mit den verschiedenen Arten der Bohrungen sollen Sie nicht belastet werden, dafür haben wir Fachleute, die sich mit dieser Materie wissenschaftlich auseinandersetzen.

Um sich ein weiteres Bild von seiner Schrotgarbe machen zu können, rate ich, Papierbogen auch auf Entfernungen unter 20 m und über 35 m zu beschießen. Dabei kann auch die verheerende Wirkung eines Nahschusses tief ins Bewußtsein gerückt werden und ebenso das Krankschießen des Wildes bei Schüssen über 35 m. Bei sehr nahen Schüssen, die bei 5 m liegen, spielt es keine wesentliche Rolle mehr, ob ein Lauf echte Zylinderbohrung oder Vollchoke hat, ob man 2¼ oder 3 mm Schrot schießt, die Wirkung wird auf jeden Fall absolut wildpretzerstörend sein. Bei weiteren Entfernungen tritt das Gegenteil ein, wobei hinzukommt, daß die Tiefenwirkung der Schrote bei jeder Stärke von Meter zu Meter stark abnimmt. Außerdem ist die Schockwirkung durch die sinkende Zahl der Trefferschrote nur gering oder fehlt völlig. Die einzelnen Schrote verursachen dann nur organische Verletzungen, die allgemein zu einem qualvollen, langsamen Tode führen können.

Schrotstärken

2 mm	Nr. 9	Skeet aus Skeetflinten
2 mm	Nr. 9 Streu	Skeet aus Jagdflinten
2¼ mm	Nr. 8	Skeet: 2. Schuß für vom Schützen wegfliegende Tauben; Trap: 1. Schuß für schnell reagierende Schützen; kleinstes Flugwild
2½ mm	Nr. 7	Trap: 1. und 2. Schuß; kleine Wildarten: Schnepfe, Taube, Rebhuhn u. ä.; Frettierjagd; Kaninchen; mäßige Schußentfernung bis 25 m
2¾ mm	Nr. 6	Schnepfe, Taube, Rebhuhn u. ä.; Kaninchen bis 30 m
2¾ mm	Nr. 6 Streu	Wie bei 2¾ mm normal, aber mäßigere Schußentfernung bis 25 m

3 mm	Nr. 5	Auf der Jagd vielseitig verwendbar; Flugwild bis Fasanenstärke; Haarwild bis etwa Kaninstärke; Hase mäßige Entfernung
3¼ mm	Nr. 4	Flugwild bis Enten-/Fasanenstärke; Haarwild bis etwa Hasenstärke
3½ mm	Nr. 3	Hase bei Nässe und Winterbalg; Fuchs
3¾ mm	Nr. 2	Fuchs im Winterbalg; Dachs, Wildgänse, Auerhahn
4 mm	Nr. 1	Sollte wegen der geringen Anzahl von Schroten und deshalb sehr geringer Deckung des Zieles nur in besonderen Fällen verwendet werden

Merke:
Sich in der Schußentfernung zu beschränken, erlaubt eine geringere Schrotstärke. Eine geringere Schrotstärke ermöglicht eine höhere Schrotdichte. Eine höhere Schrotdichte verursacht einen sicheren Schocktod. Schnelles Erlegen ist waidgerechtes Jagen.

Das Kurzwaffenschießen

Die Bedeutung der Kurzwaffe

Die Erkenntnis, daß auch die Kurzwaffe oder Faustfeuerwaffe, wie sie ebenfalls genannt wird, zur notwendigen Ausrüstung des Jägers gehört, ist noch nicht alt. Dies ist verwunderlich, denn es gibt schon seit langem Jäger, die neben einem Gewehr auch eine Pistole oder einen Revolver führen. Im Laufe der letzten Jahrzehnte ist der Kurzwaffe durch das verstärkte Fangen von Raubwild und streunenden Katzen und durch das immer mehr in den Hintergrund tretende Abfangen und Abnicken kranken Wildes mehr Bedeutung zugefallen. Eine Zeitlang diente die Kurzwaffe vorwiegend Schutzzwecken, besonders in Verbindung mit der Wildererbekämpfung. Die Schutzfunktion erfüllt sie zwar auch heute noch, daneben aber fallen ihr ebenso wichtige andere Aufgaben zu.

Zu keiner Zeit war die Kurzwaffe des Jägers eine Angriffswaffe oder ein Mittel, um jemanden zu bedrohen oder einzuschüchtern, sondern sie diente lediglich der

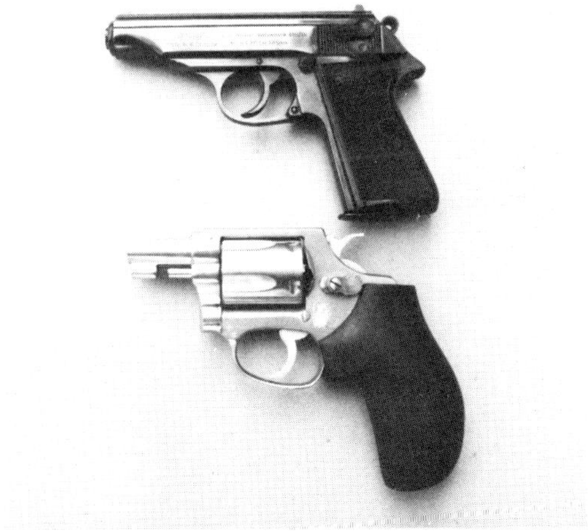

Kurzwaffen und ihre Eignung
Oben: Pistole üblicher Bauart und zweckmäßiger Größe für den Jagdgebrauch.
Unten: Revolver mit 2"-Lauf üblicher Bauart und zweckmäßiger Größe für den Jagdgebrauch.

Verteidigung im Notfall und damit dem Schutz von Leben und Gut. Das Bundeswaffengesetz, am 1. Januar 1973 in Kraft getreten, hat das Bedürfnis des Jägers zum Erwerb und Führen von Kurzwaffen unmißverständlich anerkannt. Diese Berechtigung zum Erwerb, Führen und einer vielseitigen Verwendung der Kurzwaffe im Revier hat der Jägerschaft die Verpflichtung auferlegt, jeden Jagdscheinanwärter auch mit der Handhabung dieser Kurzwaffen vertraut zu machen. Wer heute als verantwortlicher Ausbilder solche Schußwaffen nur mit zwei/drei Sätzen so nebenbei abtut und keine gründliche Einweisung in deren Führung und das Kurzwaffenschießen mit denselben vornimmt, handelt verantwortungslos.

Es wird auch kein Prüfer des Fachs „Jagdwaffen" umhinkommen, in seinen Fragenkomplex auch das Gebiet der „Kurzwaffen" einzuschließen. Die Kurzwaffe zählt zur Ausrüstung des Jägers, auch wenn sie der Flinte und Büchse nicht gleichgestellt ist. Jäger, die der Ansicht sind, daß sie keine Kurzwaffe benötigen, sollen ruhig darauf verzichten. Aber: Jeder von uns führt einen Feuerlöscher im Auto und hofft, daß er ihn nie gebrauchen muß. Noch krasser ist es mit dem Fallschirm; es heißt scherzhaft, daß er niemals mehr benötigt werden wird, wenn man ihn nur einmal – d. h. im Bedarfsfall – vergessen hat.

Welche Bedeutung hat eine Kurzwaffe in den Händen eines Jägers, wenn ihre Handhabung und Führung nur sehr mangelhaft beherrscht wird? In den Händen eines Laien, das wissen wir alle, ist eine Kurzwaffe deshalb gefährlich, weil sie infolge ihres kurzen Laufes nicht nur jede beabsichtigte, sondern jede beliebige, auch unbeabsichtigte Wendung und Schwenkung während des Handhabens ermöglicht; ein kurzer Lauf läßt sich viel schwerer unter Kontrolle halten als ein langer. Dabei sei hier für alle Schußwaffen herausgestellt: Eine einwandfrei geführte Schußwaffe kann niemals gefährlich sein, gefährlich ist nur derjenige, der Handhabung und Führung nicht oder nur mangelhaft beherrscht.

Was über Üben und Treffen mit Büchse und Flinte gesagt worden ist, trifft im allgemeinen, soweit es keine für das Flinten- bzw. Büchsenschießen speziellen Grundregeln sind, auch auf das Kurzwaffenschießen zu. Es darf heute keinen Jäger mehr geben, der weder die Schußleistung seiner Gewehre noch seine eigene Fähigkeit im Schießen mit der Kurzwaffe kennt. Er muß auch die Wirkungen kennen, sonst kann er sie nicht sinnvoll und zweckmäßig einsetzen.

In früheren Jahren war das Kurzwaffenschießen im Anhang der Schießvorschrift der Jägerschaft behandelt worden. Heute ist es deren fester Bestandteil; das dokumentiert, daß es an Bedeutung gewonnen hat. Wir sind aber noch nicht so weit, daß wir sagen können, das Übungs-, Leistungs- und Wettkampfschießen mit der Kurzwaffe habe breite Kreise der Jäger in seinen Bann gezogen, wenn es auch da und dort, vor allem in Ballungsgebieten der Jäger, als Übungs- und Leistungsschießen rege betrieben wird. Bei den Landes- und Bundesmeisterschaften zeigt es sich deutlich, daß das Interesse am Kurzwaffenschießen noch nicht mit dem am Büchsen- und Flintenschießen vergleichbar ist. Dabei sei eingeräumt, daß geringe Beteiligung und langsame Entwicklung nicht im Mangel an Interesse begründet sein müssen, sondern im Fehlen geeigneter Übungsstätten und geeigneter Ausbilder. Neben der Schaffung von geeigneten Übungsstätten ist es wichtig, gute Schulungskräfte heranzubilden und sie mit hinreichendem Wissen auszustatten, das sie weitergeben sollen. Wir haben fähige Männer in unseren Reihen, die geeignet sind, dies zu tun und das Kurzwaffenschießen auf breiter Ebene zu fördern.

Wozu benötigt der Jäger eine Kurzwaffe?

Das Bedürfnis für den Erwerb, das Besitzen und das Führen der Kurzwaffen wurde gesetzlich neu verankert. Der Verwendungsbereich ist breit, und nicht jeder ist in der Lage, die vielseitige Verwendung der Kurzwaffe durch den Jäger auf Anhieb erschöpfend zu beantworten.

Wir befinden uns immer noch in einem Umdenkprozeß. Wer von den älteren Jägern in der Jugendzeit von Vater und Großvater gelernt hat, Rehwild waidgerecht abzunicken, soll ruhig dabei bleiben. Wer aber neu zur Jägerei stößt oder infolge mangelnder Gelegenheit das Abnicken bis jetzt nicht praktiziert hat, sollte sich unbedingt des Fangschusses bedienen, und derjenige, der das Abnicken wohl kennt, aber noch jung und beweglich ist, sollte sich auf den Fangschuß mit Lang-

Oben: Pistole mit 6"-Lauf im Kaliber .22 lfB geeignet für das jagdliche Leistungsschießen.
Mitte: Pistole Kaliber 7,65 mm; jagdliche Gebrauchspistole.
Unten: Taschenpistole mit Kaliber 6,35 mm, für den Jagdbetrieb ungeeignet.

Oben: Revolver mit 6"-Lauf im Kaliber .22 lfB, für das jagdliche Leistungsschießen geeignet.
Unten: Revolver, Jagdgebrauchswaffe im Kaliber .38 spezial; meistverwendete Kurzwaffe im Jagdgebrauch mit einer Lauflänge von 2 bis 4 Zoll.

und Kurzwaffen umstellen. Damit will ich sagen, daß der Umdenk- und Umstellungsprozeß durchaus harmonisch vor sich gehen kann. Waidgerechtes Denken und ethische Auffassung spielen neben rein praktischen Erwägungen auch im Anwendungsbereich der Kurzwaffe eine große Rolle. Der tägliche Jagdschutz durch den Revierinhaber, Revierpächter, Jagdaufseher, Berufsjäger, Förster ist heute ohne die Kurzwaffe nicht sinnvoll, nicht immer wirksam genug. Es wäre ausgesprochen naiv, würde man sich auf die Gutmütigkeit und Harmlosigkeit aller seiner „Revierbesucher" verlassen wollen und der Meinung sein, daß die Jagdschutzaufgaben allgemeiner Art besser unbewaffnet als bewaffnet durchgeführt werden sollten. Allgemeinen Jagdschutz praktizieren heißt nicht, von weitem schon als Jäger erkennbar mit seiner Langwaffe über der Schulter im Revier auf und ab zu spazieren. Die unauffällig getragene Kurzwaffe ermöglicht es, als „Spaziergänger" das Revier bewaffnet zu beaufsichtigen. Dem Jäger in voller Ausrüstung bietet die Kurzwaffe einen zusätzlichen Schutz.

Im speziellen Bereich der Raubwildbejagung, insbesondere des Fallenstellens und der Baujagd, ist der praktische Zweck dieser kurzen Waffe unverkennbar. Nicht immer kann ich eine Langwaffe, sei es Flinte, Büchse oder kombinierte Waffe, griffbereit haben, weil ich zuweilen viel zu tragen habe und mich dann eine Langwaffe nur stark behindern würde. Eine Kurzwaffe aber kann ich immer ohne besondere Belastung mitführen. Es ist Hege und Wildschutz im echten Sinne, wenn ich eine vom Hund gestellte streunende Katze mitten im Revier mit der Kurzwaffe töte. Es ist waidgerecht, wenn ich Tiere, die sich in der Falle befinden, mit der Kurzwaffe erlege, und es ist waidgerecht und sinnvoll, wenn ich beim Fuchsgraben den verklüfteten Fuchs mit Pistole oder Revolver zur Strecke bringe.

Der Fangschuß auf Schalenwild ist häufig diskutiert und ein Für und Wider ausreichend öffentlich dargestellt worden. Ich halte den Fangschuß mit einer zweckmäßigen, in ihrer Wirkung ausreichenden Kurzwaffe für waidgerechter als das Abnicken oder Abfangen. Wer das Klagen eines Rehes beim Bemühen eines unerfahrenen Jägers um das Abnicken gehört hat, wird nie eine solche Methode propagieren können. Wie sollte auch ein junger Jäger das Abnicken lernen? Man kann ihm höchstens am Skelett oder am verendeten Stück einiges erklären und ihn vielleicht am toten Objekt einige Versuche machen lassen, aber ein späteres Abnikken eines kranken Tieres wird immer noch verwerfliche Stümperei bleiben.

Mit der Kurzwaffe kann man aber den sicheren Schuß vielfältig üben, und in der Praxis wird er auch beim ersten Mal, wenn er als gut gezielter Fangschuß dient, seine Wirkung nicht verfehlen. Selbst bei einem evtl. schlechten Fangschuß genügt ein weiteres Fingerkrümmen, und in Sekundenschnelle ist der zweite Fangschuß heraus. Sollten weitere Schüsse nötig sein, so ist auch das eine Sekundensache; das Abnicken dauert länger. Außerdem steht ein krankes Tier keine Ängste durch die direkte Berührung mit der Menschenhand aus, weil ich in den meisten Fällen von hinten unbemerkt herantreten und den Fangschuß anbringen kann. Beim Abnicken muß ich in jedem Fall das Wild mit den Händen berühren.

Sicher kann man auch den Fangschuß mit der Langwaffe geben, und man soll es auch tun, wenn sich dazu die Möglichkeit auf weitere Entfernung bietet, aber nicht immer ist es möglich, zweckmäßig oder sinnvoll, auf nahe Entfernung die Langwaffe einzusetzen. Ich denke an die Nachsuche in Dickungen, an angefahrenes Wild und an den größeren Gefahrenbereich des Büchsengeschosses und größere Wildpretzerstörung durch die Zerteilung des Geschosses. Wenn es sich um das schnelle Verkürzen der Qualen des Wildes handelt, spielt letzteres keine Rolle; aber wenn ich das gleiche Resultat mit einer geringeren Wildpretzerstörung erreichen kann, wäre ich dumm, würde ich nicht entsprechend handeln.

Der Fangschuß mit der Kurzwaffe ist an die Stelle des Abnickens und Abfangens getreten. Die Waffe muß handlich sein und die erforderliche Mindestenergie (200 Joule für Schalenwild) erbringen können.

Die Seuchenbekämpfung ist heute wesentlich akuter als in früheren Zeiten, und alle Jäger haben nicht nur die Aufgabe, sondern die Pflicht, jede Wildseuche zu bekämpfen. Fast überall in Deutschland ist die Tollwut mehr oder weniger verbreitet oder flackert dann und wann erneut auf. Ein tollwütiger Fuchs kann sich in Behausungen einstellen, mit einem tollwütigen Fuchs kann man aber auch überall auf nächste Entfernung zusammentreffen. Wenn ich bei Revierarbeiten beide Hände benötige, kann ich eine Langwaffe schwerlich bei mir haben. 20 oder 30 Meter bis zur Langwaffe (in der Hütte, im Auto!) können viel zu weit sein, um schnell schußbereit zu sein. Die Kurzwaffe aber trage ich am Körper und kann in jeder Situation der Tötung im Rahmen der Seuchenbekämpfung nachkommen. Wütet in einem Kaninchenrevier die Myxomatose, dann ist es praktisch, wenn mit der Kurzwaffe die Kaninchen aus nächster Nähe erlöst werden.

Eine wichtige Funktion erfüllt die Kurzwaffe, indem sie zum persönlichen Schutz des Jägers bei allen Gängen durch das Revier, aber auch auf dem Wege dorthin und zurück eingesetzt werden kann. Der Jäger fühlt sich sicherer, wenn er neben seinem Gewehr auch noch eine Kurzwaffe bei sich hat. Wenn Menschen mit bösen Absichten annehmen müssen, daß der Jäger zweckmäßig bewaffnet ist, werden sie ihm schon von vornherein den nötigen Respekt entgegenbringen.

Die Kurzwaffe dient nicht nur dem Schutz der Person, sondern auch dem Schutz von wertvollem Gut, sei es aufbewahrt in der Jagdhütte, im Kraftfahrzeug, irgendwo im Revier oder mitgeführt vom Jäger.

Ohne die Wildererbekämpfung besonders stark betonen zu wollen, bleibt sie doch eine wichtige Aufgabe des Jägers, sowohl im eigenen jägerischen als auch im öffentlichen Interesse. Wer wildert, illegal Waffen oder verbotenes Gerät verwendet, Tiere qualvoll tötet, wird auch vor anderen kriminellen Taten kaum zurückschrecken. Wilderer hat es zu jeder Zeit gegeben und wird es auch immer geben, solange wir Wild in unseren Revieren haben. Je mehr Wild es gibt, um so größer ist die Verlockung zum Wildern und um so weniger kann ihr widerstanden werden. Das Motiv zur Tat ist in unserem Fall unwesentlich, denn wird ein Wilderer überrascht, weiß er, daß er bestraft werden wird, und er wird deshalb nichts unterlassen, um zu entkommen. Auf Gewaltanwendung oder gar brutale Handlungen mit oft schlimmen Folgen wird es ihm dabei nicht ankommen. Die Kurzwaffe bringt bei solchen Auseinandersetzungen unbestreitbare Vorteile, insbesondere beim Nachstellen, Auflauern, Durchsuchen, Überprüfen, Festnehmen und beim Transport des Täters. Ein warnendes, dämpfendes Wort muß ich aber noch anfügen: Überbewerten Sie in diesen Fällen nicht die Gefahren, sondern beurteilen Sie die Situation nüchtern, damit die Kurzwaffe von Ihnen nicht widerrechtlich angewandt wird!

Wir haben es in unseren Revieren nicht nur mit Wilderern zu tun, sondern bei steigender Kriminalität mehr und mehr auch mit Einbrechern, Räubern, Mördern, Sittlichkeitsverbrechern; mit Holz- und Autodieben kommen wir in Berührung. Neuerdings kommen noch die Umweltverbrecher hinzu, die nicht etwa nur eine Plastiktüte mit Picknickabfällen wegwerfen, sondern durch Ablagerung von gefährlichen Stoffen menschliches und tierisches Leben gefährden.

Nach der Jedermann-Befugnis kann der Jäger auch im Revier Kriminelle auf frischer Tat stellen. Ohne eine ausreichend zweckmäßige Waffe wird nur beschränkt von dieser Befugnis Gebrauch gemacht werden können.

Zuletzt führe ich das Übungsschießen auf, für das neben der durchschnittlichen Gebrauchswaffe des Jägers eine ausgesprochene Übungswaffe im Kal. .22 l.r. vorzüglich geeignet ist. Die Wahrnehmung all der Aufgaben und Pflichten, bei denen der Jäger durch eine ausreichende Kurzwaffe abgesichert wird, verlangt die genaue Kenntnis der Waffe, ihre technische Funktion, die sichere Handhabung und eine ausreichende Treffsicherheit. Es hat keinen Sinn und Zweck, eine Kurzwaffe zu führen, wenn mit ihr nicht treffsicher umgegangen werden kann. Es gibt dabei keine Ausrede, schon gar nicht die, daß es an Zeit mangelt; denn auch hier kann man die Trockenübung zu Hause vornehmen. Einschießen, Kontrollschießen und Probeschießen kann notfalls auch an geeigneter Stelle im Revier, wenn es zum Schießstand sehr weit ist, ausgeführt werden. Das Übungsschießen im Revier ist dagegen verboten! Jedenfalls handelt der Jäger verantwortungslos und wenig gewissenhaft, der eine Kurzwaffe führt, die er nur unzureichend kennt und nur unzulänglich zu handhaben weiß. Zwei Kurzwaffen gehören zur Standardausrüstung des Jägers, wofür er gegenüber der Behörde kein Bedürfnis nachweisen muß, für die aber unbedingt fundierte Sachkenntnisse vorhanden sein müssen. Für jede weitere Kurzwaffe ist der Behörde ein Bedürfnis nachzuweisen.

Ein Mißbrauch der Waffe auch durch Jäger wird nicht ausgeschlossen werden können, ist dann aber nicht nur eine strafbare Handlung an sich, sondern ein Vergehen, das dem Ansehen der Jägerschaft in höchstem Maße schaden würde. Wir müssen deshalb selbst dafür sorgen, daß unzuverlässige Jäger hart angefaßt werden. Das sind wir und die Jagdorganisationen dem anständigen Jäger schuldig, und jeder so Denkende muß daher den Mut zum Einschreiten haben.

Gott sei Dank werden verwerfliche Einzelfälle – wenn auch dann und wann hochgespielt – nicht verallgemeinert.

Da die Kurzwaffe in der Hand des Jägers in Zukunft noch mehr an Bedeutung gewinnen wird, müssen Ausbilder und Prüfer dieses Gebiet eingehend behandeln. Auch sollten die Organisationen des LJV wie Hegeringe, Kreisgruppen und Vereine dem Übungsschießen mit der Kurzwaffe mehr Bedeutung geben als bisher. Die Weiterbildung des Jägers an der Kurzwaffe soll sich aber nicht nur auf das reine Üben nach Vorschrift auf dem Schießstand beschränken, sondern soll den breiten Anwendungsbereich, wie vorher geschildert, beinhalten.

Das Tragen einer Kurzwaffe

Die Kurzwaffe ist kein Schmuckstück, kein Symbol und kein Aushängeschild. Ich stelle sie also nicht angeberhaft zur Schau und trage sie nicht so, daß sie von weitem sichtbar ist. Revolver und Pistole sind u. U. entscheidend lebenswichtige Gegenstände, d. h. Werkzeuge, die ich zwar verdeckt trage, aber jederzeit schnell durch einen raschen Zugriff einsatzbereit halten muß. Die Trageweise muß daher zweckmäßig sein, damit die Einsatzbereitschaft jederzeit gewährleistet ist. Die Art des Tragens hängt weniger vom jeweiligen Verwendungszweck ab als vielmehr vom Waffentyp, der Kleidung, den persönlichen Gewohnheiten oder von bestimmten anderen Umständen. Die Kurzwaffe muß natürlich auch sicher und bequem getragen werden. Die Praxis hat gezeigt, daß die Kurzwaffe, lose getragen in der Tasche des Jägers, weder gut noch zweckmäßig aufgehoben ist. Da ich als Jäger die Kurzwaffe nur auf dem Weg ins Revier, dort selbst und auf dem Wege zurück führe, laufe ich zwar kaum Gefahr, daß sie einem Taschendieb zum Opfer fällt. Ich werde jedoch sorgsam darauf achten müssen, die Waffe vor Nässe und Schmutz zu schützen.

Der Jäger muß je nach Größe und Art der Waffe die für ihn geeignetste Trageweise wählen. Auf alle Fälle ist die Kurzwaffe verdeckt zu tragen und so am Körper oder im Holster zu verwahren, daß sie beim Bücken nicht herausfallen kann.

Für den Jäger sind zwei Trageweisen zu empfehlen: Das Tragen im Schulterhalfter oder das

Tragen im Gürtelhalfter. Beide Trageweisen sind unauffällig, bequem und sicher. Oft ist die Meinung zu hören, daß der Revolver im Schulterhalfter zu sehr auftragen würde. Das mag zutreffen, wenn ein enganliegender Anzug getragen wird, aber nicht, wenn der Schütze jagdmäßig ausgerüstet ist. Jagdkleidung wird aus wohlbekannten Gründen niemals zu eng gewählt, und deshalb kann auch der Revolver bequem und unauffällig im Schulterhalfter untergebracht werden. Wichtig ist dabei nur, daß der gut passende Halfter den Ansprüchen des Jägers in allen Punkten gerecht wird. Sinn und Zweck des Schulterhalfters ist neben der bequemen Trageweise auch ein möglicher schneller Zugriff. Andernfalls erfüllt er nicht seinen Zweck. Vor dem Kauf wird der Halfter ausprobiert, indem man ihn umlegt, die Waffe in ihn unterbringt und nun einige Male das schnelle Entnehmen und Ziehen probiert. Ob der Schulterhalfter die Waffe mit einem Lederbügel und Druckknopf festhält oder mit einer eingebauten Stahlfeder bleibt sich gleich, solange die Waffe festsitzt und nicht herausfallen kann. Üblicherweise wird der Schulterhalfter über dem Hemd getragen, aber unter der Oberkleidung. Man kann ihn im Winter, wenn man noch einen Mantel o. ä. angezogen hat, auch über der Jacke, aber noch unter der äußeren Hülle tragen.

Gute Schulterhalfter sind fein gearbeitet und tragen sich bequem. Manche Jäger fühlen sich aber durch die Trageweise etwas eingeengt und empfinden das festere Anliegen der Unterkleidung am Körper nicht als angenehm. Dann ist zum Gürtelhalfter zu raten. Trägt man keine zu kurzen Jacken und keine allzu große und lange Kurzwaffe, so wird das Tragen der Waffe im Gürtelhalfter eine ebenfalls zweckmäßige und zusagende Methode sein. Bei einem richtigen Sitz des Gürtelhalfters spielt auch ein etwas größeres Gewicht der Waffe keine Rolle. Voraussetzung für das Tragen der Kurzwaffe im Gürtelhalfter ist die Gewohnheit des Schützen, einen Leibgurt zu tragen, der zudem noch wegen des Gewichtes der Waffe fest geschnallt sein muß. Allerdings mögen viele Jäger das wiederum nicht, meist aus individuellen Gründen, sei es Atmung oder Blutzirkulation.

Die Trageweise der Kurzwaffen ist also nicht zuletzt durch alte persönliche Gewohnheiten bedingt. Ob Gürtel- oder Schulterhalfter getragen werden, hängt auch noch von der jeweiligen Art der Jagdausübung ab. Ich kann mir einen Jäger im Hochgebirge nur schlecht mit Gürtelhalfter vorstellen, weil ihm schon ein engsitzender Gürtel lästig wäre. Umgekehrt kann ich mir jedoch gut denken, daß ein „Flachland"-Jäger, der weniger anstrengende und unbequeme Pürschpfade im Revier vorfindet und sonst auch gewohnt ist, Gürtelhosen zu tragen, durchaus den Gürtelhalfter als passend empfindet. Wichtig bleibt der Sitz des Halfters.

Bei Revolvern ist es günstig, wenn die Walze auf der Hüfte liegt und diese dann das Gewicht trägt. In jedem Fall muß die Waffe fest sitzen und die Gewähr gegeben sein, daß sie nicht herausrutschen oder herauskippen kann. Maßgefertigte Halfter halte ich deshalb für besser als die nur einigermaßen passenden Universalhalfter. Für den Rechtshänder wird es von Vorteil sein, den Gürtelhalfter an der rechten Körperseite zu tragen und für den Linkshänder dementsprechend an der linken Seite. Der Vorteil liegt in dem geraden Ziehen, das nur wenig zusätzliche Unruhe in die Körperbewegung hineinbringt. Man kann somit die Visierlinie schneller und ruhiger ins Ziel bringen. Die Waffe an der linken Seite zu tragen und mit der rechten Hand zu ziehen, ist nicht abwegig. Der Halfter muß dann allerdings entsprechend konstruiert sein.

Das lose Tragen einer Kurzwaffe in der Tasche eines Bekleidungsstückes halte ich nur dann für zweckmäßig, wenn die vorher aufgezeigten Trageweisen aus irgendeinem Grund nicht möglich sind. Abgesehen davon führt solch ein Tragen schnell zu einer Verschmutzung der Waffe durch Fussel und Krümel, die sich in fast jeder Tasche befinden, und man kann die Waffe, wenn es schnell gehen muß, nicht immer sicher fassen.

Wenn Sie die Waffe in der Tasche tragen müssen, überzeugen Sie sich von der ausreichenden Tiefe der Tasche und bedenken Sie dabei die Größe der Waffe. Sonst klemmt im Ernstfall das Futter der Tasche am Lauf oder Griff und wird mit herausgezogen. Dann macht man sich nicht nur lächerlich, sondern es kann sogar brenzlig werden.

Wer die Kurzwaffe in der Tasche trägt und sie außerdem noch in einem Beutel oder in einer Hülle aufbewahrt, gibt eine schnelle Einsatzbereitschaft auf. Findige Köpfe haben empfohlen, die Kurzwaffe in einem steifem Lederetui in der Brusttasche zu tragen. Im Etui sitzt die Waffe besser, ist schneller griffbereit und verrät nach außen hin auch nicht so leicht, was sich in der Tasche befindet.

So wie für den Nicker eine besondere Tasche in der Hose vorhanden ist, so kann man sich auch in jedem beliebigen Kleidungsstück, das sich für das Tragen der Kurzwaffe eignet, eine Maßtasche anbringen lassen. Das kann u. U. eine gute Lösung sein.

Eine Kurzwaffe erfüllt ihren Zweck nicht, wenn sie nicht am Körper getragen wird und wenn nicht jederzeit eine schnelle Feuerbereitschaft garantiert ist. Alles, was abgelegt werden kann, ob Rucksack, Tasche, Jagdmuff oder Mantel, sollte keine Waffe enthalten, damit sie nicht unbefugt entwendet werden kann. Als Jäger habe ich meine Waffen, insbesondere die Kurzwaffen, vor jedem unbefugten Zugriff zu schützen; das bezieht sich nicht nur auf das Aufbewahren der Waffen im Hause, sondern auch dort, wo immer ich sie transportiere und führe.

Schießen auf dem Stand

Die ubliche Scheibeneinrichtung eines Kurzwaffenstandes kann bis zu fünf Scheiben aufnehmen. Demzufolge können auch fünf Schützen nebeneinander zur gleichen Zeit schießen. Bei geringer Beteiligung ist es empfehlenswert, statt der fünf nur drei Stände zu besetzen. Dies wären die Stände 1, 3 und 5. Die Stände 2 und 4 bleiben dann leer. Das ist besonders während der Ausbildung und bei Anfängern vorteilhaft, weil die Aufsicht besser drei Schützen als fünf übersehen kann und weil sich Ungeübte bei größeren Abständen gegenseitig weniger behindern und belästigen. Wie auf allen anderen Ständen, so ist auch auf dem Kurzwaffenstand eine sinnvolle Ordnung die Grundvoraussetzung für einen harmonischen, zügigen und vor allem sicheren Ablauf des Schießens. Von Beginn bis Ende des Schießens müs-

Die Waffen dürfen auf dem Schützenstand nur entladen abgelegt werden. Zum Beweis dessen ist bei Pistolen der Schlitten zurückgezogen und das Magazin herausgenommen, bei Revolvern die leere Trommel ausgeschwenkt. Die Laufmündungen zeigen aus dem Stand hinaus. Es ist zweckmäßig, daß die Munition übersichtlich und leicht greifbar liegt. – Die rechte Pistole ist unsachgemäß gehandhabt.

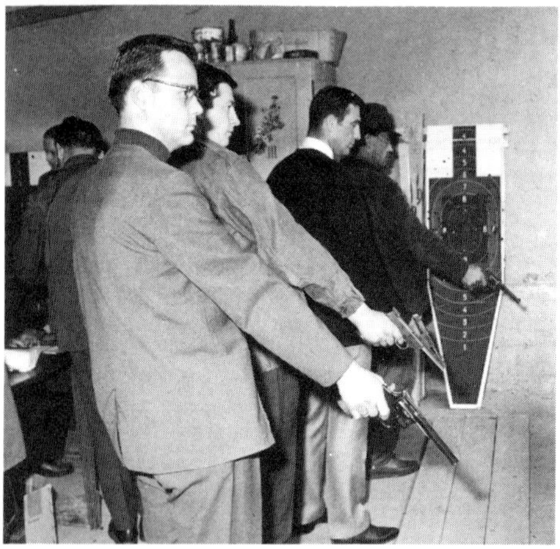

Beim Zeitschießen nach Vorschrift erwartet der Schütze die Scheibe mit schußfertiger Waffe, deren Mündung auf den Boden gerichtet ist. Die Visierlinie zeigt dabei etwa einen Meter vor den Schützen.

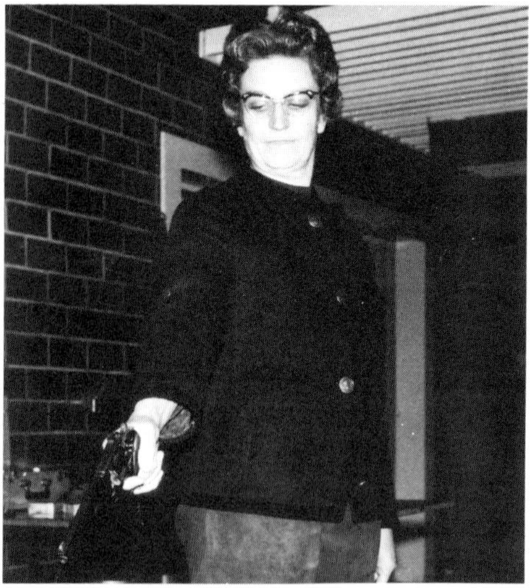

Vor jedem Erscheinen der Scheibe fragt der Schießleiter: „Sind die Schützen fertig?“ Erfolgt kein Einspruch, gibt er die Scheibe durch Querstellung zum Schuß frei. Vorher überprüft der Schütze seine korrekte Waffenhaltung mit einem letzten Blick über die Visierlinie. Dann erst gilt sein ganzes Augenmerk dem Erscheinen der Scheibe. Während des Hochnehmens der Waffe darf die Scheibe nicht aus dem Auge gelassen werden.

Ziehen der verdeckt getragenen Waffe. Der Schütze rechts im Bild trägt seine Waffe auf der linken Seite, die beiden anderen Schützen rechts. Zum besseren Greifen der Waffe wird mit der linken Hand die Jacke hochgehoben bzw. beiseite geschoben.

Der Schütze steht schräg zur Scheibe, und sein Arm ist gestreckt; zur besseren Stabilisierung des Körpers lehnt er den Oberkörper leicht zurück.

Nachdem die linke Hand vor dem Ziehen der Waffe die Jacke beiseite geschoben hat, verharrt sie während des Zielens und des Schusses bewegungslos, damit keine störende Unruhe in den Körper hineingebracht wird.

Wenn die Scheiben nicht zu den Schützen herangefahren werden können, muß die gesamte Rotte nach jeder Serie 25 m hinauslaufen, die Ergebnisse festhalten und die Schußlöcher zukleben.

Der Schütze selbst darf die Scheibe erst dann berühren, wenn das Ergebnis ermittelt und festgehalten wurde und kein Zweifel mehr besteht.

sen alle Sicherheitsbestimmungen genau eingehalten werden, zumal die Kurzwaffe wegen ihrer geringen Lauflänge leicht gedreht, geschwenkt und gewendet werden kann.

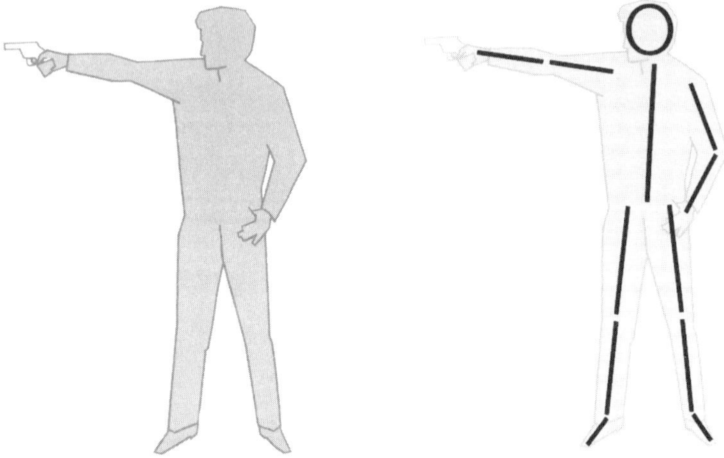

Kurzwaffenschütze beim Zielen in korrekter Stellung und Haltung.

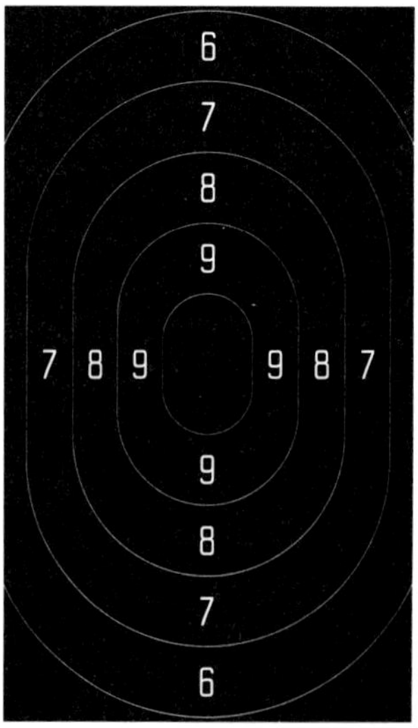

Diese DJV-Kurzwaffenscheibe entstand aus der Silhouetten-Scheibe durch Weglassen des oberen und des unteren Teils.

Grundsätzlich bleiben Kurzwaffen entweder im Halfter oder im Transportkoffer, oder sie werden auf Tischen vorn am Stand von den zum Schießen angetretenen Schützen vorschriftsmäßig abgelegt. Das heißt: Die Mündung des Laufes zeigt in Richtung Scheibe, bei Revolvern ist die Trommel ausgeschwenkt, bei Pistolen das Magazin entfernt und der Schlitten zurückgezogen. Fordert die Aufsicht den oder die Schützen zum Fertigmachen auf, wird die Waffe in die Hand genommen und geladen. Beim Revolver heißt das, die Trommel mit maximal fünf Patronen zu füllen und die Trommel einzuschwenken, bei der Pistole, das Magazin mit maximal fünf Patronen in das Griffstück einzuführen. Ab Erreichen dieses Zustandes darf keine Waffe mehr fortgelegt werden, sondern sie muß von dem zum Schießen angetretenen Schützen zum Stand hinausgehalten werden. Je nach angesagter Übung gibt dann die Aufsicht den Stand mit entsprechenden Kommandos frei. Erst wenn der letzte Schütze der Rotte zu Ende geschossen hat, wird mit dem Ausschwenken der Trommel, dem Ausstoßen der Patronenhülsen bzw. dem Herausnehmen des Magazins begonnen. Der Vorgang endet mit dem Sichüberzeugen, daß keine Patrone mehr in der Waffe ist.

Handelt es sich um einen Stand für Kurzwaffen, dessen Scheiben nicht einfahrbar sind, sondern sich lediglich in ihrer Längsachse bewegen, kommen die Schützen nicht umhin, hinauszulaufen, um sich von den Treffern zu überzeugen und die Schußlöcher abzukleben. Praktischer sind die einfahrbaren Scheiben, die auf einem Schlitten aus 25 m Entfernung zum Schützen hinbewegt werden.

Schüsse, die danebengehen

Fehlschüsse

Aus Fehlern lernt man am besten. Ich glaube aber nicht, daß es der richtige Weg ist, ausschließlich oder vorwiegend durch eigene Fehler Erfahrungen zu sammeln, seine Kenntnisse zu bereichern und sein Wissen zu vergrößern, um dadurch ein besserer Jäger zu werden. Es gibt im täglichen jägerischen Leben so viele Beispiele, an denen man sich orientieren kann, und es ist sicherlich angenehmer und schmerzloser, aus den Fehlern anderer zu lernen.

Nun kann man meinen, Fehlschüsse seien nicht tragisch zu nehmen, denn sie gingen einfach in den Sand, gegen den blauen Himmel oder ins Gebüsch und täten niemandem weh. Das ist aber eine irrige, oft sogar eine gefährliche Auffassung. Ein schlechter Schütze ist regelmäßig ein gefährlicher Schütze. Er gefährdet die Umgebung seines Ziels nicht minder als das Ziel selbst. Da er sich aber beim Schießen auf das Ziel konzentriert, wird er kaum in der Lage sein, den vollen Gefährdungsbereich richtig einzuschätzen. Das Risiko für Mensch, Tier und Gut muß so niedrig wie

Wenn der Hund dem Wild dichtauf folgt, darf dieses nicht beschossen werden. Auch dann nicht, wenn es vorher bereits krankgeschossen wurde. Selbst der sicherste Schütze handelt hier verantwortungslos und gefährdend.

möglich gehalten werden. Dazu gehört neben dem sicheren Schießen und Treffen ein gewissenhaftes Betrachten der Umgebung des Zieles, des gesamten Vordergrundes und das Einbeziehen des Hintergrundes in die gesamte Reichweite des Geschosses.

Auf dem Schießstand habe ich es vergleichsweise leicht. Dort gibt es eine strenge Standordnung. Sie sorgt dafür, daß sich zwischen mir und der Scheibe weder

Mensch noch Tier aufhalten. Die Bauvorschriften garantieren einen sicheren Kugelfang, auch bei Fehlschüssen. Im Revier gibt es aber keine Blenden und keine Sicherheitsvorkehrungen, auf die ich mich unbesorgt verlassen kann. Jeden einzelnen meiner Schüsse muß ich daher oft in Blitzeschnelle abwägen und dabei auch Fehlschüsse einkalkulieren. Zur Beherrschung der Waffe gehört das weitgehende Ausschalten möglicher Fehlerquellen. Deshalb ist es erforderlich zu wissen, durch welche Umstände die meisten Fehlschüsse entstehen und wie man sie gegebenenfalls vermeiden kann.

Fehlschüsse werden immer vorkommen, auch bei guten Schützen. Wir wollen uns aber bemühen, sie auf ein Minimum zu reduzieren. Fehlschüsse können auf technische Mängel der Waffe bzw. des Zielfernrohrs, die plötzlich oder unbemerkt aufgetreten sind, zurückzuführen sein. Sie können sogar erst nach einer gründlichen Überprüfung der Waffe und einem damit verbundenen Kontrollschießen auftreten; auch an der Munition kann es dann und wann liegen. Aber die Fehler, die sich aufgrund der Unzulänglichkeit des Schützen ergeben, sind ganz bestimmt die weitaus häufigsten. Nicht jeder auf der Jagd am Ziel vorbeigegangene Schuß ist wirklich ein Fehlschuß, und es ist eine billige Entlastung des Gewissens, einfach zu sagen: „Ich habe vorbeigeschossen." Es soll sogar Leute geben, die sich den Fehlschuß selbst einreden, obwohl vieles dafür spricht, daß das Wild doch krankgeschossen wurde.

Jeder Jäger ist daher verpflichtet, sich absolute Gewißheit über den Verbleib des Geschosses zu verschaffen, indem er den Anschuß gründlich untersucht, dort wo es möglich ist, auch den Einschlag des Projektils feststellt und schließlich letzte Zweifel mit Hilfe einer guten Hundenase ausräumt.

Ein Fehlschuß ist nicht immer eine Schande und kein unbedingter Wertmesser für die Qualität eines Jägers, es sei denn, daß ihm Fehlschüsse ständig unterlaufen. Ich betrachte es auch als selbstverständliches, waidmännisches Verhalten, im gegebenen Fall dem Revierinhaber bzw. seinem Jagdpersonal von meinem Fehlschuß Mitteilung zu machen oder, falls ich selbst Mitpächter bin, meinem Partner Bescheid zu geben, genauso wie der Jagdaufseher oder Berufsjäger davon Kenntnis bekommen muß. Man vergibt sich auch nichts, wenn man in begründeten Fällen seinen Reviernachbarn informiert.

Vorzeitige Geschoßzerlegung

Theoretisch läßt sich die Flugbahn eines Geschosses fehlerfrei berechnen, sie läßt sich auch sehr schön graphisch darstellen. Dabei gehen wir immer von der Voraussetzung aus, daß der Flug des Geschosses unbeeinträchtigt bleibt. Die Kräfte, die die Geschoßbahn beeinflussen, sind die Luft im atmosphärischen Raum und die Erdanziehung. Wir wollen uns aber nicht in die Theorie vertiefen, sondern mit der Praxis befassen. Sie verlangt, daß der Jäger eine Vorstellung von der Flugweite seines Geschosses hat. Er soll auch wissen, um welchen Abstand die Treffpunktlage des Geschosses bei einer Anwendung der Fleckschußentfernung von z. B. 150 m auf

50 m, von z. B. 150 m auf 200 m oder gegebenenfalls 250 m vom Haltepunkt abweicht. Der Jäger muß sich auch über den Hochschuß bei extremen Steilschüssen nach oben und unten klar sein, um ihn unter Umständen berücksichtigen zu können. Bei den meisten im Revier abgegebenen Schüssen werden große Überlegungen über die normale Abweichung der Flugbahn von der Visierlinie nicht notwendig sein, weil sie bei den modernen Kalibern innerhalb des 200-m-Bereiches nur gering ist (GEE).

Was der Jäger aber nicht einkalkulieren kann, sind die sogenannten Abpraller, Querschläger und vorzeitigen Geschoßzerlegungen. Man spricht von Abprallern immer dann, wenn das Geschoß infolge Berührung mit fremden Gegenständen von der vorgesehenen Flugbahn abweicht. Oft wird dann unfachlich von Querschlägern gesprochen, und der wenig erfahrene Jäger erhält leicht den Eindruck, als ob Querschläger nur nach einer Ablenkung von der Flugbahn entstehen. Querschläger sind jedoch in der Regel Geschosse, die infolge eines nichtstabilen Fluges quer oder schräg auf ihr Ziel treffen. Der unstabile Flug kann verschiedene Ursachen haben: Geschoß zu kurz, Umdrehungsgeschwindigkeit zu gering, Verbleiung des Laufs.

Abpraller werden häufig für kaum möglich gehalten in der Meinung, daß sich das Geschoß bei der geringsten Berührung mit einem Gegenstand zerlegt und dadurch ungefährlich wird. Das mag vielleicht zutreffen bei Geschossen mit sehr hohen Geschwindigkeiten und entsprechenden Geschoßkonstruktionen. Darauf wird sich der im Schießen erfahrene Jäger niemals verlassen, sondern wird stets die Möglichkeit von Abprallern einkalkulieren.

Beim Blick durch das Zielfernrohr sieht man gewöhnlich nur das Ziel scharf, aber das, was näher zur Waffe als zum Ziel liegt, vor allem das, was sich unmittelbar vor der Laufmündung befindet, wird höchstens als Schleier oder als leichte Unschärfe im Glas bemerkt. Sollte sich aber das Geschoß tatsächlich irgendwo anders als im Ziel zerlegen, so können sich Teile des Geschosses, wie z. B. Stücke vom Mantel oder Stücke vom Kern, ähnlich wie nichtzerlegte Geschoßabpraller verhalten.

Die wohl häufigsten Ablenkungen von Geschossen im Revier beruhen darauf, daß die Geschosse mit Ästen, Gras, Laub, Wasserflächen oder Steinen in Berührung kommen. Es gibt beinahe nichts, was ein Geschoß nicht ablenken könnte. Aus meinem Wirkungskreis könnte ich viele Fälle anführen, die zwar bisher gut ausgegangen sind, aber immerhin gefährlich waren. Zwei Fälle will ich kurz schildern. Der eine Fall ereignete sich, als das Autodach als Auflage für das Gewehr benutzt wurde. Der Jäger sah irgendwo im Revier eine streunende Katze, blieb mit dem Wagen stehen, griff sich das Gewehr, lud schnell und legte auf dem Autodach auf. Das Autodach ist in der Regel gewölbt, und so passiert es leicht, daß das Geschoß nach Verlassen des Laufes noch auf dem Dach aufsetzt oder an ihm entlangstreift. In jedem Fall wird das Geschoß, wenn es sich nicht unmittelbar zerlegt, beachtlich abgelenkt, und niemand weiß wohin. Abgesehen davon, daß ein Auflegen auf dem Autodach schon an sich gefährlich ist, ist es ebenfalls vom waidmännischen Standpunkt abzulehnen, das Auto als direktes Hilfsmittel zur Jagd zu benutzen. Ausnahmen bestätigen auch hier die Regel, denn es mag extrem gelagerte Fälle geben, die man nicht in Bausch und Bogen verurteilen soll.

Im anderen Fall wurde eine der unteren Verstrebungen eines vierbeinigen Hochspannungsmastes als Auflage benutzt. Bei der gebotenen Eile wurde übersehen, daß das Zielfernrohr zwar einen freien Blick erlaubte, daß aber die Laufmündung unmittelbar auf eine Querverstrebung der gegenüberliegenden Mastseite zeigte. Das Geschoß durchschlug diese Eisenverstrebung und zerlegte sich dabei vollständig.

Steine, Eis und Wasser, aber auch ein gefrorener Boden sind sehr häufig die Ursachen von Abprallern. Beim Büchsenschuß meist dann, wenn das Geschoß das Ziel verfehlt oder, ohne sich zu zerlegen, den Wildkörper durchschlagen hatte. Deshalb wird in diesem Zusammenhang stets das beinahe klassische Beispiel vom Abprallen der Geschosse von Stein, Eis oder Wasseroberfläche gepredigt und zur äußersten Vorsicht gemahnt. Beim Büchsenschuß ist es wohl so, daß für die Umgebung diejenigen Schüsse am ungefährlichsten sind, die mit einem geeigneten Geschoß das Ziel treffen. Daraus ergibt sich die Schlußfolgerung, daß ein schlecht ausgebildeter Schütze die Waffe weitaus gefährlicher handhabt als allgemein angenommen wird. Aber auch guten Schützen können gefährliche Schüsse unterlaufen.

Einmal pürschte ich zwei Kaninchen an, die breit saßen. Das eine äste nach links, das andere nach rechts. Zwischen den beiden Kaninchen war nur eine kleine Lücke. Ich entschied mich für das linke, das dem Knick näher saß. Das beschossene Kaninchen zeichnete gut, flüchtete vielleicht noch einen Meter vom Knick weg und blieb verendet liegen. Das andere flüchtete in den Knick, was mir ganz normal erschien. Der Hund brachte das erlegte Kaninchen. Aber noch während er es mir brachte, vernahm ich den Klagelaut eines Kaninchens aus dem Knick heraus. Der Hund wurde hineingeschickt, und kurz darauf brachte er aus einem dichten Brombeergestrüpp ein weiteres Kaninchen. Zuerst konnte ich mir das nicht erklären, dann aber rekonstruierte ich den Fall und untersuchte die Kaninchen. Dabei stellte ich fest, daß das Kleinkalibergeschoß das bezielte Kaninchen glatt durchschlagen und dann das andere, etwa einen halben Meter seitlich dahinter sitzende ebenfalls getroffen hatte.

All denen, die häufig die KK-Büchse im Revier führen, kann ich nur raten, äußerste Sorgfalt beim Schießen walten zu lassen. Gerade Bleigeschosse, die keine so hohe Geschwindigkeit aufweisen wie Teilmantelgeschosse, sind elastisch und ablenkungsfreudig.

Für ganz gefährlich halte ich auch Flintenlaufgeschosse. Sie können in ganz extremen Winkeln abgelenkt werden, wenn sie z. B. auf Baumstämme oder Steine treffen. Dort, wo auf der Jagd Flintenlaufgeschosse verwendet werden, sollte es nicht versäumt werden, immer wieder auf die Gefahren beim Verschießen dieser Projektile hinzuweisen, die Schützenstände sorgfältig auszuwählen und die erlaubte Schußrichtung genau festzulegen, um möglichen Gefahren durch abirrende Flintenlaufgeschosse vorzubeugen.

Die Garbe eines Schrotschusses hat zwar im Vergleich zur Flugweite des Büchsengeschosses – und sei es auch nur ein KK-Geschoß – eine sehr geringe Reichweite. Für 2½-mm-Schrote rechnet man 250 m, für 3-mm-Schrote 300 m, für 3½-mm-Schrote 350 m usw. Das sind nur grobe Richtwerte. Nicht berücksichtigt ist dabei, daß Schrote auch klumpen können und infolge ihrer gesteigerten Masse eine längere Reichweite haben. Was aber den Schrotschuß gefährlich macht, ist die große Zahl von Schrotkörnern in einer Patrone, die nicht unter Kontrolle gehalten werden können. Es ist von vornherein bekannt, daß das Ziel nur von einem geringen Teil der Gesamtladung getroffen wird und der weit überwiegende Teil außerhalb des Zieles weiterfliegt. Z. B. bei der Schußabgabe auf einen niedrig streichenden Fasan

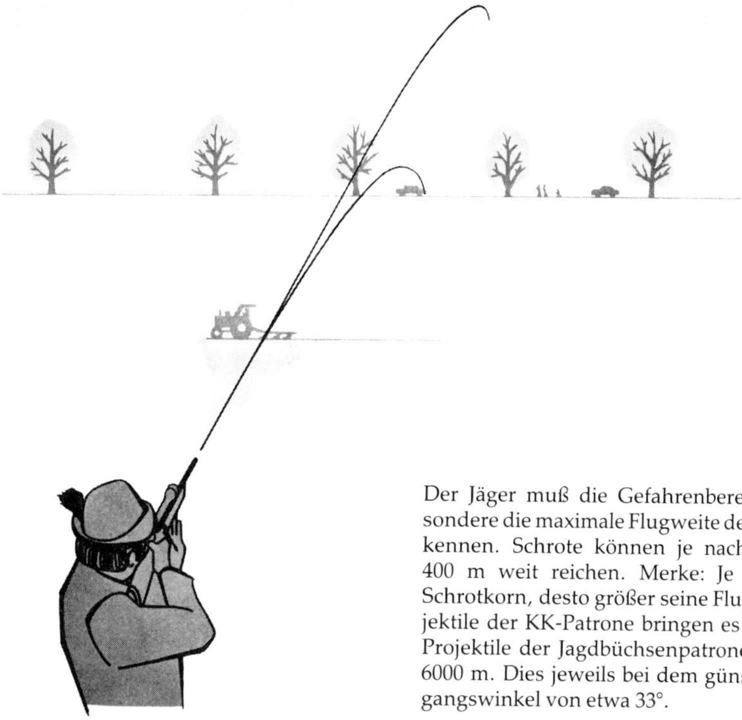

Der Jäger muß die Gefahrenbereiche, insbesondere die maximale Flugweite der Geschosse kennen. Schrote können je nach Stärke bis 400 m weit reichen. Merke: Je stärker das Schrotkorn, desto größer seine Flugweite. Projektile der KK-Patrone bringen es bis 1600 m, Projektile der Jagdbüchsenpatronen sogar bis 6000 m. Dies jeweils bei dem günstigsten Abgangswinkel von etwa 33°.

war sich der Schütze sicher, daß das Gelände in der Verlängerung der Visierlinie auf mehr als 300 m menschenleer war und somit niemand gefährdet werden konnte. Hat aber der Schütze berücksichtigt, daß auf eine Entfernung von 200 m die Schrotgarbe bereits eine Streubreite von über 80 m hat? Wurde auch berücksichtigt, daß von den Randschroten Abpraller, die nach dem Prinzip aneinanderstoßender Billardkugeln entstehen, oder Schrote, die Äste oder Bäume berühren, weit seitlich fliegen können? Ein anderer Fall: Es wird z. B. ein Hase auf 25 m beschossen. Auch hier ist wieder in der verlängerten Visierlinie nicht zu erkennen, was gefährdet werden könnte. Hat der Schütze aber daran gedacht, daß die vielen Schrote, die den Hasen nicht getroffen haben, auch wenn der Hase im Schuß rollierte, nicht gradlinig weitergeflogen sind, sondern infolge des Auftreffens auf dem Boden in jede mögliche Richtung bis zu 90° von der eigentlichen Schußlinie abprallen können?

Es wäre großes Anfänger-ABC, müßte ich nochmals klarmachen, daß Schrote von jeder harten Oberfläche und in einem spitzen Auftreffwinkel auch von weichen und elastischen Oberflächen oder Wasser abprallen. Würden sie nach dem Abprallen in der ursprünglichen Richtung weiterfliegen, so wäre die Flugbahn noch einigermaßen übersehbar. Da aber Abpraller unberechenbar sind, erhöht sich die Gefahrenzone auch weit in die Breite.

Beim häufigen Hinweis auf die Gefahren im Umgang mit Waffen und bei der vielfältigen Abgabe von Schüssen habe ich manchmal ein sehr eigenartiges Gefühl. Mag das Mahnen zur Vorsicht und der Hinweis auf die Gefahren manchem Schützen übertrieben erscheinen, ich kann dazu nur sagen, daß es berechtigte Gründe für diese Warnungen gibt. Wer Jahr für Jahr in Ausübung seines Amtes gezwungenermaßen mit Jagdunfällen und ihren Auswirkungen zu tun hat, von beinahe unglaubwürdig klingenden Unfällen erfährt oder selbst die Auswirkungen von Unfällen miterlebt, reagiert da sehr empfindlich. Man denke immer daran, daß schon ein einziges Schrotkorn imstande ist, die Sehfähigkeit eines Auges zu vernichten und dadurch nicht nur einen Menschen, sondern eine ganze Familie unglücklich machen kann. Ein einziges Schrotkorn kann die Fortführung eines Berufes unmöglich machen, und neben dem körperlichen Schaden sind seelische Depressionen bei dem Geschädigten wie auch bei dem Schädiger nicht auszuschließen.

Abgelenkte Projektile bringen aber nicht nur eine ernstzunehmende Gefahr für den Menschen, sondern auch für Tiere. Ich denke dabei an Weidevieh, aber vor allem auch an unsere Jagdgefährten, die Jagdhunde. Kritisch wird die Situation

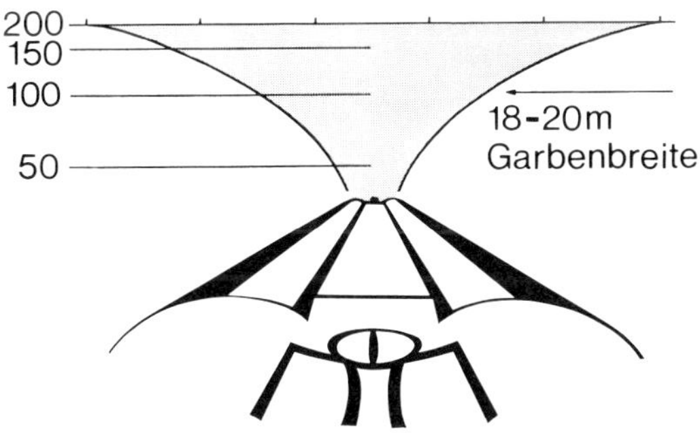

Beim Schrotschuß muß nicht nur die Flugweite der Schrote, sondern auch die Breitenstreuung der Garbe berücksichtigt werden. Randschrote sind genauso gefährlich wie die Schrote in der Mitte der Garbe. Auf 100 m hat die Garbe eine Breitenstreuung von etwa 18 m, auf 200 m kann sie gut 80 m breit streuen.

besonders dann, wenn der Hund dem flüchtenden Wild dicht auffolgt oder wenn in einem unübersichtlichen Gelände geschossen wird. Berücksichtigen Sie stets die Breitenstreuung der Schrotgarbe und die Abprallschrote, wenn Sie auf Wild schießen, das vom Hund gehetzt wird. Ein einziges Schrotkorn in der Lunge, dem Herzen oder der Leber des Hundes kann den sofortigen Tod bedeuten, und eine Schrotgarbe, bei der die Schrote nur knapp unter die Decke des Hundes gegangen sind, die den Hund zunächst nur geschockt hat, kann nach Jahren zur tödlichen Bleivergiftung führen.

Der sichere Umgang mit der Waffe und das Aufzeigen von Gefahren zieht sich wie ein roter Faden durch alle Kapitel dieses Buches. Ich will nicht schulmeistern, doch muß wegen der Wichtigkeit und weittragenden Bedeutung, den der sichere Schuß sowohl für jeden einzelnen Schützen als auch für die gesamte Jägerschaft schlechthin hat, dieser Akzent gesetzt werden.

Die Grundausbildung

Die allerersten Schießversuche mit Büchse, Flinte und Kurzwaffe sind entscheidend für einen raschen Fortschritt und die gesamte spätere Weiterbildung. Wesentlich ist, daß, wie bei jeder Grundausbildung, bei Null angefangen und langsam und systematisch in der richtigen Reihenfolge der Schwierigkeiten weitergegangen und individuelle Ausbildung betrieben wird. Sich des Auszubildenden einzeln anzunehmen heißt, ihn zu beurteilen, sich auf ihn einzustellen, ihn bei jedem Anschlag, bei jedem Schuß auf die Fehler aufmerksam zu machen. In der ersten Phase der Grundausbildung ist es notwendig, langsam vorzugehen, gewissenhaft jede Anleitung unter Berücksichtigung der Individualität des Auszubildenden zu geben und darüber zu wachen, daß sich vor allem keine grundlegenden und schwerwiegenden Fehler einschleichen. Erfahrene Ausbilder wissen, wie schwer es ist, einmal festsitzende Fehler wieder auszumerzen.

Bei der Ausbildung muß man im wesentlichen auf die einwandfreie Beherrschung der grundlegenden Technik des Schießens Wert legen. Selbstverständlich wird die Leistung nicht ganz aus dem Auge gelassen werden können. Bei einem Anfänger dürfen aber gute Schießergebnisse niemals so überbewertet werden, daß Fehler dabei in Kauf genommen werden, auch wenn die Leistung des Anfängers überdurchschnittlich ist. Die Erfahrung hat zwar gezeigt, daß auch mit fehlerhaften Schießtechniken in jeder Ausbildungsstufe annehmbare Resultate erzielt werden können, daß der Schütze aber dann später in ein Stadium des Stagnierens hineinkommt und seine Leistung nur noch unter großen Schwierigkeiten geringfügig verbessern kann. Deshalb ist ein langsames Vorgehen mit dem Ziel der Ausschaltung aller möglichen Fehler anfangs wichtiger als das schnelle Streben nach bestimmten Ring- oder Trefferzahlen.

Bevor mit dem eigentlichen Schießen begonnen wird, müssen dem Schießanfänger die notwendigen Kenntnisse über Waffen, Munition und den Schuß – wozu einige ballistische Daten gehören – vermittelt werden. Selbstverständlich zähle ich auch die Kenntnisse der richtigen Handhabung der Waffe, die Sicherheitsvorschriften, die gesetzlichen Bestimmungen, das Aufzeigen der großen Gefahren und das Vertrautmachen mit den Schießstand- und den Schießbetriebgegebenheiten dazu. Meine Erfahrung hat gezeigt, daß vier Doppelstunden für die Waffen- und Munitionsausbildung einschließlich der Vermittlung ballistischer Grundkenntnisse zuzüglich einer Doppelstunde Einführung in das jagdliche Schießen als Minimum unbedingt erforderlich sind, wobei bereits die richtige Handhabung der Waffe demonstriert, die Technik erläutert und all das erklärt wird, was aus zeitlichen Gründen auf dem Schießstand nicht möglich ist. Erst nach diesen fünf Doppel- bzw. zehn Einzelstunden kann ich mich auf den Schießstand begeben. Es ist falsch, ja sogar grob fahrlässig, einem Neuling das Schießen beibringen zu wollen, ohne daß er irgendwelche Kenntnisse von Waffe, Munition und von den technischen Zusammenhängen bei der Abgabe des Schusses hat und über die Gefahren, die beim Umgang mit Schußwaffen immer bedacht werden müssen, nur ungenügend oder überhaupt nicht aufgeklärt wurde. Bei der Vorbereitung auf die Praxis muß selbstverständlich auch das Scheibenmaterial besprochen und die Zweckmäßigkeit der Kleidung erklärt werden.

Dem Schießen auf dem Stand hat eine gründliche Waffen- und Munitionsausbildung voranzugehen. Der Unterricht muß auch das sichere Handhaben der Waffen und das korrekte Verhalten auf dem Stand beinhalten.

Damit Worte nicht ihre Bedeutung verlieren und nicht falsch verstanden werden, muß mit ausreichendem und gutem Lehrmaterial gearbeitet werden. Am Objekt läßt es sich immer am besten erklären und demonstrieren, und an der Lehrtafel ist es leichter, etwas verständlich zu machen als mit Worten und Handbewegungen. Über theoretische Grundbegriffe läßt sich eine größere Anzahl Schüler gleichzeitig unterrichten, beim Schießen auf den Ständen dagegen muß die Zahl der jeweils Anzuleitenden klein sein, damit Sicherheit und Übersicht gewährleistet sind und jeder einzelne hinreichend betreut werden kann. Große Gruppen bedingen lange Wartezeiten und fördern die Ungeduld. Länger als zwei Stunden sollte auf dem Stand kein Anfänger unterrichtet werden, denn die Konzentration läßt nach, und das Herumstehen bringt allgemeine Ermüdungserscheinungen.

Während in den vorhergegangenen fünf Doppelstunden auf das Büchsen-, Flinten- und Kurzwaffenschießen eingegangen wurde, muß man sich in der praktischen Ausbildung auf jeweils eine Schießart beschränken. Ob man nun mit dem Büchsenschießen oder dem Flintenschießen beginnt, ist nicht ausschlaggebend, aber auf keinen Fall sollte mit dem Kurzwaffenschießen angefangen werden.

Das Büchsenschießen

Die erste Doppelstunde auf dem Büchsenstand darf nur mit einer einfachen Anschlagart, am besten auf 100-m-Ständen, ausgefüllt sein. Dazu zähle ich „sitzend aufgelegt" und „liegend aufgelegt". Der Ausbilder wird jede Stellung erklären, jeden Anschlag vormachen und dann der Reihenfolge nach jeden einzelnen beim Nachvollziehen anleiten. Jeder Handgriff wird besprochen und überwacht, damit Sicherheit peinlich genau gewährleistet ist. Dazu gehört das Entnehmen der Waffe aus dem Gewehrständer, das ständige Beachten der Laufmündung, natürlich das Anschlagen und das Schießen selbst, dann aber auch wieder das Zurückbringen der Waffe zum Gewehrständer und dort das sichere Abstellen. Es schadet nicht, wenn Handgriffe exerziermäßig erlernt werden.

Schon beim Betreten des Standes wird der Ausbilder zu den ersten Übungen Erklärungen geben. Kurze, präzise Erklärungen sind besser als ein Wortschwall, und die Lautstärke sollte eher gedämpft sein. Zu bedenken ist, daß Anfänger leicht nervös werden und dann links mit rechts, oben mit unten und alles mögliche verwechseln. Das Anfassen und Zurechtrücken des Schützen darf nur mit seinem Einverständnis geschehen und soll in angemessener, ruhiger und sanfter Weise vor sich gehen. Gerade beim Büchsenschießen ist darauf zu achten, daß das Nervenkostüm des Schützen nicht überbeansprucht wird; denn schon eine geringe Erregung – mag es Verärgerung sein – kann sich auf das Verhalten des Schützen und damit auf den Schuß nachteilig auswirken.

Links: Der Ausbilder ist gut beraten, wenn er die Grundausbildung mit ganz normalen Jagdwaffen (Vordergrund: Büchse mit Stecher, Hintergrund: Büchse mit Flintenabzug) durchführt. Die Erklärungen sind ruhig, kurz und treffend zu geben. Der Nachbarschütze darf nicht gestört werden.

Stände mit optischer Trefferanzeige, Ring- und Sitzangabe des Schusses sind immer dann vorteilhaft, wenn es nicht möglich ist, die Scheibe heranzuholen. Hier 10 tief links. Gleichzeitig sollte auf dem Stand neben dem Schützen das Scheibenbild angebracht sein, damit er den Sitz der Kugel besser nachvollziehen kann.

Jeder Ausbilder muß sich, genauso wie jeder Auszubildende, die wesentlichen Punkte merken, auf die es bei den Anschlagarten ankommt. Solange die Übung nicht einwandfrei sitzt, kommt man eben nicht umhin, Punkt für Punkt zu kontrollieren, um gegebenenfalls auch gleich korrigieren zu können. Beim Erlernen des Büchsenschießens kommen Atem- und Abzugtechnik bei jedem einzelnen Anschlag und jeder Anschlagart große Bedeutung zu. Außerdem muß der Ausbilder die Fähigkeit besitzen, Verkrampfungen bestimmter Körperpartien zu erkennen, und er muß wissen, wie sie vermieden werden können. Es genügt nicht, daß der Ausbilder ein hervorragender Schütze ist und dem Anfänger etwas vormachen kann, sondern er muß in erster Linie in der Lage sein, Wissen und Können zu vermitteln, Fehlerquellen zu erkennen, Fehlverhalten zu korrigieren und die richtige Methode zu finden, die den einzelnen zum Erfolg führt.

Bei der Ausbildung taucht häufig die Frage auf, ob auch über Kimme und Korn oder ausschließlich mit Zielfernrohr geschossen werden soll oder ob der junge Jäger mit beiden Visiereinrichtungen gleichermaßen vertraut zu machen ist. Wir wissen, daß das Zielfernrohr weitestgehend Visier und Korn ersetzt, zum Teil sogar schon verdrängt hat. Es gibt sogar Büchsen, die unter Verzicht auf die Kimme-Korn-Visierung das Zielfernrohr tief montiert haben. Ich bin der Auffassung, daß das Schießen über Visier und Korn, wenn auch nur noch in seltenen Fällen, doch noch seine Daseinsberechtigung hat. Machen wir also den jungen Schützen mit dem Schuß über Visier und Korn vertraut, legen aber das Schwergewicht auf das Zielen durch das Fernrohr.

Die Frage nach zweckmäßigen Ausbildungswaffen ist naheliegend. Es ist wichtig, für die Grundausbildung geeignete Waffen zur Verfügung zu haben. Sie müssen einwandfrei funktionieren und normale, robust gebaute Jagdwaffen sein. Es wäre falsch, wollte man mit den billigsten, einfachsten, mit schlechten Jagdwaffen oder auch mit sportlichen Hochleistungswaffen eine Ausbildung beginnen. Es gehört zur ersten Ausbildung, Verständnis für gute Gebrauchswaffen zu vermitteln. Spezialmodelle haben in den ersten Übungsstunden nichts zu suchen, die goldene Mitte, d. h. der gute Durchschnitt, muß auch in der Optik, der Schäftung und dem Waffengewicht gewahrt werden. Kernsatz: Für die Grundausbildung die Standardwaffe.

Der Ausbilder wird darauf achten müssen, Ausbildungswaffen mit guten Abzugsystemen zur Verfügung zu haben. Dabei wird er sowohl den Stecher als auch den Direktabzug – den feinen Flintenabzug – in den Unterricht einbeziehen. Schließlich wird sich der junge Jäger über kurz oder lang für Stecher oder Direktabzug entscheiden müssen. Wird er während der Ausbildung im Büchsenschießen mit einem hartstehenden Flintenabzug konfrontiert, so wird seine Entscheidung sicherlich zugunsten eines Stechers ausfallen. Wir wissen aber heute, daß der fein regulierbare Flintenabzug für den universellen Jagdgebrauch der zweckmäßigere ist. Bei den kombinierten Waffen muß ich aus technischen Gründen mit dem Stecher Vorlieb nehmen.

Gut ist es, wenn bei der Ausbildung mit der Repetierbüchse begonnen wird und man dann erst die anderen Waffentypen wie Kipplaufbüchse, Bockbüchsflinte und

Drilling heranzieht. Es reicht völlig aus, wenn das Büchsenschießen lediglich mit der Repetierbüchse durchgeführt und die Handhabung mit den anderen Modellen nur demonstriert wird. Bei der Ausbildung werden die Gewehre stark beansprucht, und deshalb ist die Repetierbüchse als robuste Waffe für die Ausbildung zur Zeit am besten geeignet.

Je nach Kopfzahl der auszubildenden Gruppe, die zwischen fünf bis zehn Mann je Schießbahn liegen sollte, werde ich die Dauer des Unterrichts bemessen. Während in der ersten Doppelstunde einfache Übungen und Anschlagarten durchgenommen werden, wird sich in der zweiten Doppelstunde der Schwierigkeitsgrad in einem Maße erhöhen, daß alle Teilnehmer mit ihm fertig werden. Das Naheliegendste ist, nun den Anschlag „liegend frei" und „stehend angestrichen" zu üben. Erst dann, wenn die Anschlagarten „sitzend aufgelegt", „liegend aufgelegt", „liegend frei" und „stehend angestrichen" beherrscht werden, sollte zum „Stehend-frei-Schießen" übergegangen werden. Bei allen unseren Übungen müssen wir im Auge behalten, daß es sich um eine Grundausbildung handelt. Zu große Sprünge würden eher einen Rückschritt als einen Fortschritt bedeuten. Seien Sie nicht enttäuscht, wenn nach den anfänglich recht guten Leistungen beim „Stehend-frei-Schießen" ein Abfall der Leistung deutlich wird. Das ist ganz normal, denn diese Anschlagart erfordert viel Übung und bildet den Übergang in den Bereich des fortgeschrittenen Schützen. Der Jägerprüfungsanwärter wird sich besser nicht damit aufhalten, das „Stehend-frei-Schießen" zu perfektionieren, sondern wird das Schwergewicht auf die vorhin erwähnten Anschlagarten legen.

Zum gegenwärtigen Zeitpunkt halte ich das Schießen mit der Büchse auf flüchtige Ziele nicht für geeignet oder erforderlich. Falls der Stand eine Bahn zum Beschießen des flüchtigen Überläufers aufweist, wird es im Rahmen des Unterrichts zu vertreten sein, nur die Grundbegriffe für diese Übung zu vermitteln, dieses Schießen demonstrieren zu lassen und aufzuzeigen, worauf es ankommt. In Rheinland-Pfalz, wo eine Mindestleistung auch beim Flüchtig-Schießen auf den „Überläufer" verlangt wird, kommt man nicht umhin, auch diese Disziplin eingehender zu üben.

Vor Übertreibungen in Theorie und Praxis bei der Grundausbildung muß ich eindringlich warnen. Es ist besser, weniger Ehrgeiz für ein Programm zu haben, dafür aber alles gründlich durchzunehmen und abzuwickeln.

Wenn am Ende der Grundausbildung im Büchsenschießen einwandfrei die Stellungen, der Anschlag, die Atem- und Abzugtechnik beherrscht werden und die Treffer bei der Fuchs- und Bockscheibe mit der entsprechenden Anschlagart im Bereich der jagdlichen Ringeinteilung liegen, dann ist das „Klassenziel" erreicht. Wer von den Anfängern auf der Scheibe „Stehender Überläufer" mit dem „Stehend-frei-Anschlag" imstande ist, seine Schüsse im Wildkörper – auch außerhalb des Bewertungsraumes – einigermaßen sicher zu halten, hat im Lernen noch mehr erreicht.

Das Flintenschießen

Wir setzten voraus, daß die grundsätzlichen Unterschiede zwischen dem Büchsen- und dem Flintenschießen in der Theorie deutlich genug erklärt worden sind und daß der Flintenschuß nicht als gezielter Schuß, ähnlich dem Büchsenschuß, verstanden wird. Eines aber haben die beiden Schießarten gemeinsam: eine gefestigte Grundstellung. Allerdings ist die Gewichtsverlagerung des Körpers und damit die Verlagerung des Schwerpunkts unterschiedlich.

Zum Anfang versammle ich die Gruppe der Auszubildenden um die Stahlscheibe, um ihr die Streuung der Flinte auf verschiedene Entfernungen zu verdeutlichen. Bei den ersten Schüssen auf die Stahlscheibe werden die Anfänger mit dem Knall und dem Rückstoß bekannt gemacht. Bei jedem einzelnen ist es ratsam, den Anschlag vor der Abgabe des Schusses zu überprüfen. Gleichzeitig besteht die Möglichkeit, auf die Treffpunktlage hinzuweisen und sie vorzuführen. Jeder Anfänger muß zumindest einige Schüsse aus jedem der beiden Läufe auf die Stahlscheibe mit der Flinte abgegeben haben, mit der er weiterhin schießen will. Dies gibt Vertrauen, weil sich dann der Schütze überzeugt hat, daß tatsächlich eine größere Fläche mit Schroten gut gedeckt ist und daß er nicht genau zu zielen hat, um das künftige Ziel – die Wurftaube – zu treffen.

Links: Die Garbe liegt zu weit links, und die hier verwendeten Schrote zeigen kein gleichmäßiges Trefferbild.

Rechts: Die Flinte schießt Fleck. Der Rechtsschuß kam durch einen Zielfehler. Auf einer einfachen, mit Kalkmilch bestrichenen Stahlscheibe kann der Ausbilder die Schrotgarbe, insbesondere ihre Ausdehnung sowie gute und schlechte Deckung, veranschaulichen. Ein paar Pinselstriche – und die Scheibe ist bereit für den nächsten Beschuß.

Es ist angebracht, in der ersten Stunde der Grundausbildung auf die verheerenden Folgen des Schrotnahschusses hinzuweisen und diese auch zu demonstrieren. Dazu eignet sich bestens ein großer Kürbis oder ein wassergefüllter Kunststoffbehälter. Wenn nichts Geeignetes da ist, beschieße man einen Karton, in dem die

Wurftauben verpackt waren. Das ist eindrucksvoll, schreckt ab und veranschaulicht, wie notwendig der sichere Umgang mit der Flinte auf dem Wurftaubenstand und im Revier ist.

Wichtig ist, daß der Ausbilder für eine Munition sorgt, die „weich" schießt. Dies besonders deshalb, weil der Anschlag noch nicht sitzt, die Flinte oft noch zu wenig festgehalten wird und dadurch der Rückstoß stärker zutage tritt. Es hat zu jeder Zeit weich schießende Patronen mit Standardladungen gegeben. Andererseits sollte man aber auch nicht in den Fehler verfallen, irgendeine zweifelhafte Munition zu verfeuern, die weit unter der ballistischen Leistung einer normalen Schrotpatrone liegt.

Die örtliche Gegebenheit bestimmt, ob mit der weiteren Schießausbildung auf dem Trapstand, dem Skeetstand oder dem Roll- oder Kipphasenstand begonnen wird. Stehen alle genannten Stände zur Verfügung, so entscheide ich mich zunächst für den Skeetstand, obgleich auch auf dem Trapstand die Möglichkeit besteht, das leichteste aller Ziele, die abfliegende Taube, zu beschießen. Auf dem Roll- und Kipphasenstand dagegen bewegen sich die Ziele nur quer.

Beginnen wir also auf dem Skeetstand. Für den ersten Schritt bieten sich die Positionen 7 und 1 an. Es handelt sich jeweils um die abfliegenden Tauben aus dem niederen bzw. hohen Wurfhaus. Da sie unmittelbar neben bzw. etwas über mir erscheinen, steht dem Schützen viel Zeit zur Abgabe des Schusses zur Verfügung. Hat der Anfänger begriffen, wie diese einfachen, wegfliegenden und relativ langsamen Tauben zu treffen sind, so kann ich zu den nächstschwierigeren Positonen, den Positionen 6 und 2, übergehen. Ich erwähnte die Position 7 vor der Position 1 und die Position 6 vor der Position 2 deshalb, weil sie etwas leichter sind. Nach der Beherrschung der Technik des Schießens auf leicht schräg wegfliegende Tauben erweitere ich den Winkel zur Taube und wähle die Postionen 5 und 3. Die letzte Position 4 präsentiert einen Querreiter und verlangt schon allerhand Fertigkeit. Um dem Anfänger Sicherheit und Selbstvertrauen zu geben, wird es unerläßlich sein, auch ab und zu zurückzugehen auf die leichteren Positionen. Dubletten werden vorerst nicht geübt (siehe auch Seite 146).

Die Grundausbildung auf dem Trapstand wird in etwas anderer Form ablaufen. Wir beginnen, indem wir uns nur fünf Meter hinter der Wurfmaschine aufstellen. Das hat den Vorteil, daß der Anfänger viel Zeit für alle Handgriffe und Bewegungen vom Anschlag bis zur Schußabgabe auf die zunächst nur geradeaus fliegende Taube hat. Diese soll in mittlerer Geschwindigkeit und mittlerer Höheneinstellung geworfen werden. Ich bin der Verfechter von gemäßigten Schritten, weil sie bei allen durchschnittlich begabten Schützen schnell zum Erfolg führen. Wenn ich sehe, daß jemand mit einem Abstand von 5 m zur Maschine nicht zurechtkommt, so lasse ich ihn unmittelbar am Rande des Wurfgrabens, d. h. über der Maschine, stehen und gebe ihm damit noch mehr Zeit für Anschlag und Schuß. Nach und nach gehen wir dann bis zur 11-m-Markierung zurück und beschießen weiterhin die geradeaus fliegende Taube. Erst wenn diese einigermaßen sicher getroffen wird, wähle ich geringe Abgangswinkel, zuerst nach links, denn das ist für den Rechtshänder leichter, und dann den etwa gleichen Abgangswinkel nach rechts. Mit fortschreitender

Sicherheit im Schießen kann der Abgangswinkel der Taube nach links und nach rechts vergrößert und auch der Höhenwinkel geringfügig variiert werden.

Die Wurfweite der Taube sollte etwa 55–60 m betragen.

Wenn die Geschwindigkeit der geworfenen Taube zu stark reduziert wird, hat sie nur eine recht kurze Flugweite. Dadurch nimmt die Flugparabel der Taube für den Schützen höchst ungünstige Formen an und macht es ihm eher schwerer als leichter, sein Ziel zu treffen. Beim Trapschießen muß sich der Schütze dazu zwingen, den Schuß noch vor der Erreichung des Scheitelpunktes der Flugbahn der Taube loszuwerden. Eine bereits im Fallen begriffene Taube ist nicht nur für den Anfänger, sondern auch für den geübten Schützen schwer zu treffen.

Die dritte Möglichkeit ist die, mit der Grundausbildung auf dem Kipphasenstand zu beginnen. Man sollte das aber nur tun, wenn weder ein Skeet- noch ein Trapstand vorhanden ist. Weshalb? Die Hasenscheibe läßt nicht viele Veränderungen des Schwierigkeitsgrades zu. Der Schütze stellt sich – vielleicht sogar unbewußt – auf eine spezielle Gegebenheit ein, denn der Hase wird auf eine Entfernung von 35 m bei einer gewissen Laufzeit zwischen den Deckungen beschossen. Es wird ein gleichförmiges Schießen, bei dem sich zu leicht Fehler einschleichen, wenn der Ausbilder nicht aufpaßt. Des öfteren konnte ich beobachten, wie ein Anfänger ohne flüssige Flintenbewegung, ohne jegliches Schwingen den Hasen recht gut traf, nur weil er den Trick heraushatte, den Schuß auf eine Stelle hinzuwerfen, an der der „rollende Hase" tatsächlich mit der Schrotgarbe zusammentraf. Der Kipphase verführt auch zu leicht zum Stochern und zum Zielführen. Das ist all das, was man bei einem flüssigen Flintenschuß vermeiden möchte. Ein guter Ausbilder kann aber durchaus das Beste aus der Sache machen und eine Grundausbildung auf der Kipphasenscheibe sinnvoll gestalten, wenn er jeden seiner Schützlinge intensiv beobachtet, ihn richtig unterweist und es dadurch gar nicht erst zu unerwünschten Fehlern kommen läßt.

Während ein Anfänger, der seine Grundausbildung im Taubenschießen abgeschlossen hat, im allgemeinen schnell und gut mit dem Kipphasen fertig wird, wird sich ein auf dem Kipphasen-Stand ausgebildeter Schütze bei seinen weiteren Übungen auf dem Wurftaubenstand sehr schwer tun. Es wird unbedingt erforderlich sein, den Anfänger im Flintenschießen, auch wenn er etliche Kilometer fahren muß, an das Wurftaubenschießen, entweder Trap oder Skeet, heranzuführen. Umgekehrt halte ich es nicht für so erforderlich.

Da wir in manchen Gebieten auch den Rollhasen-Stand haben, möchte ich nicht versäumen zu bemerken, daß er bei sinnvoller Anordnung auch in gewissem Maße eine planmäßige Anfangsausbildung zuläßt. Dazu gehört eine gemäßigte Geschwindigkeit des Rollhasen, etwa der Geschwindigkeit des „Kipphasen" angepaßt, eine ebene Grundfläche, auf der die tontaubenähnliche Scheibe, der „Rollhase", rollt und eine ca. 10 m breite Schußbahn. Wenn es sich einrichten läßt, halte ich eine etwas höhere Geschwingkeit als die des Kipphasen und eine etwas breitere Rollfläche für vorteilhaft. Dort, wo der „Rollhase", ähnlich einem flitzenden Kaninchen über eine enge Schneise hangab und vielleicht noch in springender Bewegung präsentiert wird, ist dies nichts für die systematische Anfängerausbildung.

Der Ausbilder muß sich klar darüber werden, wie oft er den einzelnen hintereinander ohne Pause schießen lassen will bzw. kann. Auch hier sind kleine Schritte angebracht. Auf die Stahlscheibe lasse ich jeden Schützen am ersten Tag des Flintenschießens einen Schuß aus dem linken und einen zweiten Schuß aus dem rechten Lauf abgeben. Ist aus irgendeinem Grunde eine Korrektur notwendig, so kann ich einige Schüsse dazugeben. Auf dem Wurftauben- bzw. Hasenstand kann ich dann schon Serien von fünf bis zehn Schüssen einführen. Für die Masse der Anfänger ist es aber nicht zweckmäßig, mehr als zehn Schüsse hintereinander abzugeben, weil die Konzentration stark nachläßt und die sich dadurch einschleichenden Fehler negative Folgen haben. Die Haltung wird schlampig, die Waffe wird nicht mehr fest genug gehalten, die Armmuskeln ermüden, und zu leicht bekommt der Auszubildende von einem einzigen Schuß eine blaue Schulter, eine angeschlagene Wange oder einen blutigen Finger. Lange Serien erziehen allzu leicht zum Mucken und zu einer gewissen Schußscheue.

Eine wichtige Frage bei der Grundausbildung im Flintenschießen ist weiterhin die, ob von Anbeginn auch der Doppelschuß oder nur der Einzelschuß geübt werden soll. Die Befürworter sowohl des einen als auch des anderen Systems haben gute Argumente. Ich habe beides erprobt. Die Erfahrung hat gezeigt, daß der Anfänger zu viele Dinge auf einmal zu berücksichtigen hat und noch nicht in der

Links: Es ist zweckmäßig, die ersten Gehversuche auf dem Wurftaubenstand mit Voranschlag zu machen. Der Ausbilder muß hier noch einiges zurechtbiegen. Nach den ersten Schießübungen muß der Anfänger selbst das richtige Gefühl für die gute Stellung bekommen. Fuß-Bein-Stellung und Körpergewichtsverteilung stimmen hier noch nicht.

Rechts: Das Einsetzen des Gewehrs erfolgt beim Voranschlag von oben, damit der Anfänger die Leihwaffe, die ihm meist nicht paßt, gut in die Schulter bekommt.
Auf anliegende, nicht flatternde Kleidung ist zu achten.

Links: Die meisten Anfänger neigen dazu, den Oberkörper zurückzunehmen, wenn sie in Anschlag gehen. Gleichzeitig wird auch der Kopf zurückgenommen, und zwangsläufig bekommt man eine falsche Kopfhaltung und einen falschen Blick über die Schiene.

Rechts: Der Voranschlag ist eingenommen, die Taube wird abgerufen. Der Schütze steht allerdings falsch. Wenn – wie hier – die Füße hintereinander stehen, wird die Körperdrehung erschwert; außerdem hat man keinen sicheren Stand. Wenn das linke Knie gestreckt ist, wird die Haltung des Oberkörpers zu gerade.

Lage ist, Handgriffe zu koordinieren. Wird ihm die Möglichkeit des zweiten Schusses gegeben, so wird er versuchen, den ersten Schuß schnell loszuwerden, um noch den zweiten Schuß im effektiven Schußbereich anzubringen. Mit anderen Worten heißt das: Übereilen, Überhasten und somit unkontrolliertes Hinausjagen des ersten Schusses. Beim zweiten Schuß wird auch kaum etwas getroffen, weil die Beherrschung der Waffe noch nicht ausreicht und weil die Waffe zum Teil durch den Rückstoß aus der Richtung gebracht worden ist. Die Taube ist auch dann mit dem zweiten Schuß weit gefehlt. Dasselbe gilt für den Roll- und den Kipphasen. Der erste Schuß wird zu schnell abgegeben, und noch vor Abgabe des zweiten Schusses oder gerade, wenn der zweite Schuß abgegeben wird, verschwindet die Scheibe in der Deckung.

Ich habe mich deshalb bei der Grundausbildung für den Einzelschuß entschieden und bin sehr gut damit gefahren. Es geht ja darum, langsam aufzubauen, Schwierigkeitsgrad für Schwierigkeitsgrad treppenartig zu nehmen und eine Festigung der Ausbildung nach und nach systematisch zu erreichen.

Als es noch keine Ausbildung auf den Schießständen gab und der Jäger das Schießen mit der Flinte im Felde erlernen mußte, ein Verfahren, das wir heute verurteilen, wurde gesagt, daß die beste Erziehung beim Flintenschießen die wäre, nur eine einläufige Flinte zu verwenden. Manche alten Jäger rühmen sich noch damit, in ihrer Jugend die strenge Erziehung mit der einläufigen Flinte mitgemacht zu haben, die ihnen gut bekommen sei und sie maßgeblich zum guten Schützen erzogen hätte. Da wir heute aber niemandem zu einer einläufigen Flinte raten können, weil aus der Sicht des verantwortungsbewußten Jägers auf der Jagd der zweite Schuß oft sehr dringend benötigt wird, empfehle ich, die Doppelflinte zur einläufigen Flinte zu machen, dergestalt, daß nur eine Patrone geladen wird. Ich bitte mich aber nicht mißzuverstehen. Es handelt sich hier um die ersten Schießversuche des Anfängers mit der Flinte auf bewegliche Ziele auf dem Schießstand und nicht um die Ausbildung oder Weiterbildung von Fortgeschrittenen.

Ohne Behandlung der immer wieder auftauchenden Streitfrage, Voranschlag oder jagdliche Gewehrhaltung bei der Grundausbildung, möchte ich dieses Kapitel nicht abschließen. Wer sich Jahr für Jahr mit der Ausbildung von 100 bis 250 Jägern befaßt, wird zwangsläufig verschiedene Theorien überprüfen. Ursprünglich vertrat ich den Standpunkt, von allem Anfang an auch die korrekte jagdliche Gewehrhaltung in die Grundausbildung mit einzubauen. Bald sah ich aber ein, daß diese Gewehrhaltung für den völlig unerfahrenen Anfänger zum Teil nur schwer überwindliche Hindernisse mit sich brachte, die einfach darauf beruhten, daß lange, kurze, schlanke und dicke Anfänger mit einer standardgeschäfteten Waffe gleichermaßen fertig werden müssen.

Hier stimmt etwas nicht: Der linke Arm ist zu stark gestreckt, die Schaftkappe muß höher ans Gesicht. Und wohin mit dem Daumen der linken Hand?

Die Technik des Flintenschießens, ausgehend von der jagdlichen Gewehrhaltung, halte ich im Schwierigkeitsgrad gleich mit der Technik des „Stehend-frei-Schießens". Ich kann nicht jemandem die Multiplikation beibringen, bevor er nicht zählen gelernt hat! Das ist eine alte Schulweisheit, und die machen wir uns auch zunutze. Es ist dem Anfänger nicht zuzumuten, daß er sich eine gutgeschäftete, ihm passende oder gar maßgeschäftete Flinte vor der Jägerprüfung für seine ersten Ausbildungsstunden zulegt. Die Tücken des Waffenkaufs sind bereits aufgezeigt worden. Außerdem benötigt der Anfänger als Nichtjagdscheininhaber zum Kauf einer Langwaffe nach dem Waffengesetz vom 1. 1. 1973 einen Waffenerwerbsschein in Form der Waffenbesitzkarte, für den er wiederum den Nachweis des Bedürfnisses und der Sachkunde zu erbringen hat. Der Hund beißt sich also in den Schwanz. Ich muß davon ausgehen, daß die Grundausbildung mit Büchse, Flinte und Kurzwaffe die Sachkundevermittlung ist und der auszubildende Jäger deshalb noch nicht im Besitz einer eigenen Waffe sein kann.

Ich halte es für eine Härte, in die Grundausbildung von Anfang an die jagdliche Gewehrhaltung einzubauen. Meine Erfahrung hat gezeigt, daß der Anfänger, der die Grundausbildung 1. mit dem Voranschlag und 2. mit dem Einzelschuß systematisch erlernt hat, in jeder weiteren Phase seiner Ausbildung sowohl die jagdliche Gewehrhaltung als auch den zweiten Schuß als zusätzlichen Schwierigkeitsgrad leichter verkraften kann. Bei der Grundausbildung mit Voranschlag und nur je einem Schuß komme ich mit minimal vier Doppelstunden aus; bei der Zunahme der Schwierigkeitsgrade (also jagdliche Gewehrhaltung vor dem Anschlag und Doppelschuß) muß ich mit erheblich längerer Dauer der Ausbildung rechnen. Bei allen unseren Gedanken und Handlungen gehen wir von durchschnittlich begabten Schützen aus, dürfen uns weder nach den Talentiertesten orientieren, noch dürfen wir, wie ein Geleitzug, Rücksicht auf das langsamste Schiff nehmen.

Jeder Ausbilder muß sich auch im klaren sein, was er mit der Grundausbildung bezwecken will. Das Ziel der Grundausbildung ist erreicht, wenn dem Jägeranwärter, um dem es sich ja nur handelt, die grundlegenden Kenntnisse im Umgang mit der Waffe und im Treffen vermittelt wurden, die ihn befähigen, auf diese Grundausbildung entweder selbst oder mit fremder Hilfe aufzubauen. Wollte man die Grundausbildung des Vorbereitungslehrganges so weit ausdehnen, daß die Mindestanforderungen im Büchsen- und Flintenschießen bei der Jägerprüfung völlig sicher erfüllt werden, müßten mindestens Vierteljahreskurse allein für das Schießen eingerichtet werden.

Schießen und Treffen ist neben der Zeit- auch eine Geldfrage. Die wenigsten Ausbilder können sich ehrenamtlich zur Verfügung stellen; sie müssen also bezahlt werden, zumindest müssen sie eine Aufwandsentschädigung erhalten. Ferner fallen Standmieten an, und die Kosten für die Munition sind auch erheblich. Alles in allem sollten uns diese Faktoren für eine preiswerte, fest umrissene Grundausbildung mit einem nicht zu hoch gesteckten Ziel entscheiden lassen.

Das Kurzwaffenschießen

Da das Schießen mit der Kurzwaffe weder mit dem Flintenschießen noch mit dem Büchsenschießen verglichen werden kann, müssen wir hier einen eigenen Ausbildungsweg einschlagen. Die Kurzwaffenstände sind auf 25 m Schußentfernung ein-

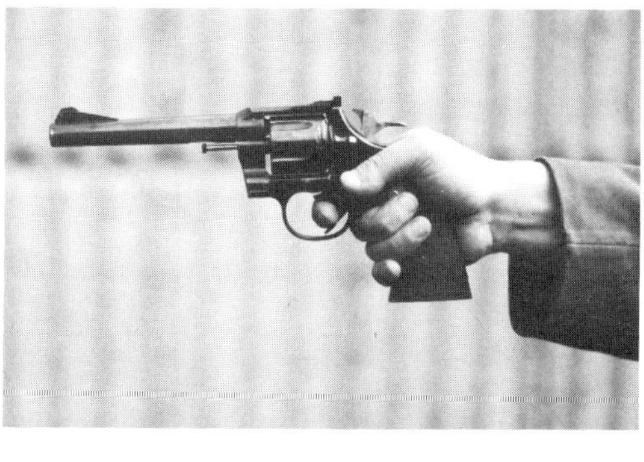

Die Kurzwaffe, ob Revolver (wie im Bild) oder Pistole, muß in den Griffabmessungen so sein, daß sie der Hand des Schützen entspricht, um sie fest und sicher halten zu können. Dies ist auch für die gleichmäßige und flüssige Betätigung des Abzugs von größter Bedeutung.

gerichtet, und wir gehen davon aus, daß die Übungsstunden das Schießen auf Scheiben in 25 m Entfernung betreffen. Pistole und Revolver sollten gleichermaßen zum Zuge kommen, auch wenn der eine oder andere Ausbilder eine bestimmte Waffenart bevorzugt oder empfiehlt.

Die erste Übungsstunde wird sich neben korrekter Handhabung mit dem Zielen befassen. Dazu gehört die zweckmäßige Stellung, die Waffenhaltung und das eigentliche Zielen, d. h. Kimme, Korn und Ziel durch die Visierlinie zu verbinden. Da die Kurzwaffe in Anbetracht ihrer Kürze ein schnelles Winkeln, Drehen, Heben, Senken ermöglicht, weise ich wiederholt darauf hin, daß sie in den Händen des Anfängers eine besondere Gefahr darstellt. Der Ausbilder muß deshalb immer wieder auf den sicheren Umgang mit der Waffe hinweisen und bei der Überwachung strenge Maßstäbe anlegen.

Am besten eignet sich für das erste Zielen und Schießen eine ringlose Scheibe, also ein quadratisches Blatt Papier von den Ausmaßen der Scheibenrahmenbreite. Man kann auch normale, auf den Ständen erhältliche Scheiben einfach umdrehen, so daß man damit eine freie weiße Fläche erhält. Mehr als eine Serie – fünf Schüsse – hintereinander abzugeben, halte ich für falsch, da gerade beim Kurzwaffenschießen die Armmuskeln schnell ermüden und mehrere Serien dann auch hier unweigerlich zu schlechten Resultaten führen müssen. Zu Hause kann man sich auf diese erste praktische Übung durch ein leichtes Training der Armmuskeln vorbereiten, indem in einer Art Schießstellung mit einem ausgestreckten Arm ein Gegenstand, z. B. ein Bügeleisen, hochgehalten wird. Auf dem Schießstand selbst sind derartige Übungen zu unterlassen, weil die Muskelkraft für das eigentliche Zielen und Schießen benötigt wird.

Die zweite Übungsstunde beinhaltet das Schnellfeuerschießen. Auch hierfür wird keine Ringscheibe benötigt, sondern lediglich eine blanke Papierfläche. Die Schußserie besteht aus fünf Schüssen. Diesmal aber müssen alle fünf Schüsse in acht Sekunden gezielt auf das Papier abgegeben werden. Sollte diese Schnellfeuerübung zu große Schwierigkeiten bereiten, wird wieder kurz auf die Einzelschüsse zurückgegangen. Das Resultat eines Anfängers ist beim Schnellfeuerschießen als gut zu bezeichnen, wenn von den fünf Schüssen die Mehrzahl das Papier getroffen hat.

In der dritten Stunde wird wieder auf das Einzel- und das Schnellfeuerschießen der ersten beiden Übungstage zurückgegangen, nunmehr aber unter Verwendung einer Ringscheibe. Dies bedeutet eine Verfeinerung der bisher erworbenen Kenntnisse und das langsame Heranführen an die offizielle Übungsscheibe.

Alles weitere, wie z. B. das Ziehen der Waffe, das Deutschießen oder das Schießen aus verschiedenen Stellungen heraus, gehört nicht mehr zur Grundausbildung, sondern sind Aufgaben für die Weiterbildung.

Die Kostenfrage, die bei den Übungen des Jägers mit Büchse, Flinte und Kurzwaffe eine wesentliche Rolle spielt, wurde bereits angeschnitten. Kostensenkend wirkt sich schon beim Büchsen- und Kurzwaffenschießen die Verwendung von Kleinkaliberwaffen aus. Es wäre deshalb unklug vom Ausbilder, die Kleinkaliberpatrone nicht als *die* Übungspatrone für die Grundausbildung zu betrachten, zumal sie neben ihrer Preisgünstigkeit auch Schußpräzision, einen geringen Knall und einen kaum merkbaren Rückstoß mitbringt. Wer die Grundkenntnisse des Schießens mit der KK-Patrone erwirbt, wird später keine Schwierigkeiten haben, auf stärkere Kaliber überzugehen. So groß ist der Unterschied in bezug auf Knall und Rückstoß auch nicht, wenn beim Büchsenschießen ein Vergleich mit der Patrone .22 Hornet oder .222 Remington angestellt wird oder beim Kurzwaffenschießen mit schwachen Laborierungen größerer Kaliber.

Der zweite Flintenschuß

Es wäre schön, wenn sowohl auf der Jagd als auch auf dem Schießstand das Ziel jeweils mit dem ersten Schuß voll getroffen würde und dadurch der zweite Schuß entbehrlich wäre. Ich halte den schnellen zweiten Schuß deshalb für einen wichtigen Schuß, weil er oft krankes Wild zur Strecke bringt. Handelt es sich nur darum, nach einem einwandfreien ersten Fehlschuß das Wild mit dem zweiten Schuß zu strecken, so halte ich ihn für kritisch, denn er wird meist auf weite Entfernung abgegeben und kann das Wild, das sich gerade noch im auslaufenden Wirkungsbereich der Flinte befindet, nicht immer tödlich treffen. Dann fehlt mir jede Möglichkeit für einen wirkungsvollen, schnellen Fangschuß. Bis ich dort bin, wo sich das krankgeschossene Wild bei der Abgabe des zweiten Schusses befand bzw., bis ich nachgeladen habe, ist es entweder davongelaufen oder davongeflogen. Ein guter Hund kann zwar vieles gutmachen, was der Jäger falsch gemacht hat, aber er kann keine Wunder vollbringen.

Je schneller der zweite Schuß dem ungenügend gewirkten ersten folgt, um so günstiger ist es. Er muß aber, um nicht „gezielt" zu sagen, „bewußt" abgegeben werden. Es hat nämlich keinen Sinn, den zweiten Schuß blindlings in die Gegend zu

Der Vorteil von Flinten mit zwei Abzügen liegt darin, daß ich eine schnelle Wahl des Laufs treffen kann. Dies ist im Revier von Bedeutung. Hier kann das Wild überraschend von mir wegflüchten oder auch schnell zustehen. Der Doppelabzug bringt aber auch einen wesentlichen Nachteil. Beim Umgreifen vom einen zum anderen Abzug muß ich meine Hand, die den Kolbenhals fest umspannt, lockern. Vor Abgabe des Schusses ist aber die Abzughand wieder fest zu schließen.

Je nach Bauart haben die zweiläufigen Flinten mit nur einem Abzug einen Umstellmechanismus an der Oberseite oder seitlich am Kolbenhals. Geübte Jäger werden ihn zwar schnell bedienen können, brauchen aber hierfür Zeit, so daß in den meisten Fällen im Revier keine Umstellung vorgenommen wird.

jagen, nur um nicht gefragt zu werden: „Warum hast du nicht ein zweites Mal geschossen?" Der zweite Schuß muß deshalb genauso sorgfältig geübt werden wie der erste Schuß, soll er zur vollen Wirkung kommen. Die Voraussetzung für einen sicheren zweiten Schuß ist ebenfalls die einwandfreie Beherrschung der Schießtechnik wie fester Stand, Körper- und Flintenbeherrschung, die einen guten Schuß überhaupt ermöglicht.

Nach dem Fehlschuß darf die Flinte nicht aus ihrer harmonischen Bewegung geraten, sondern muß mit dem Ziel weiterschwingen. Halte ich z. B. die Flinte mit beiden Händen nicht fest genug und habe ich sie auch nicht fest genug eingezogen und meine Schulter gegen den Flintenkolben gedrückt, so ist es naheliegend, daß sie nach dem ersten Schuß erst wieder richtig „zurechtgefummelt" werden muß. Bei Doppelabzugflinten kann ich das Umgreifen von einem Abzug zum anderen in Trockenübungen unter Verwendung von Pufferpatronen nach und nach erlernen. Bei Doppelflinten mit Einabzug und Selbstladeflinten kann ich das schnelle, leichte Zurücklassen des Abzuges und das erneute Abziehen nur auf dem Stand beim Schießen üben, es sei denn unter Verzicht eines gespanntes Schlosses. Der Abzug läßt sich nämlich erst wieder betätigen, wenn ein Spannen durch Gasdruck bzw. Rückstoß erfolgt ist. Wie ist es, wenn der Schütze sich auf ein System umstellen muß? Schwierigkeiten stellen sich später nur ein, wenn sich ein Schütze von Einabzug auf Doppelabzug oder umgekehrt in relativ kurzer Zeit umstellen muß. Dann passiert es selbst dem Routinier, daß er den zweiten Schuß nicht schnell genug los wird. Die Umgewöhnung dauert nur eine kurze Zeit; sie ist angenehmer vom Doppelabzug auf Einzelabzug als umgekehrt, weil das Umgreifen und damit Lockern der Hand, die den Kolbenhals umspannt, erst erlernt werden muß.

Der zweite Flintenschuß ist natürlich auch erforderlich beim Schießen von Dubletten sowohl auf dem Stand als auch im Revier. Anfängern rate ich: Konzentrieren Sie sich jeweils nur auf ein Stück Wild, bis Sie auf dem Skeetstand das Dublettenschießen beherrschen.

Der Ablauf des Schießens

Auf dem Skeetstand

Ich setze voraus, daß alle Vorbereitungen zum Schießen durch die Schießleitung, die Standaufsicht und das Bedienungspersonal getroffen sind und jetzt die zu einer Rotte gehörenden Schützen aufgerufen werden. Die Reihenfolge des Aufrufs muß auch immer die Reihenfolge beim Schießen sein. Um einen harmonischen, sicheren Ablauf gewährleisten zu können, muß ein Ordnungsprinzip eingehalten werden. An diesem Prinzip müssen der Verantwortliche auf dem Stand und der Schütze festhalten.

Wir sind also aufgerufen worden und begeben uns mit den Flinten und einem für den Durchgang ausreichenden Vorrat an Patronen zu der ersten Position. Diese ist beim Hochhaus. Gehen wir von einer normalen jagdlichen Skeetrunde aus, so haben wir sechs Mann in der Rotte. Der Schütze Nr. 1 wartet, bis er von der Aufsicht den Stand zum Schießen freibekommt. Er lädt seine Flinte nach Betreten der Bodenplatte von Position 1 und erwartet in jagdlicher Gewehrhaltung die Tontaube. Von dieser Position 1 aus wird zuerst die abgehende Taube des hohen Turms beschossen. Jedem Schützen stehten zwei Schuß zur Verfügung. Man kann also, falls der erste Schuß danebengegangen ist, solange die Taube fliegt auch noch einen zweiten Schuß abgeben. Der Schütze Nr. 1 bleibt auf der Bodenplatte, wendet seine Aufmerksamkeit aber jetzt dem Niederhaus zu. Nach Einnehmen der jagdlichen Gewehrhaltung wird die Taube von dort aus „auf ihn zu" geworfen. Für sie stehen dem Schützen ebenfalls wieder zwei Schuß zur Verfügung. Unmittelbar danach wird die Flinte geöffnet und Hülse bzw. Munition, die sich gegebenenfalls noch in der Waffe befindet, unter Beachtung der Sicherheitsvorschriften entnommen. Beim Entladen darf das Gewehr nur in die Schußrichtung zeigen.

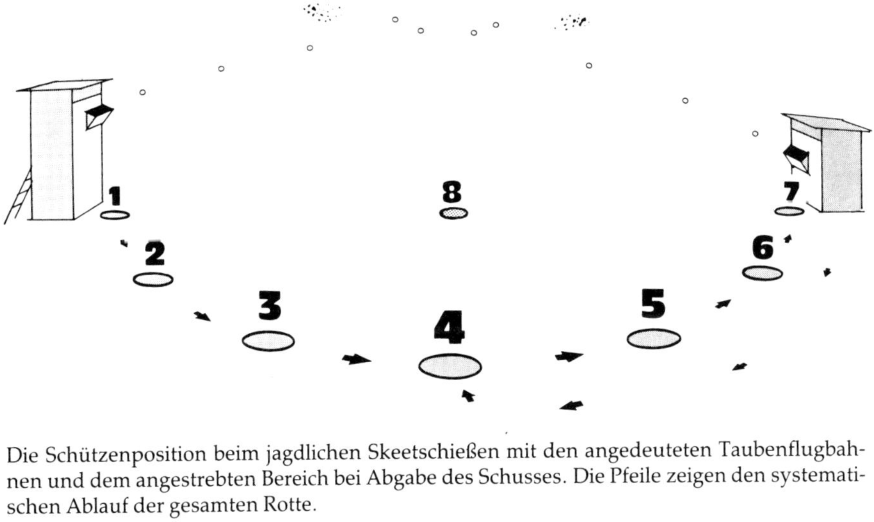

Die Schützenposition beim jagdlichen Skeetschießen mit den angedeuteten Taubenflugbahnen und dem angestrebten Bereich bei Abgabe des Schusses. Die Pfeile zeigen den systematischen Ablauf der gesamten Rotte.

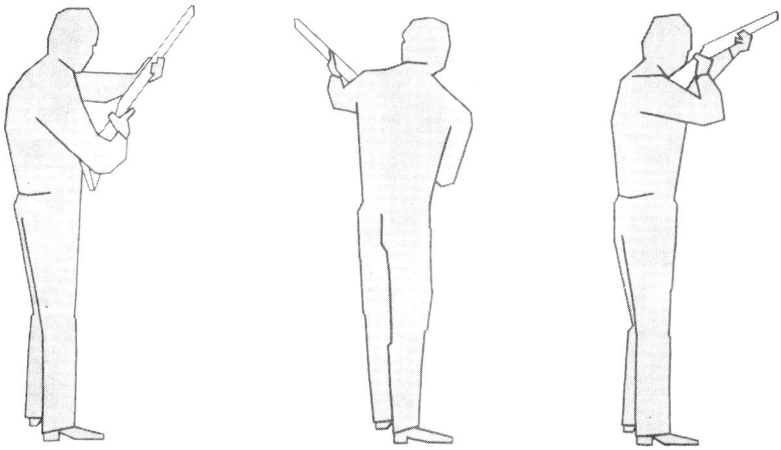

Die Dublette auf dem Skeetstand im jagdlichen Schießen vom Platz 2. Fig. 1. Der Jäger nimmt die Ausgangsstellung ein; Fig. 2. Erwartung der Taube aus dem Hohen Turm (Fertigstellung); Fig. 3. Beschießen dieser Taube; Fig. 4. Ausschwingen; Fig. 5. Zurückschwingen und Beschießen der zweiten Taube aus dem Niederhaus; Fig. 6. Ausschwingen. Während des gesamten Vorganges verändert der Jäger seine Fußstellung nicht!

Mit der sichtbar entladenen bzw. verschlußgeöffneten Flinte tritt der Schütze Nr. 1 von der Position 1 ab und begibt sich hinter den letzten Schützen seiner Rotte, also hinter den Schützen Nr. 6. Dort bleibt er stehen, bis jeder Schütze dieser Rotte die Hoch- und die Niederhaustaube beschossen und mit entladener Waffe die Pos. 1 verlassen hat. Dann erst begibt sich der Schütze Nr. 1 der Rotte auf die Bodenplatte der Position 2 und die Schützen Nr. 2 bis Nr. 6 in Wartestellung hinter den Schützen Nr. 1.

Von hier aus wird eine Dublette geschossen, d. h., vom hohen und vom niederen Turm wird zu gleicher Zeit je eine Taube geschleudert, und der Schütze muß versuchen, mit dem ersten Schuß die vom Hochhaus abfliegende Taube und mit dem zweiten die vom Niederhaus anfliegende Taube zu treffen. Der Bewegungsablauf wird so aussehen, daß der Schütze zuerst mit seiner Waffe aus der Richtung Hochhaus in die Richtung Niederhaus schwingt und dann wieder zurückschwingt, um die zweite Taube zu beschießen. Grundsätzlich werden auch auf jedem Stand zwei Patronen geladen. Davon steht aber hier auf Stand 2, wie später auf Stand 6, nur ein Schuß für jede Taube zur Verfügung. Selbstladewaffen dürfen auch nur mit zwei Schuß geladen werden. Hier erübrigt sich folglich, falls es keinen Versager gibt, ein Entnehmen der vollen Patrone, denn der Schütze bekommt zwei Tauben geworfen und beschießt jede mit einem Schuß. Es kann aber vorkommen, daß der Schütze nur eine Taube beschießt und auf die zweite aus Mangel an Zeit oder wegen schlechter Sicht nicht zum Schuß kommt und daher noch eine volle Patrone im Lauf hat. Selbstverständlich wird auf alle Fälle der Verschluß bzw. die Waffe geöffnet und vollkommen entladen, bevor er sich umdreht und die Position 2 verläßt.

Nach dem Schützen Nr. 1 betreten die Schützen Nr. 2 bis Nr. 6 die Position 2 und verfahren genau wie Schütze Nr. 1. Wieder ist es wichtig, daß ein Schütze den anderen nicht stört und ausreichend weit nach hinten abtritt. Hat Schütze Nr. 6 geschossen, die Waffe geöffnet, entladen und die Position 2 verlassen, tritt der Schütze Nr. 1 auf die Bodenplatte der Position 3. Die Position 3 sieht wieder Einzeltauben vor, d. h., der Schütze muß zuerst die Hochhaustaube und dann die Niederhaustaube beschießen. Für jede Taube hat er zwei Schuß. Nach der Position 3 kommt Position 4. Dies ist die Mittelposition, die den gleichen Abstand zum hohen und zum niederen Turm hat. Der Anfänger muß sich merken, daß bei Einzeltauben zuerst immer die Taube vom hohen Turm und dann erst die Taube vom niederen Turm beschossen wird. Hat der Schütze Nr. 1 die Hoch- und Niederhaustauben beschossen, so tritt er nach dem Öffnen und Entladen (das Entnehmen oder Auswerfen der leeren Hülsen ist ja auch ein Entladen!) zurück hinter den Schützen Nr. 6 und bleibt dort stehen, bis auch die übrigen fünf geschossen haben. Auf der Position 5 und 6 wickelt sich wieder das gleich ab wie auf den Positionen 1, 3, 4. Auf der Position 6 finden wir eine Parallele zu der Position 2, es werden nämlich Dubletten geschossen.

Hier ist darauf zu achten, daß zuerst die Taube vom Niederhaus und dann erst die Taube vom Hochhaus beschossen wird. Es läßt sich vielleicht leichter merken, wenn man sagt, daß bei den Dubletten immer zuerst die wegfliegende Taube beschossen wird und dann erst die ankommende. Der einzige Unterschied von Position 6 zu Position 2 ist, daß die Niederhaustaube zuerst beschossen wird. Ansonsten spielt sich alles genauso ab.

Von der Position 7 aus wird, wie auf den anderen Positionen, von denen Einzeltauben beschossen werden, zuerst die Taube vom hohen Turm beschossen, also hier die Taube, die auf einen zukommt, dann die wegfliegende Taube vom niederen Turm. Die Reihenfolge der Schützen bleibt immer die gleiche, vom Schützen Nr. 1 bis Schütze Nr. 6. Hat der Schütze Nr. 6 geschossen, die Waffe geöffnet und entladen, bewegt sich die gesamte Rotte zur Position 4 zurück. Hier wird jetzt aber nur noch eine Taube beschossen, und zwar eine Taube vom Hochhaus. Die letzte Taube vom Hochhaus ist die 15. Taube, die von jedem Mann dieser Rotte beschossen wird. Erst wenn der letzte Mann der Rotte, der Schütze Nr. 6, geschossen hat, verläßt die gesamte Rotte geschlossen den Skeetstand und stellt die Waffen entweder in den Gewehrständer oder an einen anderen sicheren Ort. Auf den Skeetständen der Sportschützen haben wir noch die Position 8, die sich auf der Mitte der Verbindungslinie zwischen den Türmen befindet. Dort werden gewissermaßen Überkopftauben aus nächster Entfernung beschossen. Aus jagdlicher Sicht ist diese Position abzulehnen, weil sie nicht praxisnah ist. Das Wild würde auf eine Entfernung von 3 bis 4 m zerschossen und das Wildpret entwertet sein.

Hier herrscht Ordnung! Flinten ohne Riemen abgeknickt im Ständer, ein Mann an der Anzeigetafel, die Schreiber an ihrem Platz und die Aufsicht deutlich erkennbar mit Armbinde in der Nähe der Schützen.

Auf vielen Schießständen, vor allem bei Übungs- oder kleineren Wettschießen, wird von der Position 4 gleich beim ersten Betreten zunächst eine Hochhaustaube, dann eine Niederhaustaube und dann wieder eine Hochhaustaube beschossen. Das hat den Vorteil, daß im Anschluß an den Stand 7 die Rotte nicht noch einmal beim Stand 4 antreten muß, um die 15. Taube zu schießen. Ich halte es aber für zweckmäßiger, den in der DJV-Schießvorschrift vorgeschriebenen und von mir erläuterten Ablauf einzuhalten, damit bei Leistungsschießen und Meisterschaften, die nach der DJV-Schießvorschrift durchgezogen werden, nicht umgedacht werden muß.

Ich erwähnte, daß sich jeder Schütze ausreichend mit Munition zu versorgen hat, bevor er den Stand betritt. Immer wieder kommt es vor, daß der Ablauf des Schießens erheblich gestört wird, wenn einem Schützen die Munition während des Durchganges ausgeht und er gezwungen ist, Patronen nachzuholen. Dies ist eine Rücksichtslosigkeit gegenüber den anderen Schützen in der Rotte, die dann warten müssen. Jede Unregelmäßigkeit und Nachlässigkeit kann sich auch auf die Sicherheit und Leistung auswirken, denn die Munitionssucherei führt zu Hast, Hetze und verbreitet Nervosität. Dabei kann leicht ein falscher Handgriff unterlaufen.

Welcher Munitionsbestand ist ausreichend? Für eine normale Runde auf dem Skeetstand genügen 30 Patronen. Insgesamt braucht man maximal nur 26 Schüsse abzugeben, aber es kann vorkommen, daß das Beschießen von Tontauben wiederholt werden muß, weil sie z. B. zerbrochen aus dem Turm kamen oder weil bei der Dublette zwei Tauben mit einem Schuß getroffen wurden. Es gibt auch Patronenversager oder andere Gründe für eine Wiederholung. Sind einem Schützen 30 Patronen für seine Hosen- oder Jackentaschen zuviel, so kann er sich einen Patronenbeutel auf den Stand mitnehmen, den er dann entweder von Position zu Position mitführt oder zum Nachfassen in der Nähe der Position 4, also noch innerhalb der Abzäunung, abstellt. Es ist verständlich, daß bei Anfängern der Ablauf auf dem Skeetstand nicht so zügig vonstatten gehen wird wie bei Fortgeschrittenen, denn es gibt viele Dinge, auf die sie sich konzentrieren müssen und die noch nicht zur Selbstverständlichkeit geworden sind.

Da die Schützen vom Anfang bis zum Ende des Schießens enger zusammenstehen als auf dem Trapstand, sollte auch darauf geachtet werden, daß unnütze Gespräche und starke Geräusche vermieden werden. Albernheiten und Witze müssen auf jeden Fall unterbleiben. Sie gehören nicht zum Schießbetrieb. Ich kann nicht oft genug erwähnen, daß Sicherheit allem voran steht.

Auf dem Trapstand

Beim jagdlichen Schießen auf dem Trapstand treten die Schützen in Rotten zu je sechs Mann an. Es spielt dabei keine Rolle, ob die Maschineneinrichtung des Wurfstandes aus einer, fünf oder fünfzehn Maschinen besteht. Ist nur eine Maschine vorhanden, so wird es sich um einen Halb- oder Vollautomaten handeln, der nach jedem Werfen die Wurfrichtung ändert. In dem 5er und 15er Maschinenstand hat jede Maschine eine feststehende, von den übrigen Maschinen abweichende Wurfrichtung. In einem Abstand von 11 m hinter den unter der Schützenstandebene eingebauten Wurfmaschinen befinden sich die Standplätze der Schützen. Fünf Positionen liegen in einer Reihe nebeneinander, und die sechste Position befindet sich hinter der Position 1.

Vor dem Einnehmen der Positionen wird die Reihenfolge der Schützen von Nr. 1

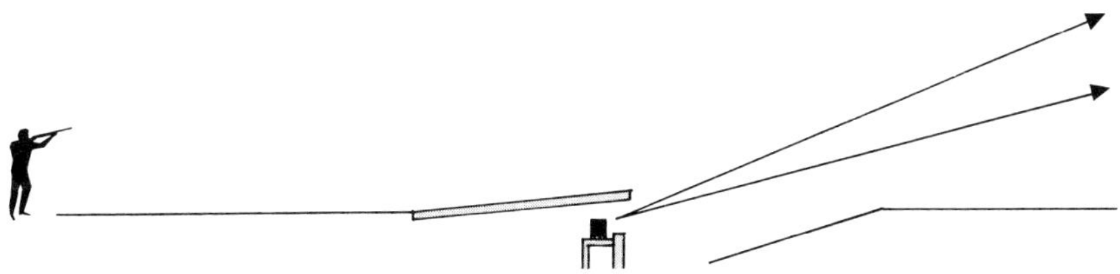

Beim jagdlichen Trapschießen steht der Schütze elf Meter hinter der Maschine, und die Wurftaube muß, zehn Meter vor der Maschine gemessen, mindestens 2,5 m und darf höchstens 4 m hoch fliegen.

bis Nr. 6 festgelegt. Jeder Schütze hat sich mit einer ausreichenden Anzahl von Patronen zu versorgen; damit soll während des Schießens das Nachholen von Patronen vermieden werden, um den Ablauf nicht zu stören und die Sicherheit der Schützen und anderer anwesenden Personen nicht zu gefährden. Bei der jagdlichen Serie von 15 Tauben halte ich einen Bestand von 30 Patronen für ausreichend. Ich gehe davon aus, daß 15 Tauben mit maximal zwei Schuß beschossen werden können. Die Praxis sieht jedoch so aus, daß selbst bei Anfängern einige Tauben schon mit dem ersten Schuß zerbersten und dadurch Reservepatronen vorhanden sind für den Fall, daß aus irgendeinem Grund eine Taube wiederholt werden muß.

Blickt man in Wurfrichtung der Maschinen, so ist die Position 1 die am weitesten links liegende. Daran schließen nach rechts die Positionen 2, 3, 4 und 5 an. Die Position 6 ist die Warteposition und liegt hinter der Position 1. Nach dem Einnehmen der Plätze ruft die Standaufsicht oder der Schreiber nochmals die Namen der Schützen auf, und zwar in der Reihenfolge, in der sie zu schießen haben. Diese letzte Kontrolle ist notwendig, um das Schießergebnis jedes Schützen richtig aufschreiben zu können.

Nach dem Freigeben des Standes durch die Aufsicht dürfen die Schützen Nr. 1 bis Nr. 5 ihre Waffen laden. Das heißt, bei Kipplaufwaffen dürfen die Patronen in das Lager eingeschoben werden, aber die Gewehre bleiben geöffnet. Bei halbautomatischen sogenannten Selbstladewaffen dürfen zwei Patronen in das Magazin untergeladen werden, aber der Verschluß muß geöffnet bleiben. Es darf sich keine Patrone im Patronenlager befinden. Auf der Warteposition 6 hinter der Position 1 darf in keinem Fall geladen werden!

Ist dem Schützen auf Position 1 nach dem korrekten Einnehmen der jagdlichen Gewehrhaltung die Taube ordnungsgemäß geworfen worden und hat er sie beschossen, macht sich unverzüglich der Schütze auf Position 2 zum Schießen

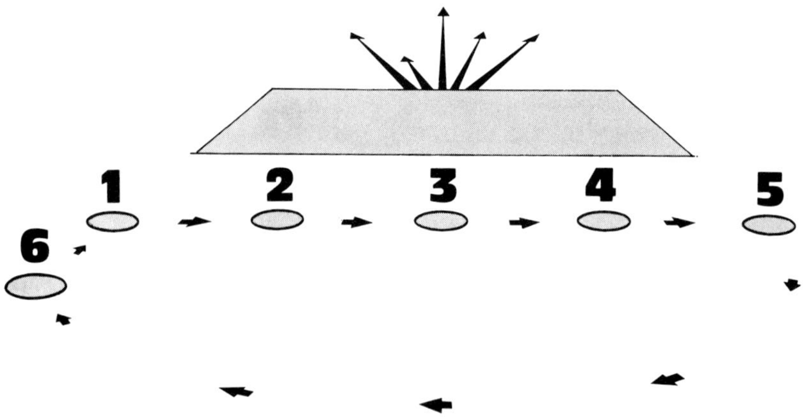

Die Schützenposition und die Bewegung der Schützen auf dem Trapstand. Vor Verlassen des Standes 5 muß das Gewehr entladen sein, außerdem müssen der Verschluß geöffnet oder die Läufe abgekippt werden. Erst nach dem Wechsel von Stand 6 auf Stand 1 darf dann wieder geladen werden.

fertig. Er schließt seine Flinte oder führt durch Schließen des Verschlusses eine Patrone ins Patronenlager seiner Selbstladeflinte und nimmt dann die jagdliche Gewehrhaltung ein, um zu zeigen, daß er die Taube erwartet. Hat der Schütze auf Position 2 geschossen, so geschieht das gleiche wie vorher nunmehr auf Position 3. Danach schießt der Schütze auf Position 4 und anschließend der Schütze auf Position 5. Sobald die Schützen Nr. 1 und Nr. 5 geschossen haben, vollzieht sich der erste Wechsel auf allen Positionen. Der Schütze von Position 5 begibt sich in die Warteposition auf die Positionsplatte 6. Der Schütze Nr. 6, der sich auf der Warteposition befand, nimmt die Position 1 ein, und die anderen Schützen rücken um eine Position nach rechts weiter.

Um den Wechsel flüssiger und den Rhythmus des Schießens gleichmäßiger zu gestalten, empfehle ich den vorbereiteten Wechsel, wie er sich bei Fortgeschrittenen bewährt und eingebürgert hat. Dieser harmonische Wechsel geht folgendermaßen vor sich: Der Schütze auf Position 1 schießt. Er bleibt so lange stehen, bis seine Nachbarschützen auf Position 2 und Position 3 ebenfalls geschossen haben. Während das Schießen auf Position 4 seinen normalen Lauf nimmt, tritt der Schütze auf Position 1 von seiner Bodenplatte einen Schritt in Richtung auf seinen Nachbarschützen auf Position 2 ab und gibt seinen Platz dem hinter ihm auf Position 6 wartenden Schützen frei. Während also der Schütze von Position 4 schießt, vollzieht sich die Bewegung des Schützen von Position 6 zu Position 1. Dieser hat jetzt Zeit, seine Vorbereitungen zum Schuß zu treffen, und erst nachdem der Schütze auf Position 5 geschossen hat und der vollständige Wechsel der Positionen 2 bis 5 vollzogen wurde, schießt der neue Schütze von Position 1. Auf keinen Fall darf bei diesem Verfahren der Wechsel des Schützen von Position 6 zu Position 1 die

Beim sportlichen Flintenschießen wird die Taube vom Schützen abgerufen. Moderne Stände sind mit Mikrophonen ausgerüstet, die vor jeder Schützenposition stehen. Die akustische Auslösevorrichtung garantiert das sofortige Erscheinen der Taube nach dem Abruf.

gesamte Rotte in Unruhe oder gar in Bewegung bringen. Es bewegen sich also zur Vorbereitung des Wechsels nur zwei Mann, wobei der Schütze von Position 1 lediglich einen einzigen Schritt nach rechts tut. Wichtig dabei ist, daß dieser beschriebene Wechsel erst dann stattfindet, wenn der Schütze auf Position 3 geschossen hat.

Beim Wechsel von Position 5 zur Warteposition 6 verläßt der Schütze die Position 5 mit einer Rechtsdrehung, d. h., er wendet sich mit der geöffneten Waffe von den übrigen Schützen ab und geht im angemessenen Abstand von etwa 2 bis 3 Metern hinter der Schützenreihe auf die Warteposition 6. Bei diesem Wechsel muß die Waffe *unbedingt* entladen und deutlich sichtbar geöffnet sein, es darf sich weder eine Patrone im Lauf noch im Magazin befinden. Erst nachdem die Position 1 wieder eingenommen ist, darf die Patrone in das Patronenlager der Kipplaufwaffe bzw. in das Magazin der Selbstladeflinte gebracht werden.

Hat der Schütze, der auf Position 1 begonnen hat, seine 15. Taube beschossen, so befindet er sich auf der Position 5. Er wechselt dann letztmalig von Stand 5 zur Warteposition 6. Dort bleibt er stehen, bis auch die anderen Schützen, die sich jetzt auf den Positionen 1 bis 5 befinden, ihre letzte, die 15. Taube, beschossen haben. Alle Schützen bleiben auf ihren Positionen, bis der letzte Schuß, der Schuß des Schützen von Position 5, abgegeben wurde ud die Aufsicht das Schießen der Rotte für beendet erklärt hat. Die Rotte tritt geschlossen ab und bringt anschließend die Waffen in die dafür vorgesehenen Gewehrständer oder in die auf dem Parkplatz abgestellten Kraftfahrzeuge zurück.

Befindet sich der eigene Patronenvorrat in einer Tragetasche, einem Köfferchen oder einem Beutel, empfehle ich, ihn neben der Position abzustellen, auf der der Schütze beginnt. Das hat den Vorteil, daß er nach fünf beschossenen Tauben dort wieder ankommt und er daher nur ca. 12 Patronen in den Taschen seiner Bekleidung zu haben braucht.

Es geht aber auch anders. 30 Patronen kann jeder in seinen Taschen so unterbringen, daß sie nicht stören. Schießt jemand nur eine Patronensorte und Schrotstärke, so kann er die Patronen wahllos in den Taschen unterbringen. Verwendet dagegen jemand für den ersten Schuß eine andere Patrone als für den zweiten, so muß er sie

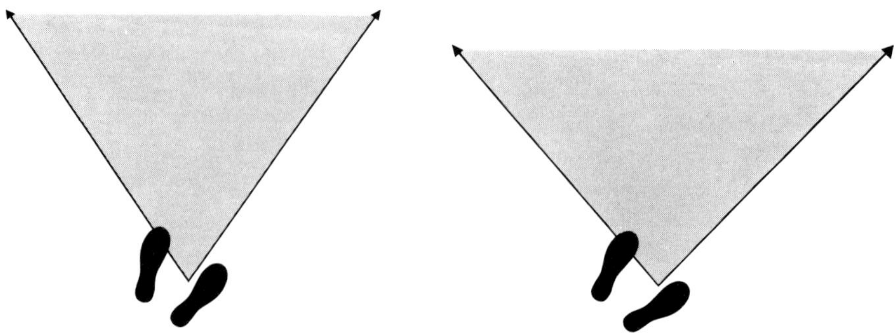

Die extremen Schußwinkel auf dem Trap- und Skeetstand. Rechts: Auf dem Trapstand ist auch im Höchstfall der Winkel kleiner als bei der Abbildung links auf dem Skeetstand bei Position 4.

Wenn der letzte Schütze des Tages geschossen hat und die Schießaufsicht den Rock an den Nagel hängt, beginnt die Aufräumungsarbeit. Die Standbetreuer haben dafür zu sorgen, daß der Stand für das nächste Schießen wieder betriebsfertig gemacht wird. Selbstverständlich beteiligen sich bei Übungsschießen auch die Schützen am Einsammeln der leeren Hülsen. „Halt die Natur sauber" gilt sowohl im Revier als auch auf den Schießanlagen.

getrennt verwahren und sich sein Taschensystem merken. Normalerweise kommt man gut zurecht, wenn sowohl für Übungszwecke als auch für Leistungs- und Nadelschießen für den ersten und zweiten Schuß die Schrotstärke Nr. 7 (= 2½ mm) mit gleicher Laborierung verwendet wird. Schützen mit schneller Reaktion können es sich erlauben, für den ersten Schuß Nr. 8 (Schrotstärke 2¼ mm) zu verschießen. Mit diesem Mehr an Schroten erreichen sie eine bessere Deckung, aber dafür ist die Durchschlagkraft der Schrote und somit die wirksame Reichweite geringer. Ich erwähne die mögliche Verwendung unterschiedlicher Patronensorten und Schrotstärken auch deshalb, um auf ein Verfahren hinzuweisen, das mehr Überlegung während des Schießens bedarf und dadurch evtl. den harmonischen Ablauf stören kann. Man erlebt es immer wieder, daß Jäger, die sich unterschiedlicher Patronen bedienen, in der Aufregung auf dem Stand etwas durcheinander geraten und die Patronen dann verwechseln. Merken diese Jäger ihren Irrtum beim Laden, so fummeln sie herum und suchen die richtige Patrone oder müssen die Patronen in den Läufen umstecken. Es darf auch nicht vorkommen, daß auf dem Trapstand irrtümlicherweise Skeetpatronen und auf dem Skeetstand Trappatronen verfeuert werden. Dies führt bestimmt zu schlechten Ergebnissen.

Das Prüfungsschießen

Der Anwärter für die Jägerprüfung muß unter kritischen Blicken des Prüfers, zum Teil auch unter den Augen anderer Prüflinge und Aufsichtspersonen, unter Beweis stellen, daß er neben der sicheren Handhabung der Jagdwaffen die geforderten Mindestleistungen im jagdlichen Schießen erbringt. Die wenigsten von uns sind ausgesprochene Prüfungsmenschen, d. h. solche, die ohne sonderliche Erregung dem Prüfer gegenüberstehen und die geforderten Leistungen erbringen. Ich habe festgestellt, daß weder beim Übungs-, Nadel-, Leistungs- noch Meisterschaftsschießen so viel Aufregung herrscht wie beim Prüfungsschießen. Das liegt wohl daran, daß einem mehr daran liegt, nach langer Vorbereitung und finanziellem Aufwand eine Prüfung zu bestehen als vielleicht einen Titel, eine Medaille oder ein Abzeichen zu erringen. Die Nervosität, die besonders auf dem Büchsenstand um sich greift, ist kaum zu beschreiben und kann weder durch freundliches Zureden noch durch ruhige Prüfer und Aufsichtspersonen merklich gemindert werden. In vielen Fällen irritieren sich die Prüflinge auch untereinander, vor allem dann, wenn der erste durchgefallen ist. Die Ursachen und Gründe spielen dabei keine Rolle, denn jeder sieht jetzt seine Situation bedroht und bangt um sein Ergebnis.

Wenn ich mich hier dem Prüfungsschießen zuwende, so tue ich es deshalb, weil mir notwendig erscheint, einerseits die Situation im Interesse der Prüflinge zu beleuchten, andererseits manchen Prüfern ein noch besseres Verständnis für die Prüflinge zu geben.

Jeder Prüfling muß wissen, daß nur ein fleißiges Üben zur Sicherheit im Umgang mit der Waffe und zu einem guten Trefferergebnis bei der Prüfung führt. Muß ich z. B. bei der Prüfung von 100 Ringen 50 erbringen, darf ich mich bei der Vorbereitung nicht damit begnügen, wenn ich jedesmal so knapp über 50 liege. Der Unsicherheitsfaktor ist zu groß und löst ganz natürlich Angst und Nervosität aus. Dadurch wird aber das Zielen und das Schießen insgesamt höchst negativ beeinflußt und die Wahrscheinlichkeit des Nichtbestehens vergrößert.

Ich schärfe jedem Prüfungsanwärter ein, sich nur mit einem Übungsresultat zufrieden zu geben, das weit über der geforderten Mindestleistung des Prüfungsschießens liegt. Zum Beispiel: Werden 50 Ringe als Mindestleistung verlangt, so muß er trachten, 70 bis 80 Ringe bei den Vorübungen zu erreichen. Schießt er diese Ringzahl gleichmäßig, darf er auch beruhigt und ohne Sorgen in die Prüfung eintreten und kann sich dabei sogar noch einen Fehlschuß erlauben. Häufig ist es so, daß das Büchsenschießen bei der Übung vernachlässigt wird, weil man der Auffassung ist, Büchsenschießen wäre leichter. Außerdem hat man ja „in früher Jugend" Berührung mit der Büchse gehabt oder dann später beim Militär auch „ganz gut" geschossen. Man hat schon hochrangige Offiziere und Minister zittern und schwitzen sehen, als sie zum Prüfungsschießen auf dem Büchsenstand angetreten sind.

Zum Schießen soll man weder in letzter Minute abgehetzt erscheinen, noch soll

Erfahrene Aufsichten, die nicht nur über die Sicherheit beim Schießbetrieb wachen, sondern auch mit Rat und Tat dem Schützen zur Verfügung stehen und seine Fehler erkennen, sind sehr wichtig. Bei der Ausbildung und Prüfung erfordert es die Sicherheit, daß nach Möglichkeit für jeden zum Schießen angetretenen Schützen eine Aufsichtsperson vorhanden ist. Am zweckmäßigsten ist es, wenn bei der Prüfung und Ausbildung nur jeweils zwei Schützen antreten.

man einige Stunden vorher da sein. Am besten finde ich es, wenn der Prüfling ein paar Minuten vor der angegebenen Zeit erscheint und keine übermäßig lange Wartezeit, erst recht nicht bei Hitze und Kälte, in Kauf nehmen muß. Man muß gerade so viel Zeit haben, um seine Formalitäten erledigen und den Ablauf von Anfang bis zum Ende noch einmal durchdenken zu können. Hat man dann die Waffe in der Hand und aufs Ziel gerichtet, darf man nicht an die Prüfung und an den Prüfer denken, sondern muß einzig und allein von dem Willen beseelt sein, gut zu treffen. Dann klappt es auch! Wer so abschalten kann, ist gut dran.

Auf dem Büchsenstand muß ein hinreichender Abstand, wenn nicht gar eine Trennung zwischen den schießenden und den wartenden Prüflingen vorhanden sein. Es geht nicht an, daß im Hintergrund gemurmelt, diskutiert oder gar dem Galgenhumor entspringende Witze gerissen werde. Schießen mehrere Prüflinge nebeneinander, so muß der Abstand von Prüfling zu Prüfling möglichst groß gehalten werden, damit nicht vom Nebenmann Störungen durch Knall oder Bewegung ausgehen.

Bei dem Wurftauben- oder Kipphasenschießen hat die Nervosität oder Aufregung, verbunden mit verstärktem Herzklopfen, keinen sonderlichen Einfluß auf das Ergebnis. Ich sehe es immer wieder, daß die Ergebnisse des Flinten-Prüfungsschießens die Erwartungen der Prüflinge übertreffen und nicht viel geringer sind als die durchschnittlichen Übungsergebnisse vor der Prüfung. Das liegt an der Art des Schießens. Das eine ist das statische Zielen bei der Büchse und das andere das dynamische Schießen bei der Flinte. Ist der erste Flintenschuß gefallen, so hat man sich auch schon einigermaßen gefangen und abreagiert. Dennoch darf man auch hier nichts außer acht lassen, was für ein gutes Trefferergebnis wichtig ist.

Beim An- und Abtreten vom Stand muß man auf die korrekte Trageweise der Flinte achten, auf dem Stand selbst diese korrekt und sicher handhaben, so wie es gelehrt und gelernt worden ist. Es schadet gar nichts, wenn man übervorsichtig ist und die Handgriffe exerziermäßig ausführt. Vor dem Einnehmen der Schießstellung bedenke man noch einmal, worauf es ankommt. Man wird seine Checkliste im Geist durchgehen und dann erst die Fertig-Stellung einnehmen. Dabei ist es völlig unwesentlich, ob man den Kipphasen, den Rollhasen oder die Wurftauben beschießt, das Prinzip ist dasselbe.

Auf den Flintenständen, insbesondere auf den Wurftaubenständen wird es kaum möglich sein, Zuschauer zu vermeiden. Es ist ja ein Schießen im Freien. Ist der Abstand der Zuschauer von den Schützen groß genug, also 10 bis 20 m, so habe ich

Bedingungen für das Fach jagdliches Schießen mit Büchse, Flinte und Kurzwaffe Prüfung zur Erlangung des ersten Jagdscheines

Büchse Prüfungsbedingungen	Mindestforderung	Flinte Prüfungsbedingungen	Mindestforderung	Kurzwaffe Prüfungsbedingungen	Mindestforderung
Baden-Württemberg 100 m 5 Schuß auf stehenden Rehbock	3 Treffer im Ringbereich 8–10	10 Wurftauben oder 10 Kipphasen	3 Treffer 4 Treffer	keine	keine
Bayern 100 m 4 Schuß auf 10er Ringscheibe davon 2 Schuß sitz. aufgelegt 2 Schuß angestrichen	3 Treffer im Ringbereich 6–10	10 Wurftauben	2 Treffer	keine	keine
Berlin* 80 m oder 100 m 5 Schuß auf Rehbock stehend angestrichen	25 Ringe im Ringbereich 6–10	5 Kipphasen	2 Treffer	keine	keine
Bremen 100 m 5 Schuß auf Rehbock stehend angestrichen	21 Ringe im Ringbereich 3–10	10 Wurftauben oder 10 Kipphasen oder 10 Rollhasen	3 Treffer 5 Treffer	keine	keine
Hamburg 100 m 5 Schuß auf Rehbock stehend angestrichen 5 Schuß auf Fuchs liegend frei	50 Ringe insges.	10 Wurftauben	3 Treffer	keine	keine
Hessen 100 m 3 Schuß auf 10er Ring sitzend aufgelegt 3 Schuß auf Rehbock stehend angestrichen	zusammen 2 Treffer im Ringbereich 5–10 2 Treffer im Ringbereich 1–10	6 Kipphasen	3 Treffer	keine	keine
Niedersachsen 100 m 5 Schuß auf Rehbock stehend angestrichen	3 Treffer im Ringbereich 3–10 mindest 21 Ringe	10 Kipphasen oder 10 Wurftauben	5 Treffer 3 Treffer	keine	keine
Nordrhein-Westfalen 90–110 m 5 Schuß auf Rehbock stehend angestrichen	24 Ringe	10 bewegliche Ziele: Trap/Skeet Kipphasen	3 Treffer Wurftauben 5 Treffer Kipphasen	keine	keine
Rheinland-Pfalz 100 m 3 Schuß auf Rehbock stehend angestrichen 3 Schuß stehender Überläufer sitzend aufgelegt 2 Schuß auf Fuchs liegend o. sitzend frei 2 Schuß auf flüchtigen Überläufer steh. frei 60–50 m	insgesamt 60 Ringe	15 Wurftauben	5 Treffer	25 m 6 Schuß auf 10er Ringscheibe	2 Treffer in den Ringen
Saarland 100 m 3 Schuß auf Rehbock stehend angestrichen 3 Schuß auf 10er Ringscheibe sitzend aufgelegt	insgesamt 4 Treffer im Ringbereich 6–10	6 Kipphasen oder Rollhasen oder 15 Wurftauben	 3 Treffer 5 Treffer	Schießen Schußzahl nicht festgelegt	keine
Schleswig-Holstein 100 m 5 Schuß auf Rehbock stehend angestrichen	3 Treffer im Ringbereich 3–10	10 Traptauben	3 Treffer	keine	keine

* Neue Prüfungsordnung in Vorbereitung

keine Bedenken, daß dadurch der Prüfling gestört wird. Aber man muß dem Prüfling immer das Gefühl nehmen, daß ihm einer im Nacken sitzt. Neben dem Prüfer halte ich eine Aufsichtsperson, die insbesondere auf die Sicherheit im Umgang mit der Waffe achten muß und notfalls Zwischenfälle abwenden soll, auf dem Stand direkt bei dem Prüfling für ausreichend. Es ist sehr übertrieben, wenn eine ganze Prüfungskommission den schießenden Prüfling umzingelt und ihm dadurch den Angstschweiß noch mehr auf die Stirn treibt. Prüfer, die etwas mehr vom Schießen als der durchschnittliche Jäger verstehen, werden so etwas nicht tun, sondern im Gegenteil alles daran setzen, daß negative Beeinflussung des Prüflings von außen weitestgehend vermieden wird. Es wäre auch grundfalsch, würde man während der Prüfung, also zwischen der Abgabe der einzelnen Schüsse, alle möglichen Fragen stellen, die in das Fach Waffen, Munition und Schießen fallen. Das würde in höchstem Maße von dem eigentlichen Schießen ablenken und zu schlechten Resultaten führen. Ebenfalls falsch wäre es, gäbe der Prüfer während des Prüfungsschießens Belehrungen ab und nähme er Haltungskorrekturen vor.

Eine Prüfung ist kein Unterricht, und ein Eingreifen in den Schießablauf halte ich nur dann für gerechtfertigt, wenn die Sicherheit gefährdet ist. Die sichere Handhabung der Waffe muß in jeder Phase vorrangig sein. Es ist schade, daß der Föderalismus ausgerechnet im Prüfungsfach „Schießen" zur höchsten Blüte gekommen ist. Nahezu unverständlich sind die in den einzelnen Ländern stark abweichenden Bedingungen und geforderten Mindestleistungen. Der Jagdschein hat bundesweite Gültigkeit, und deshalb müssen m. E. die Prüfungsordnungen einigermaßen abgestimmt werden!

Der Schießobmann

Für die Aus- und Weiterbildung des Jägers spielt der Schießobmann, Schießwart, oder wie man ihn auch nennen mag, eine wesentliche Rolle, „der richtige Mann auf dem richtigen Platz" muß die Devise sein. Jede Gliederung der Jägerschaft (Hegering, Kreis-, Bezirks- und Landesgruppe) soll um kontinuierliche Besetzung dieses ehrenamtlichen Postens durch einen qualifizierten Mann bemüht sein. Die Aufgaben dieses Mannes sind klar umrissen, und die Aktivitäten, die er zu entwickeln hat, ergeben sich im wesentlichen aus der DJV-Schießordnung. Der Rahmen ist sehr weit gesteckt, und innerhalb dieses Rahmens ist jede sinnvolle Variation erwünscht. Alle Aufgaben des Schießobmanns sind ernsthafter Natur. Es muß das Ziel sein, diese ernsthafte Tätigkeit interessant, abwechslungsreich und dadurch auch zugkräftig für jeden Jäger zu gestalten. Denn jeder Jäger besitzt eine Waffe und führt sie; deshalb wird er interessiert sein, einen guten Schuß abzugeben. Folglich bedarf es keiner Überredungskunst oder großartiger Werbung. Jagdliches Schießen ist ein Begriff, dessen Bedeutung schon für die Jägerprüfung klar erkannt sein muß.

Ein Schießwart muß vom Schießen mehr verstehen als der Durchschnittsjäger und selbst in der Lage sein, einigermaßen gut zu schießen. Aufgrund seines Wesens und Charakters muß er ein allgemein beliebter Jäger sein. Kommt dazu Organisationstalent, so ist er imstande, dafür zu sorgen, daß seine Jäger zu den angesetzten Übungsterminen gern erscheinen. Schwierig ist die Aufgabe, alle Mitglieder des Jagdclubs, Hegerings, Vereins oder der Kreisgruppe trotz stark unterschiedlicher Leistungen „unter einen Hut zu bringen". Dem Kreisgruppen- und Vereinsschießwart obliegt die Terminabstimmung auf den verschiedenen Schießständen, die rechtzeitige und klare Bekanntgabe der Schießen, er ist verantwortlich für die Vorbereitung aller Schießen, die in Kleinstarbeit ausarten kann, aber auch für die ordnungsgemäße Durchführung des Schießbetriebes. Der gute Schießwart wird zur Bewältigung seiner vielseitigen Aufgaben zuverlässige Helfer heranziehen. Ein Schießwart-Stellvertreter ist dabei erforderlich, denn es gibt im Laufe des Jahres Termine, die der Schießwart aus Rücksicht auf Beruf und Familie nicht selbst wahrnehmen kann. Dann wird der Stellvertreter einspringen. Der Kreis- oder Kreisgruppen-Schießwart tut auch gut, sein Arbeitsgebiet zu unterteilen und Eigenaktivität entwickelnde Betreuer für die Gebiete Büchsenschießen, Flintenschießen und Kurzwaffenschießen zu suchen.

Ein Schießwart soll sich im Laufe weniger Jahre nicht verschleißen, sondern vielmehr mit Verantwortungsbewußtsein, Geschick und wachsender Erfahrung die Sparte „Jagdliches Schießen" viele Jahre lenken und zielbewußt leiten.

Alles selbst machen zu wollen, wäre ebenso ungeschickt, wie alles aus der Hand zu geben.

Versetzen wir uns einmal in die Lage des Schießwartes. Zu Beginn des Kalender- oder Jagdjahres wird er mit dem Hegeringleiter, Club-, Vereins- oder Kreisgruppenvorsitzenden seine Pläne besprechen. Er wird in die Gesamtplanung einzugliedern haben:

1. regelmäßig wiederkehrende Übungsschießen,
2. Leistungsschießen zum Erwerb von Schießnadeln, sogenanntes Nadelschießen,
3. Vergleichs-, Wettkampfs- und Meisterschaftsschießen,
4. gesonderte Trainingsschießen für die den Hegering, Verein oder Kreis vertretende Mannschaft oder den Einzelschützen,
5. Vorträge und Referate mit Themen, die entweder ganz oder zum Teil das Gebiet des jagdlichen Schießens zum Inhalt haben,
6. Aus- und Fortbildungskurse für Büchsen-, Flinten- und Kurzwaffenschießen.

Erst wenn die Termine und der Umfang der Arbeit im Gremium der Verantwortlichen besprochen wurden, kann die Einzelplanung einsetzen. Bei allem Planen und Denken darf die Kostenfrage nicht außer acht gelassen werden. Es könnte dazu führen, daß über kurz oder lang bei überhöhten Preisen nur der besser Situierte mithalten kann und nach und nach eine soziale Schichtung entsteht. Der Schießwart tut gut, auch Luftgewehr- und Kleinkaliberschießen, aber auch Trockenübungen in sein Programm mit einzubeziehen und dort, wo es möglich ist, sich nach Zuschüssen umzusehen und sie sinnvoll in Ansatz zu bringen.

Alle Leistungsgruppen muß er gleichmäßig und gerecht behandeln, damit nicht die Gewinnchancen bei Preisschießen ständig bei ein und derselben Personengruppe liegen. In den Preisen sehe ich den gleichen Sinn und Zweck wie in den Schießnadeln; im wesentlichen einen Ansporn zum Mit- und Weitermachen und zur Leistungssteigerung. In der heutigen Zeit genügt es, wenn die Preise einen Erinnerungswert haben. Dazu zählen nicht Vasen, Küchengeräte, schnell verschleißbare Gebrauchsgegenstände, sondern Medaillen, Urkunden, Bücher, kleine bis mittlere Zinnbecher und ähnliches. Eine Gravur bzw. Widmung erhöht den Wert. Von Wanderpreisen halte ich nicht viel, vor allem dann nicht, wenn dem Vorbesitzer kein Erinnerungsstück bleibt oder der Preis selbst so unschön ist, daß man ihn sich weder hinstellt noch aufhängt. Also soll der Schießwart auch einen guten Geschmack bei der Auswahl der Preise und Fingerspitzengefühl für den Unterschied zwischen Kitsch und Gediegenem haben.

Nun soll keiner sagen, der Schießwart muß ein Supermann sein, den es nicht gibt. Doch, einen solchen Mann findet man schon, wenn man sich gut umsieht und ihm die Unterstützung, die er seitens eines Vorstandes braucht, auch gewährt. Ich denke nicht an Geld, sondern an das Mitspracherecht in fachlichen Dingen, an ideelle Unterstützung, an die Würdigung seiner Arbeit, und sei es nur durch ein paar gute Worte. Ohne Ansehen der Person muß auch der Schießwart hart durchgreifen können, wenn es erforderlich ist. Der Schießbetrieb muß eingedenk der Gefährlichkeit von Schußwaffen mit vollem Ernst und unvermeidlichem Drill abgewickelt werden, weil sonst bei Einschleichen von Lässigkeit, Gleichgültigkeit und allzu großzügiger Auslegung der Vorschrift und Standordnung der Schießbetrieb zur Brutstätte von Gefahren wird. Wenn sich ein Schießwart durch das Vorzeigen des gültigen Jahresjagdscheins bzw. einer gültigen Haftpflichtversicherung absichert, so ist es sein Recht und seine Pflicht. Ein korrektes, bestimmtes, aber dennoch nicht unfreundliches Vorgehen kommt jedem Schießwart bei der Erfüllung seiner Aufgaben zugute.

Klappern gehört zum Handwerk! Es wäre unklug, wenn der Schießwart von seiner Aktivität und den Erfolgen seiner Leute nicht berichten würde. Durch seine Berichterstattung auf Vereinsabenden, Versammlungen größeren Umfangs, in den Mitteilungen seines Verbandes oder in der Fachpresse, ja, auch in der lokalen Tagespresse rüttelt er manchen Jäger wach bzw. weckt sein Interesse. Wenn er nicht in der Lage ist, Geschehenes auf ansprechende Weise in einen Bericht umzusetzen, so wird er damit einen einschlägig Versierten aus seinem Kreis beauftragen.

Vereinswaffen fallen auch in den Zuständigkeitsbereich des Schießwartes. Sie in gutem Zustand zu erhalten, jederzeit einsatzfähig zu haben, muß selbstverständlich sein. Auch dies muß er organisieren.

Da drängt sich sogleich eine Frage auf: Ist es günstig, wenn ein Waffenhändler oder Büchsenmacher auch zugleich Schießwart ist? Die Überlagerung von Interessen kann, muß aber nicht eintreten. Viele befürchten, daß sie in ein Abhängigkeitsverhältnis zum Waffenhändler oder Büchsenmacher treten, wenn dieser auch gleichzeitig Schießobmann ist. Die Frage kann man nicht ohne nähere Betrachtung der betreffenden Person beantworten. Einerseits sollte man glücklich sein, jemanden zu finden, der neben guten Schießfähigkeiten, Waffen- und Munitionsfachkenntnissen auch organisatorische Fähigkeiten besitzt und talentiert ist, eine Position wie die des Schießwartes gut auszufüllen. Andererseits muß man aber die Gewähr haben, daß dieser Posten nicht als Sprungbrett zum Geschäft betrachtet wird.

Es wäre zum Nutzen des gesamten Schießwesens, wenn jeweils die neuen Schießobmänner in ihr großes und wichtiges Arbeitsgebiet sachverständig eingewiesen würden. Das könnte an einem Wochenende auf oberer Ebene (Bezirk – Land) erfolgen. Für erforderlich halte ich auch von Zeit zu Zeit eine Schulung der bereits eingewiesenen Obmänner durch Fachkräfte. Kurzlehrgänge und Tagungen tragen ohne Zweifel dazu bei, die Arbeit zu intensivieren, und geben ihr neue Impulse. Ein Erfahrungsaustausch weitet das Gesichtsfeld und trägt zur Weiterbildung bei. – Das betrifft auch die Landesschießobmänner, denen ein Auftrieb von Zeit zu Zeit genausowenig schadet wie den Obmännern auf Bezirks-, Kreis-, Vereins- oder Hegeringebene.

Schießschulen – Schießkurse – Schießgärten

Die Schießschulen sind keine Erfindung der letzten Jahre, sondern bewährte Einrichtungen, die schon seit langem besonders in England und den USA regen Zuspruch finden. Das Selbsterlernen und Selbstperfektionieren des Schießens ist nicht jedermanns Sache, und so wurde auch von Unternehmern außerhalb der Organisationen der Jäger die Initiative ergriffen und Schießschulen ins Leben gerufen. Bisher werden unter der Bezeichnung „Schießschule" Einrichtungen verstanden, in denen nur das Flintenschießen gelehrt wird. Das liegt daran, daß es leichter ist, sich selbst im Büchsenschießen bzw. Kurzwaffenschießen weiterzubilden als im Flintenschießen. Solange eine Schulung gut und preiswert, d. h. ihr Geld wert ist, ist dagegen nichts einzuwenden, im Gegenteil, man kann sie nur befürworten. Das Eigeninteresse der sie betreibenden Industrie, des Handels und der Schießschuleigner ist unschwer zu erkennen. Neben dem Werbeeffekt durch den Namen der Schießschule können bestimmte Produkte dem Schüler bekanntgemacht, die Schießfreudigkeit allgemein angeregt und dadurch der Verkauf von Waffen und Munition gesteigert werden.

In jedem Falle profitieren wir Jäger, wenn es sich um jagdliche Schießschulen und -kurse handelt, weil sie zu einem sicheren Umgang mit der Waffe und zum guten Schuß im Revier beitragen. Die Nachfrage, die Kosten und die Güte der Lehreinrichtungen werden immer ausschlaggebend sein für den Erfolg und Fortbestand der Schießschule. Je vielseitiger und gründlicher der Schießbetrieb aufgezogen wird, um so aufwendiger wird aber die ganze Angelegenheit. Es wäre gut, wenn die einzelnen Schießschulen zwar in ihrem Grundkonzept einheitlich, aber in bezug auf ihre Einrichtung und ihr Gesamtprogramm doch unterschiedlich wären. Es hätte

Schrotwand mit beweglichem Ziel. An dieser gekalkten Stahlwand kann ich sowohl auf altgewohnte Weise die Streuung und die Trefferlage durch Schießen auf einen festen Punkt der Scheibe ermitteln als auch den Schrotschuß auf das bewegliche Ziel kontrollieren (Schuß auf die von links nach rechts bzw. umgekehrt bewegte Kelle). Die elektronische Anlage macht es möglich, daß das Ziel an den Punkt zurückkommt, an dem es sich bei der Schußabgabe befand. Die Stahlwand mit der beweglichen Kelle hilft Fehlerquellen, die beim Schützen und bei der Waffe liegen, schnell zu erkennen.

den Vorteil, daß die Vielseitigkeit und Variationsmöglichkeit des Schießens nach und nach voll zum Tragen kämen. Die einzelnen Schulen würden sich auch keine Konkurrenz machen.

Mit der modernen Einrichtung einer Schießschule allein ist es noch nicht getan. Eine Schießschule ist im allgemeinen so gut wie ihr Schießlehrer. Das Talent eines Schießlehrers besteht darin, Schießfehler bei seinen Schülern auf den ersten Blick zu erkennen und Methoden zu entwickeln, die schnell Fehler korrigieren und recht bald zur Verbesserung der Leistung führen. Er selbst muß einen flüssigen, gefälligen Stil im Schießen vorführen können. Die Erklärungen, die er abzugeben hat, müssen allgemein verständlich und präzise sein, er muß Geduld zeigen, Ruhe ausstrahlen und die Schüler im Selbstvertrauen bestärken können. Von einem Schießlehrer verlange ich auch ein sicheres Beherrschen und eine in allen Situationen einwandfreie Handhabung der Waffe. Außerdem gehört in eine jagdliche Schießschule auch nur ein charakterlich einwandfreier Jäger, der im Revier ein waidgerechtes Verhalten, vor allem in bezug auf den Umgang mit der Waffe, demonstriert. Theorie und Praxis, Schießschule und Jagdbetrieb dürfen sich nicht ausschließen, sie gehören zusammen.

Der Schießschulbetrieb muß daher in allen seinen Phasen praxisnah sein. Den großen Vorteil, den eine Schießschule für sich verbuchen kann, ist das Vorhandensein von modernen technischen Einrichtungen, von Anschauungs- und Lehrmaterial, das berufsmäßige Vermitteln von Kenntnissen, von sicherlich fast ausschießlich guten Fachkräften bei vielseitigen, zweckmäßigen Schießanlagen. Der Nachteil

Im Schießgarten auf dem „Pürschpfad". Der Schießlehrer muß die Fähigkeit besitzen, Fehler sofort zu erkennen, um verständliche Korrekturanweisungen zu geben. Der „Überkopf-Fasan" vom hohen Turm erfordert Können.

einer Ausbildung in der Schießschule könnte darin gesehen werden, daß sie auch bei Selbstkostenberechnung a. relativ kostspielig ist, b. unter Umständen weite Anfahrtswege erforderlich sind und c. sich niemand mit der Aus- und Weiterbildung eines Jägers über einen längeren Zeitraum hinweg beschäftigen kann.

Hier kann man zwar sagen, einem Wiederkommen steht nichts im Wege, aber ist es immer realisierbar? Neben den Schießschulen finden wir auch kursusmäßig organisierte Lehrstätten mit gleichen oder ähnlichen Zielen. Der Kursusleiter, wenn nicht von der Jägerschaft verpflichtet wird und ehrenamtlich tätig ist, wird seine Kurse sicherlich nicht hauptberuflich, sondern nebenberuflich als Nebenerwerb durchführen. Es gibt gute Kurse zu akzeptablen Bedingungen. Leider werden aber auch durch Privatinitiative schlechte Kurse dort entstehen können, wo die Jägerschaft nicht selbst dafür sorgt, daß solche mit nur guten Ausbildern durchgeführt werden. Hier ist es ähnlich wie mit den Kursen zur Vorbereitung auf die Jägerprüfung. Eine schlechte Sache kann sich nur dort ausbreiten, wo eine gute Sache fehlt.

Im großen und ganzen können wir mit unserer Schießausbildungssituation zufrieden sein, weil es erfreulicherweise in den Reihen der Jäger selbst viele Männer gibt, die sich für die Schießausbildung zur Verfügung stellen und einer guten Sache dienen wollen. Der Hegering, die Kreisgruppe, aber auch der Verband sollen nur solche Leute zu Kursusleitern ernennen, die auch die entsprechenden Fähigkeiten haben. Oft drängen sich unqualifizierte Bewerber zu Ämtern und Ehrenaufgaben, und wenn es dann nicht Männer gibt, die die Wahrheit auszusprechen sich nicht scheuen, steht der falsche Mann am falschen Platz. Schießkurse, die einige Wochen dauern, können den Fortschritt begünstigen. Von Übungsstunde zu Übungsstunde hat der Kursusteilnehmer die Möglichkeit, zwischenzeitlich zu Hause oder auch auf dem Stand trocken zu üben und in die Praxis auf dem Stand umzusetzen. Wenn der Kursusleiter von Anbeginn eine Liste mit den Schießergebnissen der Teilnehmer führt, wird es ihm nicht schwerfallen, Stagnation oder Fortschritt abzulesen. Die auszubildende Gruppe muß klein sein. Auf den Wurftaubenständen darf die Stärke von zwei Rotten, also maximal 12 Mann, nicht überschritten werden. Will sich der Lehrer ganz intensiv mit dem einzelnen Kursusteilnehmer beschäftigen und auf dem Trap- und Skeetstand nur immer jeweils einen Mann schießen lassen, so halte ich eine Gruppe von sechs Mann für angemessen.

Wenn man mich fragen würde: „Kursus am Wohnort oder Schießschule irgendwo?" so würde ich antworten: „Das eine tun, das andere nicht lassen". Kursus und Schießschule ergänzen sich in wunderbarer Weise. Vorteilhaft ist es, wenn sowohl beim Kursus als auch in der Schießschule die sich zusammenfindenden Schüler einigermaßen gleiches Leistungsniveau zeigen. Es ist nicht gut, den Anfänger mit einem Fortgeschrittenen zusammenzubringen. Einer ist dabei immer der Benachteiligte. Es dürfte keine Schwierigkeiten bereiten, in der Ausschreibung aufzuzeigen, was gelehrt wird, welche Übungen geplant sind und was das Kursusziel sein soll. Man kann natürlich nur sagen „Kursus für Anfänger", „Fortgeschrittene" oder „gute Schützen"; diese Angaben allein genügen aber nicht, weil bei aller Objektivität nicht jeder in der Lage ist, sich selbst in die für ihn richtige Gruppe einzuordnen.

Im Schießgarten steht der Jäger – genau wie meist während der Jagd – auf unebenem Boden. Die Feinheiten des Flintenschießens, die auf dem Trap- und Skeetstand erlernt wurden, müssen hier in die Praxis umgesetzt werden. Der Schütze beschießt den Rollhasen, der aus dem Automaten links oben im Bild geschleudert wurde.

Der Rollhasen-Automat: je nach Beschaffenheit von Gelände und Sicherheitsbereich kann dieses Bodenziel von allen Seiten und allen Winkeln beschossen werden. Eine sinnvolle Einrichtung zur Ergänzung des Schießgartens oder eines Flintenstandes. Der „Rollhase“ wird neuerdings aus Kunststoff gefertigt. Beim Treffen wird meist nur der innere Teil (Scheibe) herausgeschossen und der Kranz aus seiner Rollbahn gebracht. Mit engschießenden Läufen kann man auch aus naher Entfernung den Kranz zum Platzen bringen.

Eine ausgezeichnete Ergänzung des Trap- und Skeet-Schießens ist das praxisbezogene Üben in sogenannten Schießgärten. Es sind großflächige Anlagen, in denen Wurfmaschinen im Gelände verdeckt eingebaut sind. Der Schütze hat das Gefühl, im Revier und nicht auf dem Schießstand zu sein. Die Tontaube wird aus nicht vorher bestimmten, zum Teil auch unbekannten Maschinen an einer für den Schützen nicht genau festgelegten Stelle ausgelöst. Der Überraschungseffekt ist besonders groß, wenn der Pfad im Schießgarten zum erstenmal begangen wird. Der Schießlehrer hat es in der Hand, auch bei wiederholtem Begehen des Schießpfades Überraschungen einzubauen, indem er andere, bisher unbekannte Maschinen auslöst oder die Zeitpunkte des Auslösens verschiebt und dadurch den Stand des Schützen verändert.

Ein Schießgarten ist um so interessanter, je vielseitiger er ist. Der hohe „Überkopf-Fasan" von einer im Baum eingebauten Plattform oder einem hohen Turm geworfen, ist genauso praxisnah wie ein flach „abstreichendes Rebhuhn". Es können fast alle jagdlichen Gegebenheiten simuliert werden. Natürlich kann auch jede „Taube" beliebig oft wiederholt und geübt werden. Der Schießgarten erfordert m. E. einen noch erfahreneren Schießlehrer als jeder andere Schießbetrieb, weil er den Schwierigkeitsgrad dem Schützen und seinem Können anzupassen hat. Auch in einem fast systemlos scheinenden Schießbetrieb muß er das jeweils richtige System anwenden.

Die Einrichtung und Unterhaltung eines vielseitigen Schießgartens sind viel aufwendiger als ein herkömmlicher Tontaubenstand. Dementsprechend teuer ist auch die Instandhaltung eines Schießgartens mit elektronisch gesteuerten Maschinen und der dazugehörenden technischen Einrichtung.

Es empfiehlt sich, neben dem Üben auf dem Skeet- und Trapstand wenigstens ab und zu einmal, und wenn es nur alle ein bis zwei Jahre ist, einen Schießgarten aufzusuchen.

Schießleistungsnadeln

Um zu Leistungen im jagdlichen Schießen anzuspornen und erfolgreiche Jagdschützen, sofern sie Mitglieder eines der dem DJV angeschlossenen Landesjagdverbände oder ausländische Gäste sind, auszeichnen zu können, ist eine DJV-Schießleistungsnadel in vier Stufen, *Bronze, Silber, Gold* und *Sonderstufe Gold,* eingeführt worden.

Alles, was wir für das jagdliche Schießen tun, ist nicht Selbstzweck und darf es auch niemals werden. Aber zum Sichtbarmachen der durchgeführten jährlichen Schießübungen und zum Dokumentieren von bestimmten Schießleistungen hat der Deutsche Jagdschutz-Verband außerdem Jahresschießnadeln gestiftet. Wenn ich also übe oder gar wettstreite, zum Erwerb einer Schießnadel antrete, so geschieht es zwar vorwiegend wegen der Leistung, aber nüchtern betrachtet kommt dieser persönliche Ehrgeiz über den Stolz einer Schießnadel der waidgerechten Jagdausübung zugute. Wir wollen diese menschlichen Schwächen, das Streben nach Orden und Ehrenzeichen, Medaillen o. ä., zum Wohle hinreichender Schießerfolge gern ausnutzen. Der durch die Schießleistungsnadeln entfachte Ansporn ist eine gezielte, gute Maßnahme.

Wir wollen den Jäger mehr oder weniger regelmäßig auf dem Schießstand beim Üben sehen. Viele kommen gern, aber einige brauchen dazu einen Ansporn. Die Jahresnadel als erste in der Reihe der Nadeln fordert eine sehr mäßige Leistung, damit – gleich, ob bei Jung- oder Altjägern – schon nach kurzer Zeit das gesteckte Ziel ohne allzu große Mühe und Aufwand erreicht werden kann. Der Anreiz der Jahresschießnadel soll auch die Zahl derer vergrößern, die unmittelbar nach der Prüfung auf den Stand zum Üben kommen, damit sich nachfolgend jährlich wenigstens einmal bestätigt, daß er mit Flinte und Büchse gewisse Ansprüche erfüllen kann.

Von jedem Jäger muß – solange er die Jagd praktisch ausübt – verlangt werden, daß er die Bedingungen zum Erwerb der Jahresschießnadel erfüllt. Bedenken wir, daß er sich unter den jagdlichen Büchsenschießbedingungen die zwei leichtesten Übungen auswählen darf und daß von höchstmöglichen 100 Ringen auf zwei Scheiben insgesamt nur 60 Ringe gefordert werden. Außerdem darf an jedem beliebigen Tag der Anlauf zu dieser Mindestleistung wiederholt werden. Es genügt, wenn ein Verantwortlicher der untersten Gliederung des LJV anwesend ist und die ausreichende Leistung bescheinigt. Ähnlich ist es beim Flintenschießen, bei dem zwischen Skeet, Trap, Roll- und Kipphase gewählt werden kann. Diese Auswahl soll den Hegeringen und Kreisgruppen die Möglichkeit geben, auf eigenen Ständen, die zum Teil nur eine der erwähnten Einrichtungen besitzen, zu schießen. Weite Wege zu größeren Schießanlagen können dadurch vermieden werden.

Von 15 Flintenzielen muß der Schütze sechs treffen. Das ist nicht viel, aber eine ausreichende Leistung. Leider haben wir unter uns auch Jäger, die nicht einmal diese Minileistung erreichen. Viele Revierinhaber wissen nicht, daß sie sich unter Umständen bei Jagdunfällen mitschuldig machen, wenn sie Jagdscheininhaber zur Jagd einladen, die die Handhabung der Waffe und das Schießen nur mangelhaft beherrschen. Es müßte eine Beruhigung für jeden Jagdausübungsberechtigten sein, wenn er am Hut seines Gastes die Jahresschießnadel sieht! Einige Revierinhaber gehen in der letzten Zeit dazu über, nur noch solche Jäger – insbesondere zur Treibjagd – einzuladen, von denen bekannt ist, daß sie auch des öfteren auf dem Schießstand üben und die geforderten Mindestleistungen – 60 Ringe von 100 mit der Büchse und sechs bewegliche Ziele von 15 mit der Flinte – erbringen. Als Beweis, daß diese Leistungsansprüche nicht zu hoch gesteckt sind, kann ich anführen, daß sie von einigen Jungjägern unmittelbar nach der Prüfung auf Anhieb erreicht werden.

Von den anderen Schießnadeln unterscheidet sich die Jahresnadel dadurch, daß für sie jedes Jahr die Leistung zu erbringen ist. Die Jahreszahl der Nadel sagt klar aus, daß man nicht beispielsweise vor zehn Jahren mit seiner Schießfertigkeit „in“ war, sondern es auch heute noch ist.

Anders sieht es bei den Schießleistungsübungen aus, die nur einmal nach erreichter Leistung verliehen werden und die den u. U. einmaligen Stand des Könnens für die ganze weitere Lebenszeit bezeugen.

Die Leistung für die bronzene Schießleistungsnadel betrachte ich als eine schon gehobene Durchschnittsleistung, die jeder Schütze ohne sonderlichen Übungs- und Geldaufwand im Laufe von Monaten erreichen kann. Der Weg von der Prüfungsleistung als Jagdscheinanwärter zur Leistung der Jahresschießnadel ist vielleicht etwas leichter als der Weg von der Jahresschießnadel zur bronzenen Leistungsnadel. Das liegt aber nicht an der Leistungshöhe, sondern einfach daran, daß sowohl das Büchsenschießen als auch das Flintenschießen an einem Tag absolviert werden müssen und weil es eine Wiederholung am gleichen Tag nicht gibt. Außerdem muß es zumindest ein offiziell angesetztes Nadelschießen sein, dessen Umfang größer ist (vier Wildscheiben, Skeet und Trap). Hier geht die Bewertung nach einem Punktsystem, wobei die Taube fünf Punkte zählt und die Ringzahl gleich der zu wertenden Punktzahl ist. 220 Punkte werden für die Bronzenadel verlangt. Das bedeutet ungefähr, daß von 30 Wurftauben (15 Trap und 15 Skeet) 15 Tauben getroffen (75 Punkte) und von 200 möglichen Ringen 140 Ringe erbracht werden müssen. Es kann natürlich auch jemand besser mit der Flinte, dafür schlechter mit der Büchse sein und umgekehrt. Was zählt, ist das Gesamtergebnis. Das Programm für die Jahresnadel sieht nur zehn Büchsenschüsse und nur 15 zu beschießende bewegliche Ziele vor. Für die Bronzenadel wurde die Anforderung verdoppelt, also 20 Büchsenschüsse, gleichmäßig auf die vier DJV-Bedingungen mit je fünf Schüssen verteilt, sowie 15 Tauben auf dem Skeetstand und 15 Tauben auf dem Trapstand. Es ist bekanntlich schwerer, eine längere Serie gleichmäßig durchzustehen als eine kürzere.

Das Schießprogramm, das für die Bronzenadel gilt, ist gleich dem für alle anderen Leistungsnadeln wie der in Silber, Gold und Groß-Gold. Unterschiedlich sind nur die Treffererwartungen. Die Steigerung von Bronze zu Silber um 40 Punkte sowie von Silber zu Gold um ebenfalls 40 Punkte kann man als gleichmäßig bezeichnen.

Leistungszeichen für das kombinierte Schießen
in natürlicher Größe

Gold von 300 bis 319 Punkte
(„Klein-Gold")
Silber von 260 bis 299 Punkte
Bronze von 220 bis 259 Punkte

Gold in der Sonderstufe
ab 320 Punkte („Groß-Gold")

Leistungszeichen für das Kurzwaffenschießen

Gold von 175 bis 184 Punkte
(„Klein-Gold")
Silber von 165 bis 174 Punkte
Bronze von 145 bis 164 Punkte

Gold in der Sonderstufe
ab 185 Punkte („Groß-Gold")

Jahresnadel

60 von 100 möglichen Ringen
6 von 15 beweglichen Zielen

Die verschiedenen Schießleistungsnadeln des Deutschen Jagdschutz-Verbandes

Vom Erwerb der bisher erworbenen Leistungsnadel zu der nächsten Stufe einer Leistungsnadel kommt erschwerend hinzu, daß die Möglichkeit zur Erinnerung dadurch beschränkt wird, daß die Ebene, auf der ein Nadelschießen stattfindet, immer höher liegt und die Häufigkeit der Wettbewerbe auf oberen Ebenen geringer ist. Verständlicherweise können auf Hegering- und Kreisgruppenebenen mehr Schießen abgehalten werden als auf einer Bezirksgruppen-, Landes- oder Bundesebene. Das sind gerechtfertigte Schwierigkeiten. Je schwerer ein Ziel zu erreichen ist, um so wertvoller ist die damit im Zusammenhang stehende Erfahrung. So ist die Sonderstufe in Gold oder Groß-Gold, wie sie auch genannt wird, die höchste Auszeichnung eines Jagdschützen von hohem ideellen Wert.

Wer es einmal vom Jägerprüfungsschießen über die Jahresschießnadel, die bronzene, silberne und kleine goldene Schießleistungsnadel zur Groß-Gold gebracht hat, wird in seiner Jägerlaufbahn sehr von dem oft beschwerlichen und dornigen Weg dorthin profitieren. Er wird immer ein guter Schütze bleiben und allen jagdlichen Situationen weitestgehend gewachsen sein. Aber auch die Inhaber der anderen nachgeordneten Stufen der Schießleistungsnadeln werden immer einigermaßen treffsichere Jäger bleiben und niemals ganz versagen, wenn sie gelegentliches Training nicht vernachlässigen.

Natürlich gibt es auch Jäger, die bei einem Schießen auf Landesebene einmal einen ganz besonders guten Tag haben, eine ausgezeichnete Büchsen- und Flintenleistung erbringen und dafür beispielsweise die goldene Schießleistungsnadel erhalten. Dieses Resultat zu halten, gelingt ihnen später überhaupt nicht mehr oder nur selten. Man könnte hier von Eintagsfliegen sprechen, darf das aber nicht abfällig verstehen, weil diese Schützen mit der einmalig gezeigten Spitzenleistung auch später immer und überall einigermaßen gut schießen werden. Es liegt nicht jedermann, unter Belastung, in Konkurrenz und unter Zeitdruck zu schießen. Zweifellos sind aber diejenigen Schützen die besseren, die ein bestimmtes hohes Können gleichmäßig auch unter Belastung beibehalten. Ich denke so an alle diejenigen, die konstant über 300 Punkte im kombinierten Schießen schaffen.

Was im allgemeinen zu den Schießleistungsnadeln für das kombinierte Schießen gesagt wurde, trifft auch für die Leistungsnadel des Kurzwaffenschießens zu.

Das Vorarbeiten eines Schützen von Bronze über Silber und Gold bis zur Sonderstufe Gold ist auch hier wie ein Erklimmen einer Leiter von Sprosse zu Sprosse.

Der wachsenden Bedeutung der Kurzwaffe und dem zu fördernden sicheren Umgang könnte noch besser Rechnung getragen werden, würde man – ähnlich wie bei der Jahresnadel beim kombinierten Schießen – auch eine Jahresnadel für die Sonderdisziplin Kurzwaffenschießen stiften. Ich bin der Ansicht, daß das unumstrittene Bedürfnis für zwei Kurzwaffen, das im Gesetz verankert ist, zum Üben mit der Waffe verpflichten sollte. Der Ansporn dazu kann von niemandem besser gegeben werden als vom Jäger selbst und seiner Vereinigung.

Das Wettkampfschießen

Vorbereitungen

Wenn sich ein Schütze vornimmt, einen Wettkampf mit Erfolg durchzustehen, wird er sich gründlich darauf vorbereiten müssen. Die großen Meister des jagdlichen Schießens, ganz gleich wie sie heißen, trainieren laufend systematisch und bis ins einzelne gehend für den Tag, an dem sie eine Bestleistung zeigen wollen.

Voraussetzung ist zunächst, daß die zum Wettkampf vorgesehenen Waffen in einem tadellosen, d. h. technisch einwandfreien Zustand sind und weiterhin, daß ein regelmäßiges Üben bereits einige Monate vorher eingesetzt hat. Beim Flintenschießen muß ich unbedingt mit dem Gewehr üben, mit dem ich auch zum Wettkampf antreten will. Für das jagdliche Schießen brauche ich eine gut ausbalancierte, zweckmäßig gebohrte (½- und ¾-Choke) und vor allem passend geschäftete Jagdflinte. Zum Üben der Schießbedingungen mit der Büchse kann ich aber auch eine der Wettkampfwaffe in allen Maßen gleiche Büchse im Kaliber .22 lfB oder eine Match-Luftbüchse verwenden. Übe ich mit einer solchen Waffe, so muß ich dennoch dann und wann einige Schüsse mit dem eigentlichen Wettkampfgewehr in den zugelassenen Kalibern abgeben, um den Umgang und das Vertrauen zu dieser Waffe zu festigen. Die Wettkampfbüchse wird eine gut ausgewogene, gut liegende, d. h. nach meinen Maßen und Vorstellungen mit dem letzten Schliff versehene Waffe im Kaliber .22 Hornet oder .222 Remington sein.

Zu der „Weit-Voraus-Vorbereitung" gehört auch die Wahl der Munition. Ich muß dafür sorgen, daß ich eine ausreichende Menge Munition *einer* Laborierung zur Verfügung habe.

Um mein Vertrauen zur Waffe genauso zu festigen wie zur Munition, schieße ich auf alle Fälle mit *der* Munition, die ich im Wettkampf verwenden will, schon beim Üben einige Serien. Ich habe festgestellt, daß die unmittelbar vor dem Wettkampf in aller Ruhe vom Anschußtisch abgegebenen Präzisionsschüsse in der Regel zusätzliche Sicherheit und Vertrauen vermitteln. Solche Kontrollschüsse mit der Büchse kurz vor dem Wettkamp halte ich für so wichtig, daß niemand darauf verzichten sollte. In diesem Punkt sind sich alle erfahrenen Meisterschützen einig.

Anders ist es bei der Vorbereitung auf das Flintenschießen. Einige alte Hasen vertreten die Ansicht, daß es vorteilhaft sei, am Tag des Wettkampfes oder ein/zwei Tage davor auf dem Stand, auf dem der Wettkampf ausgetragen wird, noch ein bis zwei Trainingsrunden zu schießen. Andere – auch alte Hasen – sind der Auffassung, daß es ausreiche, wenn man einige Wochen vorher oder nur einmal im Jahr davor auf dem bestimmten Skeet- und Trapstand geschossen habe. Ich bin der Auffassung, daß ein Kennenlernen der Standgegebenheiten von Vorteil ist, bin aber nicht der Meinung, daß es unmittelbar vor dem Wettkampfschießen zu sein hat und daß es zu lange zurückliegen darf. Damit will ich sagen, daß ein mehrmaliges

Übungsschießen einige Wochen bis 14 Tage vor dem Wettkampf das beste ist. Die letzten oder wenigstens das letzte Vorbereitungsschießen sollten aber unter wettkampfähnlichen Bedingungen durchgeführt werden. Dazu gehören vorschriftsmäßig eingestellte Wurfmaschinen, Wettkampfwaffen, Wettkampfmunition, richtige Kleidung, gegebenenfalls Ohrenschutz und Brille.

Für viel wichtiger aber als das Schießen, das bei manchen in einer Art Torschlußpanik zum übertriebenen, übermäßigen, über die Kräfte gehenden Ballern ausartet, halte ich eine genaue Besichtigung der Stände und die Beachtung der Flugbahnen der Wurftauben unter Berücksichtigung der Beschaffenheit des Hintergrundes wegen der wechselnden Lichtverhältnisse und der durch Umgebung und Licht bedingten Sichtbarkeit der Tauben. Wenn ich nicht gerade in der ersten Wettkampfrotte schieße, bietet sich fast immer die Möglichkeit, den Ablauf eines gesamten Wettkampfes auf dem Trap- und dem Skeetstand zu studieren. Ich setze voraus, das

Zum Einschießen und Kontrollschießen von Büchsen ist die Ringscheibe sehr gut geeignet. Die Auflage für die Waffe muß so beschaffen sein, daß ein horizontales und vertikales Wackeln weitestgehend ausgeschaltet werden kann.
Auf Ständen ohne besondere Einschießgeräte sollten wenigstens einfache Anschußtische mit Sandsäkken und Armauflage vorhanden sein.

derjenige, der zu einem jagdlichen Schießwettkampf antritt, über das Anfangsstadium beim Schießen schon hinaus ist und eine besondere oder gar außergewöhnliche Situation erkennen kann. Während meine Büchsenmunition nur aus einer Laborierungsserie stammen darf, werde ich nicht umhinkommen, bei den Schrotpatronen mindestens zwei Schrotstärken zur Hand zu haben. Hier rate ich jedem, das Prinzip so einfach wie nur möglich zu wählen, damit es nicht zuviel zu denken gibt und sich damit Fehler einschleichen. Wie das System auch sei, die Wettkampfmunition muß übersichtlich geordnet und in ausreichender Menge vorhanden sein. Das einfachste wäre, auf dem Trapstand nur 2½-mm-Schrote (Nr. 7) und auf dem Skeetstand nur Streupatronen mit 2-mm-Schroten (Nr. 9) zu verwenden.

Das komplizierte Denken beginnt, wenn sich jemand für den ersten Schuß beim Trapschießen 2¼-mm-Patronen und für den zweiten Schuß 2½-mm-Patronen zurechtlegt und für das Skeetschießen je nach Stand, Hoch- und Niederhaustauben bestimmte Schrotstärken bzw. Patronen mit oder ohne Streuwirkung vorsieht. Ich rate zum einfachen System, weil ich zu viele Leute mit einem überaus fein ausgeklügelten Patronensortiment-System schließlich doch habe scheitern sehen.

Überlegungen über die zu verwendende Munition muß aber nicht nur der Büchsen- und Flintenschütze anstellen, sondern auch der Kurzwaffenschütze. Für ihn trifft u. a. zu, was für den Büchsenschützen gesagt wurde. Er stellt sich also rechtzeitig auf eine bestimmte Munitionssorte ein, d. h. eine bestimmte Laborierung und Marke, und bleibt dann bis zu dem Abschluß des Wettkampfes dabei. Ein Kennenlernen des Standes mit seinen Lichtverhältnissen ist empfehlenswert, und ein Probeschießen bzw. wenigstens ein Kontrollschießen sollte nicht unterlassen werden.

Es müßte eigentlich selbstverständlich sein, daß die Kleidung bei jedem jagdlichen Schießen auch weitestgehend jagdlichen Charakter haben sollte. Darunter verstehe ich nicht unbedingt einen uralten, schmutzigen Filz und hohe Gummistiefel oder umgekehrt einen maßgeschneiderten Festanzug in grün, sondern eine saubere und zweckmäßige – auf dem Wort „zweckmäßig" liegt die Betonung – Kleidung, die auch dem Sicherheitsbedürfnis beim Umgang mit der Waffe Rechnung trägt. Die Kleiderfrage ist nicht kurz vor dem Wettkampf, sondern muß im Lauf der Übungszeit geklärt werden. Passende und zweckmäßige Kleidung halte ich für ebenso wichtig wie eine zweckmäßige Waffe. Da das Kapitel Kleidung an anderer Stelle dieses Buches ausführlich behandelt wird, möchte ich mich hier darauf beschränken zu sagen, daß ich dringend abraten muß, ein noch nicht erprobtes oder gar nicht getragenes Kleidungsstück zum Wettkampfschießen vorzusehen.

Links: Vor Beginn von Wettkämpfen und Meisterschaften ist es Aufgabe der Jury, die Standanlagen zu überprüfen. Hier wird der Flug der Tauben auf dem Skeetstand auf Wurfrichtung, Wurfhöhe und Wurfweite überprüft. Sowohl die Taube vom Hochhaus, als auch die vom Niederhaus muß durch den auf der Stange befestigten Ring fliegen. Ist die vorgeschriebene Flugbahn erreicht, werden die Maschinen in dieser Stellung festgemacht.

Rechts: Zur vorschriftsmäßigen Einstellung des Taubenfluges auf dem Trapstand bedient man sich einer Meßlatte. In 10 m Entfernung von der Wurfmaschine muß die Taube eine Mindesthöhe von 1,5 m haben. Die Flughöhe darf 4 m nicht übersteigen. Auch diese Überprüfung obliegt der Jury bei Schießwettkämpfen.

Die Anreise sollte so rechtzeitig erfolgen, daß ich mindestens einen Tag vor dem Wettkampf am Austragungsort des Schießens eintreffe, bei großen Kämpfen sind zwei Tage sogar noch besser. Natürlich hängt der Anreisezeitpunkt auch von der Reiseentfernung ab. Eine Autofahrt darf nicht zum Kräfteverschleiß führen und muß deshalb sinnvoll mit Pausen, Fahrerwechsel als Tagesfahrt (nicht Nachtfahrt!) geplant sein. Am Wettkampfort angekommen, muß ich Zeit haben, mich auszuruhen, mich gedanklich vorzubereiten und nervlich zu entspannen. Es schadet nicht, wenn man den ganzen Tag vor dem Wettkampf „gammelt", sich auf dem Schießstand herumtreibt und ein wenig kiebitzt. Wichtig: Am Vorwettkampftag jede Aufregung und eifrige oder hitzige Diskussion vermeiden! Vielmehr sollte man versuchen, sich völlig zu entspannen und sich nur mit Belanglosigkeiten beschäftigen. Also weg vom Alltag, abschalten und einen ruhigen, erholsamen Tag verbringen.

Am Wettkampftag muß ich rechtzeitig auf dem Stand erscheinen. Etwaige Verzögerungen auf dem Weg zum Stand kalkuliere ich ein. Formalitäten, Entgegennahme der Startnummer, Waffenkontrolle u. ä. erledige ich zum frühestmöglichen Zeit-

Waffenkontrolle vor der Meisterschaft. Bei besonders bedeutungsvollen Wettkämpfen wird peinlichst darauf geachtet, daß alle Vorschriften eingehalten werden. Das Schießen der Jägerschaft weicht vom Sportschießen erheblich ab: Gewogen und hoffentlich nicht zu schwer befunden! Das Gesamtgewicht der Büchse einschließlich Visierung darf 5 kg nicht überschreiten.

Überprüfung des zulässigen Abzugwiderstandes. Die Waffe wird am Lauf gehalten und das zulässige Abzuggewicht in den Abzug eingehängt. Die Kurzwaffen müssen ein Mindestabzuggewicht von 13,6 Newton aufweisen.

punkt, evtl. am Tage zuvor. Ich muß mich freimachen von allen Dingen, die mich am Wettkampftag zusätzlich belasten könnten.

Wie soll man vor dem Wettkampf leben und wie soll man sich ernähren? Diese Frage muß sich zwangsläufig jeder stellen, der in das Spitzenfeld der deutschen Jagdschützen vordringen will, genauso wie sich jeder Spitzensportler und überhaupt jeder Mensch, der es auf bestimmten Gebieten zu Höchstleistungen bringen will, damit beschäftigen muß. Da es sich in den wenigsten Fällen bei den Jagdschützen um Männer handelt, die ihren ganzen Lebensstil und ihre Lebensart auf das Schießen einstellen können und wollen, wird man generell nur anraten können, seine Lebensgewohnheiten unmittelbar vor einem Wettkampf nicht zu ändern. Dies bezieht sich auf das Essen, Trinken, Schlafen, Rauchen und anderes mehr. Wer 20 Zigaretten pro Tag raucht, wird seinen Zustand sicherlich nicht verbessern, wenn er drei Tage vor dem Wettkampf das Rauchen einstellt. Im Gegenteil, er wird wahrscheinlich nur zappelig werden und hätte dann Mühe, seine Gelüste zu unterdrücken. Geht jemand normalerweise um 22 Uhr zu Bett, so ist es nicht anzuraten, bereits um 19 oder 20 Uhr das Bett aufzusuchen. Dieser Mann liegt dann hellwach im Bett, dreht sich von einer Seite zur anderen, grübelt und hat um 22 Uhr zu seiner normalen Zeit noch Mühe mit dem Einschlafen.

Exzesse sind in jeder Beziehung zu vermeiden, so auch das lange Aufbleiben und das übermäßige Rauchen und Trinken am Vorabend des Wettkampfes. Das Leben muß in der üblichen Alltäglichkeit weitergehen. Maßvolles Essen und Trinken ist angebracht. Ungewohnte Speisen, vor allem am Vortage und am Wettkampftage sind zu meiden, denn jede zusätzliche körperliche Belastung und Unstimmigkeit kann sich nachteilig auf die Leistung auswirken. Aufgrund meiner persönlichen Erfahrung halte ich es für gut und wichtig, in der Nacht vor dem Wettkampf einen ausreichend langen und tiefen Schlaf zu haben. Nur so geht man ausgeruht und voller Energie in einen anstrengenden Tag hinein. Oft habe ich feststellen müssen, daß aus lauter Wiedersehensfreude zu kräftig geprostet wurde, dabei die halbe Nacht vorüberging und man dann mit vollem Bauch und schwerem Kopf ins Bett stieg. Das ist keine Vorbereitung auf einen Wettkampf, sondern ein klares Vergeben von guten Ausgangspositionen.

Vor dem Wettkampf ist es nicht angebracht, zu viel zu essen und zu trinken, weil der Kreislauf zu stark belastet wird. Leichtverdauliche Speisen in kleinen Mengen sind empfehlenswert, es muß aber nichts Außergewöhnliches sein, am besten das, was man sonst immer ißt. Vor allem denke ich dabei an das Frühstück, das am Wettkampftag eingeommen wird.

Der jagdliche Schießwettkampf bringt Nervosität und Herzklopfen. Ich habe noch keinen, auch keinen noch so erfahrenen Teilnehmer gesehen, der von dieser Erregung unberührt blieb. Der eine versteht sie besser zu meistern als der andere. Darauf kommt es im wesentlichen an. Vielleicht hilft autogenes Training, manchmal mindert eine belanglose Tätigkeit oder ein leichtes Gespräch mit Freunden die Nervosität. Tun Sie aber eines nicht: ein Medikament nach dem anderen auszuprobieren, um sich ruhig und gleichgültig zu machen! Es gibt eine ganze Menge Beruhigungsmittel. Wie sie wirken, welchen Einfluß sie auf die einzelne Schießdisziplin nehmen, wie lange der Körper benötigt, um sie abzubauen, und wie die Begleit- und Folgeerscheinungen sind, wissen wir nicht.

Ich habe mir angewöhnt, vor dem Büchsenschießen ein Fläschchen Bier zu trinken. Das beruhigt, entspannt und ist mir immer gut bekommen. Wenn das Büchsenschießen auch nur aus vier Disziplinen mit je fünf Schuß besteht, so kann man doch bei Beendigung des Schießens feststellen, daß es Kraft und Nerven kostet, soll jeder einzelne dieser 20 Schüsse gut plaziert werden. Ich bin dann spürbar abgekämpft und benötige eine kleine Belebung. Da hat mir dann ein kleiner Schluck Kaffee oder Tee aus der Thermosflasche wieder auf die Beine geholfen, und ich war bereit für das Wurftaubenschießen. Sicherlich ist Bier ein Beruhigungs- und Kaffee ein Anregungsmittel, sie zählen aber zu den Getränken, die der Körper kennt und, in kleineren Mengen genossen, leicht verarbeiten kann. Man soll aber nicht glauben, daß größere Mengen die erhoffte Wirkung verstärken, im Gegenteil, ab einem bestimmten Quantum handelt man sich nur Nachteile ein.

Der Wettkampf

Hängt bei einem Wettkampf die Startnummer auf dem Rücken, und hält der Schütze das Gewehr in den Händen, so muß er versuchen, ganz abzuschalten und sich nur auf das Schießen einzustellen. Gespräche oder Bemerkungen von Dritten dürfen im Höchstfall wie Geräusche ohne Bedeutung wirken und nicht voll registriert werden. Auf dem Büchsen-, Flinten- und Kurzwaffenstand ist derjenige im Vorteil, der seine Sinne voll beherrscht und sich ausschließlich auf das Schießen konzentrieren kann. Ohrenstöpsel und Gehörschutz, die Geräusche mindern oder gar unwahrnehmbar werden lassen, helfen und sind zu empfehlen. Die vorher geübte Gleichgültigkeit muß jetzt ihren Höhepunkt erreichen, und ich darf mich durch nichts aus der Fassung bringen lassen, selbst dann nicht, wenn ich einen schlechten Treffer erziele. Der jagdliche Schießwettbewerb wird oft erst mit dem allerletzten Schuß entschieden. Daher ist es notwendig, über ein hinreichendes Durchstehvermögen zu verfügen und sich nicht von einem schlechten Zwischenergebnis beeinflussen zu lassen.

Sich auf das Schießen konzentrieren, heißt auch die bedeutenden Kleinigkeiten beachten, die zum Erfolg beitragen. So werde ich z. B. an die Fuß-, Bein- und Körperhaltung denken, an alle Einzelheiten eines korrekten Anschlages und an die Feinheiten des Auslösens. Ich muß auch soviel Energie aufbringen, beim Büchsenschießen einmal abzusetzen oder in ungünstigen Momenten den Schuß zurückzuhalten. Dies kostet mehr Nerven, als mancher glaubt. Es darf mich überhaupt nicht interessieren, was mein Standnachbar geschossen hat, ich darf sein Resultat weder von der Scheibe noch von seinem Gesicht ablesen wollen. Der erfahrene Wettkampfschütze wird versuchen, dahin zu kommen, daß er das Gefühl hat, völlig allein und unbeobachtet auf dem Stand zu sein.

Der Wechsel von einer Disziplin zur anderen, wie z. B. von der Fuchs-Scheibe zur Bock-Scheibe, darf ihn nicht nachteilig beeinflussen. Der Schütze muß sich auf die neue Gegebenheit, d. h. auf die neue Scheibe und den neuen Anschlag augenblicklich umstellen können. Das, was war, muß er vergessen und sich nur jeweils auf das konzentrieren, was im Augenblick unmittelbar vor ihm liegt. Sogenannte Angstscheiben darf es für einen erfahrenen Spitzenschützen nicht geben. Er muß in der Lage sein, sich über gewisse eigene Schwächen hinwegzusetzen und frei von Hemmungen zu schießen.

Die innere Umstellung von der stehenden zu der beweglichen Scheibe, dem „flüchtigen Überläufer", muß mit Energie und Willensstärke vorgenommen werden. Wichtig ist dabei, die Ruhe zu behalten, sich aber doch auf die erforderliche Reaktion einzustellen, d. h. sich freizumachen von statischem Zielen und sich umzustellen auf das Schießen auf die in Bewegung befindliche Scheibe. Bevor ich die Scheibe nach Einnahme der jagdlichen Gewehrhaltung abrufe, muß ich mir den gesamten Ablauf vergegenwärtigen und mich auf das Erscheinen der Scheibe und auf das Anschlagen konzentrieren. Schützen, die gleichgültig und lässig wirken, aber dennoch voll bei der Sache sind, bringen die besten Voraussetzungen mit für das Schießen auf den „flüchtigen Überläufer".

Das Flintenschießen stellt ganz andere Wettkampfanforderungen als das Büchsen- oder Kurzwaffenschießen. Gefordert wird hier in erster Linie das Reaktionsvermögen bei einem schnellen Ablauf von Bewegungen. Vor jedem einzelnen Schuß muß ich mich erneut hierauf einstellen. Die geforderte hohe Konzentration stellt eine starke nervliche Beanspruchung dar. Die Kunst des Meisters besteht letztlich darin, den gesamten Schießablauf harmonisch-zügig zu gestalten und alle Handgriffe und Bewegungen auf Bruchteile von Sekunden zu koordinieren.

Betritt der Wettkampfschütze den Tontauben-Stand, so überprüft er nochmals den Sitz seiner Kleidung und sein Munitionssortiment. Auf dem Skeetstand wie auf dem Trapstand wird er vor jedem einzelnen Schuß die Stellung und Haltung von Kopf bis Fuß kurz durchdenken, auf jeder Skeetposition die Flugbahn der Taube ins Gedächtnis zurückrufen und dann erst darangehen, die letzte Phase der Fertigstellung einzunehmen. Während des Trap- und des Skeetdurchganges muß er bedacht sein, in seiner Reaktion nicht langsamer zu werden. Ich habe festgestellt, daß selbst ausgezeichnete Jagdschützen am Ende des Durchganges bis zu $^{3}/_{10}$ Sekunden langsamer waren als bei den ersten Schüssen, d. h., es dauerte vom Erscheinen der Taube bis zum Brechen des Schusses $^{3}/_{10}$ Sekunden länger. Das ist beim Tontaubenschießen eine beachtlich lange Zeit!

Im Wettkampf sollte unbedingt jede erscheinende Taube beschossen werden, gleich, ob sie in einem ganzen oder angebrochenen Zustand erscheint. Mit der Entscheidung, ganz oder angebrochen, darf sich der Schütze nicht belasten. Jede Taube annehmen! Eine Bruchtaube bewußt anzunehmen ist auch deshalb gut, weil man sich entspannt und abreagiert und im Rhythmus der Schußfolge bleibt. Im Wettkampf ist auch jedem Schützen zu raten, mit Doppelschüssen nicht zu geizen, es sei denn, daß eine Taube einwandfrei zerplatzt. Fliegt aber nur ein Splitterchen ab, so gibt es keinen anderen Rat, als den zweiten Schuß hinterherzujagen. Manch Splitterchen war am Ende nur der Pfropfen(!), was dann zum Verlust von fünf Punkten führte.

Dem Schützen im Kurzwaffenwettkampf kann man nur den Rat und Hinweis geben, sich auf jede Disziplin neu und voll einzustellen, und sich vor der Abgabe eines jeden Einzelschusses zu konzentrieren. Das gilt auch für das Serienschießen. Wie auf dem Büchsen- und Flintenstand, so ist auch hier alles zu überprüfen, vor allem der gute Sitz des Halfters, der Kleidung, und natürlich sind auch die Lichtverhältnisse besonders zu berücksichtigen.

Für alle, die sich an reglementierten, jagdlichen Schießen beteiligen, ist es erforderlich, sich die Regeln einzuprägen. Mangelnde Kenntnis der Schießvorschrift und der Ausschreibung führt unweigerlich zu Unsicherheiten, die sich nicht zuletzt nachteilig auf das Schießergebnis auswirken. Bei Schützen, die auf oberen Ebenen zum Wettstreit antreten, muß jede Schießleitung voraussetzen können, daß die DJV-Schießvorschrift in allen Einzelheiten bekannt ist.

Die Mannschaft

In der Jägerschaft wird es immer beliebter, den Wettkampf in jagdlichen Schießen nicht nur als Einzelkampf, sondern auch als Mannschaftskampf auszutragen. Die Mannschaftswettkämpfe gehen hinunter bis zum Hegering, wo sie ebenso leidenschaftlich ausgetragen werden wie auf Bundesebene. Die DJV-Schießvorschrift sieht die Mannschaftswettkämpfe mit Langwaffen mit sechs Schützen pro Mannschaft vor, von denen vier gewertet werden, doch es steht jeder Gliederung des DJV frei, im Rahmen der Gegebenheiten andere Mannschaftszusammensetzungen oder Wertungen zu wählen. Die Aufstellung einer sechsköpfigen Mannschaft ist schon deshalb sinnvoll, weil auf den Wurftaubenständen Skeet und Trap jeweils in Rotten zu sechs Schützen angetreten wird.

Wählt man eine andere Mannschaftsstärke, so ist zweckmäßigerweise die Rotte mit Einzelschützen oder mit solchen, die nicht am Wettkampf direkt beteiligt sind, aufzufüllen. Beim Büchsenschießen spielt die Mannschaftsstärke nur eine untergeordnete Rolle, da sich die Organisation und der Ablauf des Schießens nach der vorhandenen Anzahl von Zugscheiben richten muß.

Beim Kurzwaffenmannschaftskampf sieht die DJV-Schießvorschrift fünf Jäger pro Mannschaft vor. Hier hat man sich nach einem normalen Kurzwaffenstand gerichtet, der fünf Scheiben nebeneinander aufnehmen kann. Beim Kurzwaffenwettkampf werden genauso wie beim Wettkampf im kombinierten Schießen jeweils die vier besten Schützen gewertet.

Ich halte den Mannschaftswettkampf für eine interessante und spannende Bereicherung des jagdlichen Schießens, kommt es doch darauf an, durch eine gute Auswahl von sicheren Schützen neben einer guten Einzelleistung auch ein ziemlich hohes Mannschaftsergebnis zu erzielen. Nicht jeder gute Jagdschütze ist für die Mannschaft geeignet. Die Tatsache, daß man in der Mannschaft schießen muß und damit für ein gutes Mannschaftsergebnis mitverantwortlich ist, kann belastend wirken. Manche Jäger haben auch nicht das rechte Einfühlungsvermögen und die notwendige Anpassungsfähigkeit. Einzelinteressen sind stets den Mannschaftsinteressen unterzuordnen, auch wenn dem einzelnen Unbequemlichkeiten entstehen sollten oder es nicht so nach der persönlichen Vorstellung ist. Die Mannschaft wird um so stärker sein, je besser sich die einzelnen Schützen untereinander auch menschlich verstehen und je länger sie in diesem guten Verständnis Mannschaftswettkämpfe bestreiten. Egoisten, Nörgler, Unfriedenstifter gehören nicht in eine Mannschaft. Echte Mannschaftswettkämpfe sind solche, bei denen die Mannschaften geschlossen zum Schießen antreten und vom Anfang bis zum Ende zusammenbleiben.

Es gibt aber auch, vor allem bei kleineren Schießen, sogenannte Mannschaftswertungen, bei denen die Mannschaft nicht geschlossen antritt, sondern wo jeweils die besten vier, fünf oder sechs Jagdschützen eines Vereins gewertet werden. Das ist aber kein Mannschaftsschießen, das ist nur ein Ermitteln der Besten einer Gruppe. Hier wird immer der Mannschaftsgeist fehlen, und jeder Teilnehmer des Schießens bleibt ein Individualist, ein Einzelschütze.

Der verantwortliche Schießobmann muß beim Zusammenstellen einer Mannschaft viele Gesichtspunkte berücksichtigen, um nicht am Ende des Schießens die Feststellung zu machen, daß ein falscher Mann am falschen Platz gestanden hatte. Von der Leistung her betrachtet ist ein gleichmäßig gut schießender Mann besser als einer, der ab und zu eine Spitzenleistung vollbringt und dann wieder tief abrutscht. Stellt man eine Mannschaft zusammen, so darf man sich auch nicht ausschließlich von zurückliegenden Trainingsergebnissen leiten lassen, sondern muß auch wissen, welche Leistungen der Mann unter mannigfaltiger Belastung zu bringen imstande ist. In eine Mannschaft gehören keine zappeligen und unruhigen Geister, sondern ausgeglichene, Ruhe ausstrahlende Männer.

Die Gebrauchswaffe

Wahl der Waffe

Allein aus dem großen Angebot der serienmäßig hergestellten Schußwaffen die richtige Büchse, Flinte oder Kurzwaffe für sich zu wählen, ist nicht leicht. Und dabei kann man von guten Büchsenmachern sogar Gewehre nach Wunsch und Ausstattung beliebig fertigen lassen. Jeder Jäger hat seine eigenen Vorstellungen von der anzuschaffenden Waffe, die in Einklang mit dem Bestimmungszweck zu bringen ist. Da das Jagdgewehr der wichtigste Ausrüstungsgegenstand des Jägers ist, auf den er sich verlassen können muß und mit dem er höchste Präzisionsarbeit zu leisten hat, sollte beim Erwerb der Grundsatz herrschen: kaufe nur etwas Gutes und Zweckmäßiges!

Würde man raten, als Jagdwaffe nur das Beste und Teuerste zu kaufen, so würde dem, der es wörtlich nimmt, bald Hören und Sehen vergehen. Während ich bei der Sportwaffe in der Regel beim Kauf des teuersten Modells auch die beste Waffe bekomme, ist es bei Jagdgewehren so, daß das Teuerste gleichzusetzen ist mit kostbarer, handwerklicher Kunst und allerhöchster Präzisionsarbeit an exklusivem Material. Es muß aber nicht unbedingt für mich das Richtige und Beste sein.

Bei der Wahl der Waffe für jagdliche Zwecke sollte man sich vorerst überlegen, wozu man sie benötigt. Zweitrangig sind Sonderwünsche, die nur gefälliges Aussehen mit Schmuckeffekt anstreben. Wenn ich etwas Preiswertes (nicht Billiges!) kaufen will, orientiere ich mich an guten Standardmodellen der Mittelklasse. Generell kann man damit rechnen, daß man mit solchen, seit mehreren Jahren marktgängigen Modellen gut bedient ist. Es kann sich heute kaum ein Hersteller leisten, eine Waffe auf den Markt zu bringen, die sehr schlecht in ihrer Konstruktion und Verarbeitung ist. Ein solches Modell würde dem Ruf einer renommierten Firma schaden und nach ganz kurzer Zeit wieder vom Markt verschwinden. Sicher bezahlt man auch bei mancher Waffe den guten Namen der Firma mit. Aber dafür hat man die Garantie, einen reellen Kauf getätigt zu haben. Beim Waffenkauf sollte man nicht mit der Mark knausern, denn der Preis steht bei Gebrauchswaffen in Relation zur Qualität.

Wer bei gängigen Modellen und Standardkalibern bleibt, wird keine große Mühe haben, später – falls man sich für etwas anderes entscheiden sollte – diese Waffe ohne sonderlichen Geldverlust zu verkaufen. Man kauft in der Regel zwar fast alle Waffen nach reifer Überlegung und mit der Absicht, sie ein Jägerleben lang führen zu wollen, aber es können auch Situationen eintreten, die Anlaß sind, diese ursprünglichen Absichten zu ändern.

Waffenkauf ist Vertrauenssache – und so wird auch der Verkäufer immer ein starkes Interesse daran haben, gut zu beraten und das Vertrauen des Käufers zu rechtfertigen, um ihn als Kunden zu behalten. Es gehört zu den normalen Gepflogenheiten, Waffen ausprobieren zu dürfen bzw. sich über deren Leistungen zu informieren. Wenn man aber außergewöhnlichen Service vom Verkäufer verlangt, muß man auch bereit sein, Extrakosten in Kauf zu nehmen.

Bei der Anschaffung einer Flinte wird zu überlegen sein, ob man nebeneinander- oder übereinanderliegende Läufe wählt. Die Bockflinte, also die mit den übereinanderliegenden Läufen, verführt zum Kauf durch ihr gefälliges Äußeres und durch die Tatsache, daß das Gewehr an dem längeren und griffigeren Vorderschaft besser gehalten und geführt werden kann. Mit der Schußleistung hat es nichts zu tun.

Vor dem Kauf der Kurzwaffe muß man sich darüber klar werden, ob man sich für einen Revolver oder für eine Pistole entscheiden soll. Vor- und Nachteile haben beide Arten, aber aus der Sicht des Jägers, der seine Kurzwaffe stets einsatzbereit und funktionssicher haben will, neige ich dazu, den Revolver der Pistole vorzuziehen. Ich habe einen einzigen triftigen Grund dafür: Bei einem Munitionsversager in der Pistole oder bei einem unsauber arbeitenden Mechanismus – sei es durch Verschmutzung oder geringfügige Beschädigung – kann es passieren, daß der automatische Ladevorgang unmöglich gemacht wird. Beim Revolver bewege ich beim Versagen der Patrone die Trommel mit dem Abzugfinger zur nächsten Patrone weiter und kann trotzdem schießen. Ein weiteres Manko für die Pistole im Jagdbetrieb: Es gibt für sie nur Vollmantelgeschoßmunition, außer .22 lfB, die für den Fangschuß bei stärkerem Wild nicht annähernd hinreichende Wirkung zeigt, weil sich das Geschoß nicht stauchen kann.

Damit will ich aber der Pistole die Daseinsberechtigung in der Jägerschaft nicht streitig machen. Beim jagdlichen Übungs- und Wettkampfschießen erfreut sie sich durchaus großer Beliebtheit. Man findet beide, Revolver und Pistole, bei den Spitzenschützen. Auch im Revier wird sie gern eingesetzt.

Die Repetierbüchse

Die meistgeführte, robuste und zuverlässige Jagdbüchse ist, von ihrer Konstruktion und Bauart her betrachtet, zweifellos die Repetierbüchse. Anderen Büchsen und kombinierten Waffen gegenüber hat sie den Vorteil, daß sie nicht teuer ist und daß sogar einfache Gebrauchsmodelle, vorausgesetzt, der Lauf ist einwandfrei, hervorragende Schußleistung haben können. Den Repetierer, wie ich ihn kurz nenne, zähle ich neben der Doppelflinte zur Standardausrüstung des Jägers. Durch das Vorhandensein einer Unterladeeinrichtung bzw. eines Magazins, das bei mittleren Kalibern meist fünf Schuß aufnimmt, habe ich die große Annehmlichkeit, bei einer notwendigen Abgabe von mehreren Schüssen hintereinander schnell nachladen – „repetieren" – zu können. Die gereifte Konstruktion der verschiedenen Typen (Mauser, Mannlicher, Sauer usw.) gestattet die universelle Verwendung bei allen Jagdarten auf jegliches Wild, das ich mit dem Büchsenschuß erlegen möchte.

Von jeder Standard-Repetierbüchse muß man erwarten, daß sie einen robusten, stabilen Lauf besitzt, daß der Lauf in das System gut eingepaßt und der Schaft dauerhaft imprägniert ist.

Auch für das jagdliche Übungs- und Leistungsschießen ist der Repetierer bestens geeignet, wenn er für diesen Zweck Kal. .22 (5,6 mm) hat, über einen feinregulierbaren Abzug verfügt und auch sonst alle zweckmäßigen Eigenschaften wie Präzision in der Schußleistung, gute Gewichtsverteilung und zweckmäßige Schäftung besitzt. Die ausgesprochenen Wettkampfmodelle ähneln den üblichen Repetierbüchsen, sie sind aber aus Sicherheitsgründen bei der Standbenutzung nur einschüssig.

Das jagdliche Wettkampfmodell in der Praxis. Auch als Einzellader ist es fürs Revier geeignet. Erfolgreicher Taubenansitz an der Tränke mit dem KK-Einzellader. Nachträglich wurden Riemenbügel angebracht. Links im Hintergrund Locktauben. Im Hornetkaliber ist diese Büchse nicht minder reviertauglich.

Die Doppelflinte

Was die Repetierbüchse für den Schalenwildjäger, ist für den Niederwildjäger die Doppelflinte. Für unsere normalen jagdlichen Niederwildverhältnisse ist sie die ideale Waffe, wobei es völlig belanglos ist, ob die Läufe nebeneinander oder übereinander liegen. Wesentlich sind immer die gute Verarbeitung, das zuverlässig funktionierende System und die körpergerechte Schäftung. Besonders aber muß eine Flinte, die für den Schuß in der Bewegung konstruiert ist, gut ausbalanciert sein. Die erste Flinte, die sich der Jäger anschafft, soll keine Spezialflinte sein, denn er muß mit ihr alle jagdlichen Situationen meistern können, einschließlich des Übungs- und Leistungsschießens auf den Wurftaubenständen. Lieber nur eine gute Flinte besitzen, die auch etwas mehr kosten darf, als zwei, drei verschiedene, mit denen man nicht oder nur schlecht zurechtkommt. Die Allzweckflinte des Jägers hat das Kaliber 12, weil sie den anderen Flinten im Kaliber 16 und 20 durch die höhere Schrotkornzahl überlegen ist. Das „bißchen mehr" kann sowohl im Revier als auch auf dem Stand ausschlaggebend sein.

Bezüglich der Würgebohrung empfehle ich gern ½- und ¾-Choke, wenngleich ich Verständnis für geringe Abweichungen habe. Während früher der deutsche Jäger fast durchweg die Doppelflinte mit nebeneinanderliegenden Läufen bevorzugte, tendiert er heute zur Doppelflinte mit übereinanderliegenden Läufen, der Bockflinte. Sie ist führiger im wahrsten Sinne des Wortes, denn sie läßt sich mit der linken Hand am gestreckten, handgerechten Vorderschaft besser führen. Manche sagen auch Bockdoppelflinte, was doppelt gemoppelt ist, denn aufgebockt heißt, daß zwei Läufe übereinander sind.

Der Entscheidung Einabzug oder Doppelabzug messe ich keine allzu große Bedeutung bei. Die Vor- und Nachteile heben sich in etwa auf. Beim Einabzug brauche ich nicht umzugreifen und dadurch den Griff um den Kolbenhals nicht zu lockern, dafür muß ich für die Wahl der Läufe die Umschaltung bedienen. Der Anfänger gewöhnt sich schneller an den Einabzug, d. h., den Doppelschuß erlernt er leichter. Modelle mit Einabzug haben meist einen Preisaufschlag.

Die Doppelbüchse

Die Doppelbüchse ist die elegante, sinnvolle Waffe mit dem schnellen zweiten Schuß bei Drückjagden. Sie ist aber auch eine praktische Waffe für Pürsch und Ansitz.

Eine Doppelbüchse mit Läufen gleichen Kalibers erlaubt es, im Vergleich zum Repetierer, schneller einen zweiten Schuß abzufeuern, vorausgesetzt, die Läufe sind auf ein gutes Zusammenschießen in schneller Schußfolge (ein bis zwei Sekunden) eingerichtet. Der Nachteil liegt auf der Hand: Ich habe weder einen dritten, noch einen vierten oder fünften Schuß zur Verfügung, der in kurzer Zeitfolge und mit guter Schußpräzision abgefeuert werden kann. Die klassische Doppelbüchse, überwiegend in stärkeren Kalibern gefertigt, hat nebeneinanderliegende Läufe.

Der Preis einer Doppelbüchse liegt wesentlich über dem eines Repetierers. Das ist bedingt durch die Konstruktion und die Anfertigungsmethoden, insbesondere durch die Schwierigkeit, das gewünschte Zusammenschießen beider Läufe zu erreichen.

Es gibt aber auch Doppelbüchsen, bei denen die Kaliber der beiden Läufe unterschiedlich sind. Sinnvoll ist dann die Kombination: ein Lauf für Schalenwild und der andere Lauf für Raubwild. Solche Spezialanfertigungen waren von jeher teuer. Wer sich das Geld dafür zusammenkratzen muß, sollte vorher überlegen, ob die hohen Anschaffungskosten im Verhältnis zu dem Nutzeffekt oder zu der Freude, die man dabei hat, stehen.

Die Doppelbüchse mit einem Schalenwild- und einem Schonzeitkaliber schränkt die Verwendung bei Drückjagden wesentlich ein. Als Pürschwaffe im Gebirge oder im ausgesprochenen Schalenwildrevier dagegen hat sie an Bedeutung und vielseitiger Verwendung gewonnen. Man nennt diese Doppelbüchse Bergstutzen. Die Läufe werden heute bei uns überwiegend übereinander, ja sogar schon freischwingend angeordnet.

Die Selbstladewaffe

Als Selbstladewaffen oder halbautomatische Waffen bezeichnen wir solche, bei denen der Repetiervorgang nicht manuell ausgeführt wird. Die Halbautomaten ermöglichen eine schnelle Schußfolge, ohne die Waffe aus dem Anschlag nehmen zu müssen. Außerdem waren die Selbstladeflinten in der Regel fünfschüssig und damit den Doppelflinten in der Schußfolge überlegen. Die halbautomatischen Kleinkalibergewehre, also im Kaliber .22 lfB, können sogar 10, 15 und noch mehr Patronen, je nach Magazineinrichtung, fassen.

Ich bin nicht der Auffassung, daß ein Halbautomat nicht waidgerecht wäre. Es hat noch nie eine Waffe unwaidmännisch gehandelt, sondern immer nur der, der sie führt. Eine ganz andere Frage ist die: benötigen wir bei der Jagdausübung die Halbautomatik und verführt sie nicht charakterlich labile Jäger zu unwaidmännischen Handlungen? Bei der Flinte sehe ich es so: durch den automatischen Repetiervorgang wird ein Teil des Rückstoßes absorbiert, und all jene, die aufgrund einer körperlichen Behinderung unter dem zu starken Rückstoß leiden, sind mit einem Halbautomaten gut bedient. Gepaart mit seiner Führung müssen aber sein: Selbstbeherrschung und Disziplin, weil der Halbautomat weder zum Ballern noch zum Weitschießen konstruiert wurde und verführen darf. Jäger, die einen Halbautomaten bevorzugen, müssen sich der neuen Gesetzgebung entsprechend sowieso auf einen solchen beschränken, dessen Magazin ein maximales Fassungsvermögen von zwei Patronen hat. Zusätzlich darf man, sofern man will, eine weitere Patrone im Patronenlager haben, so daß drei Schüsse in rascher Folge möglich sind. Ausnahmen sind bei echtem Bedarf möglich. Sicherlich hatte auch da und dort, wie z. B. bei der Entenjagd an unseren Meeresküsten, der fünfschüssige Selbstlader in den Händen gewissenhafter Waidmänner eine Berechtigung, solange man ihn nicht beutegierig als Schießmaschine mißbrauchte – Ausnahmeerscheinungen, die nicht zu verallgemeinern sind.

Zur Selbstladebüchse: Es gibt nur sehr wenige Situationen im Jagdbetrieb, die eine halbautomatische Büchse bedingen. Man möge mich nicht mißverstehen. Ich betrachte die halbautomatische Büchse nicht abfällig, auch nicht mit Vorurteil, sondern sehe in Deutschland kaum ein Bedürfnis für sie. Ob es sich jetzt um ein starkes Kaliber für schweres Schalenwild oder eine Selbstladebüchse im Kaliber .22 lfB handelt, ist dabei belanglos. Wer gut schießen gelernt hat, und zum Schießen zähle ich auch das Beherrschen des manuellen Repetiervorganges, wird seinen Wildabschuß gut erfüllen können.

Wir haben lange Jagdzeiten und gute Jäger in ausreichender Zahl, die, falls der Schalenwildabschuß dem Revierinhaber zur Belastung wird, gern mit einspringen, um Einzelabschüsse vorzunehmen. Dort, wo die Kleinkaliberwaffe in der Schonzeit ein Wort mitspricht oder auch während der normalen Hauptjagdzeit geführt wird, kommt man gut mit der Repetierwaffe aus. Ich gehe sogar so weit zu sagen, daß es in den meisten Fällen auch der Einzellader tun würde, da der erste Schuß ausschlaggebend ist. Seit Jahren führe ich selbst im Revier sowohl im Kaliber .22 lfB als auch im Kaliber Hornet eine jagdliche Wettkampfbüchse als Einzellader. Ich bin damit bestens zurechtgekommen. Als Jäger bin ich kein Befürworter der halbautomatischen Waffen.

Der Gesetzgeber stellt die Selbstladebüchse der Selbstladeflinte gleich und erlaubt ebenfalls nur eine Magazinkapazität für zwei Patronen.

Die Büchsflinte

Die kombinierte Waffe mit einem Büchsenlauf und einem Schrotlauf ist ein zweckmäßiges Gewehr für den Pürschjäger, der neben dem Büchsenschuß dann und wann einen Schrotschuß abgeben möchte. Wir finden deshalb bei diesem Gewehrtyp einen Kompromiß in der Schäftung, und weil der Schrotschuß im wesentlichen auf Ziele in Bewegung erfolgt, wird man bei der Fertigung des Schaftes vorrangig auf das Flüchtigschießen Rücksicht nehmen. Beim Visieren mittels Zielfernrohr ist dann ein leichtes Halsstrecken bzw. Kopfheben erforderlich.

Hinsichtlich des Büchsenschusses wird man sich an einen derartigen Flintenschaft leicht gewöhnen und auch beim eventuellen Flüchtigschießen mit der Kugel gute Erfolge erzielen.

Büchsflinten werden heute kaum noch mit nebeneinanderliegenden Läufen gefertigt, sondern mit übereinanderliegenden, als sogenannte Bockbüchsflinten, wobei der Flintenlauf meistens oben und der Büchsenlauf darunter angeordnet ist.

Vorteilhaft ist bei der Kombination Büchse – Flinte, daß jeder Lauf seinen separaten Abzug hat, wobei der vordere, der einen Rückstecher besitzt, auf den Büchsenlauf wirkt und der hintere die Schrotpatrone auslöst. Im Vergleich zum Drilling sieht die Bockbüchsflinte schnittiger, eleganter aus und hat natürlich auch infolge von nur zwei Läufen weniger Gewicht. Durch die Lauf-zu-Lauf-Verbindung in der gesamten Länge entsteht eine ungleiche Wärmeabgabe und eine Behinderung in der freien Laufschwingung. Dies führt bei schneller Schußfolge zur Veränderung der Treffpunktlage, und deshalb ist es ein Grund mehr, die kombinierten Waffen, die außerdem noch eine schwächere Laufwand haben, auf dem Schießstand nicht überzubeanspruchen.

Im Revier wird mit solch einem Gewehr ab und zu ein Schuß abgegeben, höchstens werden zwei Schüsse hintereinander schnell abgefeuert. Und ist eine Bockbüchsflinte noch so gut gearbeitet und präzise in ihrer Schußleistung, so wird sie doch als Waffe für das jagdliche Übungs- oder Leistungsschießen nicht in Frage kommen, weil wegen des Fehlens des zweiten Flintenlaufes die Bedingungen nicht erfüllt werden können (z. B. Dubletten).

Der Drilling

Den Drilling mit zwei nebeneinanderliegenden Schrotläufen und einem darunterliegenden Kugellauf kann man ohne weiteres als rein deutsche Waffe bezeichnen, auch wenn er unter den Jägern einiger Nachbarländer ebenfalls als beliebte Waffe gilt. Bedingt durch viele Wildarten und das Jagen und Hegen mit der Büchse während des ganzen Jahres ergab sich immer wieder der starke Wunsch nach einem Allzweckgewehr. Bereits in den ersten Konstruktionsphasen dachte man an diesen Bestimmungszweck: der Jäger sollte eine Doppelflinte und eine Büchse in diesem Modell vereint finden.

Ein Drilling kann mir zwar nicht das spezielle Werkzeug der Doppelflinte ersetzen und auch nicht das voll bieten, was mir eine Repetierbüchse ermöglicht, aber er ist ein brauchbarer Kompromiß. Von seiner Schaftform erwartet man, wie bei der Bockbüchsflinte, daß sie sowohl den Blick durch das Zielfernrohr ohne allzu große Schwierigkeiten gestattet als auch für den Schrotschuß den zweckmäßigen Anschlag. Bei der Anschaffung eines Drillings darf man sich nicht allein von dem Wunsch leiten lassen, drei Schüsse gleichzeitig zur Wahl zu haben und so für fast jede Gelegenheit gerüstet zu sein, sondern man sollte auf zweckentsprechende Maßschäftung unbedingten Wert legen und sich vor allem auch reiflich überlegen, ob man nicht mit anderen Waffentypen besser bedient ist.

Förster und Berufsjäger in Revieren mit vielerlei Wildarten in ihrem Dienstbereich werden genauso wie Pächter eines vielseitigen Revieres oder Gelegenheitsjäger, die auf unterschiedliche Jagdgelegenheiten gefaßt sind, zu dem Schluß kommen, daß ein Drilling für sie das passende Jagdgewehr als Grundausstattung ist. Dagegen ist ein revierloser Jäger, der häufiger zu Niederwildjagden und kaum zu gemischten Jagden eingeladen wird, besser (und viel billiger!) dran, wenn er sich eine gute Flinte und einen guten Repetierer anschafft.

Beim jagdlichen Übungsschießen soll man auch ab und zu seinen Drilling verwenden, um eine gute Schießfertigkeit für den Jagdbetrieb zu gewährleisten. Für das jagdliche Leistungsschießen ist ein Drilling dagegen nicht geeignet. Er ist in der Konstruktion nicht so robust, daß er eine sehr starke Beanspruchung über Jahre hindurch ohne Schäden durchhält. Und – wichtiger noch – mit einem als „Kompromißwaffe" geschäfteten Gewehr kann in den Büchsen- und Flintendisziplinen keine Hochleistung erzielt werden, wie langjährige Beobachtungen bei Leistungsschießen gezeigt haben. Im außereuropäischen Ausland hat der Drilling nur spärliche Verbreitung gefunden, nicht zuletzt deshalb, weil er mancherorts mit gesetzlichen Bestimmungen nicht in Einklang zu bringen war. Einige Staaten erlauben nämlich in bestimmten Gebieten oder zu bestimmten Jahreszeiten nur eine Büchse oder nur eine Flinte.

Wer sich einen Drilling anschafft, hat die Verpflichtung, sich mit ihm durch und durch vertraut zu machen. Er muß die technischen Vorrichtungen genau kennen, denn es ist äußerst gefährlich, wenn man nur einen Schrotschuß abgeben will und irrtümlich den Büchsenschuß auslöst. Wiederholt habe ich erlebt, daß dies versierten Jägern und eingeschworenen Drilling-Leuten in der Aufregung unterlaufen ist! Man denke besonders auch noch an den Rückstecher des vorderen Abzuges, der vor allem beim Drilling zusätzliche Gefahrenquellen in sich birgt. Dieser vordere Abzug löst je nach Einstellung sowohl den Büchsenschuß als auch den Flintenschuß aus, aber unweigerlich löst sich auch der Büchsenschuß, wenn dessen Abzug eingestochen ist und – aus welchen Gründen auch immer – dann doch zunächst der linke Schrotlauf (mit dem hinteren Abzug) abgeschossen wird. Also, besondere Vorsicht!

Zwei obenliegende Schrotläufe und ein darunter angeordneter Büchsenlauf sind die häufigste Form des Drillings. Es gibt aber auch andere Formen der Kombination von Büchsen- und/oder Flintenläufen zu „Drillingen", wie z. B. den nicht so seltenen Doppelbüchs- oder Bockdrilling oder die schon mehr als Kuriosum zu betrachtenden Flinten- oder Büchsdrillinge.

Ebenso wissen wir, daß dem Drillingbau zwar bestimmte Grenzen in bezug auf Kaliber und Gasdruck gesetzt sind, daß aber immerhin eine breite Skala von Büchsenkalibern mit der Konstruktion in Einklang zu bringen ist. Für die Flintenläufe wird meist das Kaliber 16 verwendet, weil dies eine Gewichtsersparnis für das insgesamt nicht leichte Gewehr ermöglicht, natürlich gibt es auch Drillinge mit Schrotläufen im Kaliber 12 oder – besonders leicht – Kaliber 20.

Nicht unerwähnt lassen möchte ich den Waldläufer-Drilling, der wegen der Laufanordnung auch Schienendrilling genannt wird. In der Laufschiene der untereinanderliegenden Flintenläufe ist der kleinkalibrige Büchsenlauf untergebracht (.22 lfB oder 5,6 × 35 R Vierling). Dieser Drilling ist wegen der Möglichkeit, kleinkalibrige Einstecklaufe in gebräuchlichen Flintenläufen unterzubringen, kaum noch gefragt.

Der Vierling

Als mehrläufiges Jagdgewehr muß schließlich der Vierling genannt werden. Er besteht, wie der Name ausdrückt, aus vier Läufen, und zwar aus zwei nebeneinanderliegenden Schrotläufen und zwei kaliberunterschiedlichen Büchsenläufen. Sinnvoll ist ein Büchsenlauf mit normalem Jagdkaliber und ein Büchsenlauf mit einem Schonzeitkaliber, wie z. B. .22 lfB oder .22 Magnum oder 5,6 × 35 R Hornet.

Auch diese Waffe ist auf wenige Liebhaber beschränkt, da sich die Einstecklaufe, durch Preis und Präzision bestechend, durchzusetzen vermochten.

Einstecklauf und Reduziereinsatz

Beides sind Vorrichtungen, um aus einem Lauf Patronen kleineren Kalibers bzw. geringerer Abmessung verschießen zu können. Beim Drilling kann man z. B. in einen Schrotlauf einen Einstecklauf Kal. .22 einfügen, um neben dem großen Büchsenlauf auch noch einen Kleinkaliberlauf in der Waffe zu haben. Das gängigste Kaliber der Einsteckläufe ist .22, sei es nun für die Patrone *lang für Büchsen* (lfB) oder die .22 Magnum von Winchester oder gar für die noch stärkere Hornet-Patrone. Außerdem gibt es Einsteckläufe, die nur für das Verschießen von Kleinstmunition mit einem Durchmesser von 4 mm zu Übungszwecken gefertigt sind.

Einsteckläufe zum Verschießen von Schrotpatronen kleineren Kalibers aus einer großkalibrigen Flinte sind weniger gebräuchlich, aber bekannt z. B. für das nicht ganz ernst zu nehmende Schießen auf Mini-Wurftauben.

Auch bei Kurzwaffen hat man die Möglichkeit, Einsteckläufe einzubauen, um das Kaliber zu verringern. Allerdings muß man bei Pistolen verständlicherweise den Schlitten mit der Hand betätigen, weil der Repetiermechanismus für höhere Gasdrucke eingerichtet ist.

Im Revier hat man gute Erfolge erzielt mit den Einsteckläufen im Kaliber .22 lfB und .22 Magnum Winchester. Wichtig ist es bei jedem Einstecklauf, daß man ihn mit wenigen Handgriffen in das Patronenlager des Laufes einsetzen und ähnlich schnell auch wieder entfernen kann. Dieser Wechsel darf die Treffpunktlage des Einstecklaufes nicht verändern. Bei neueren Konstruktionen ist dies durchweg gewährleistet, während bei der Benutzung alter Konstruktionen stets ein neues Einschießen auf die Visiereinrichtung des Trägergewehres erforderlich ist.

Während der Einstecklauf das Kaliber der Büchse, Flinte oder Kurzwaffe verringert, reduziert ein Konus lediglich das Hülsenmaß und nicht das Laufkaliber. Man kann z. B. aus einer Büchse des Kalibers 5,6 × 57 das Kaliber .22 Hornet und das Kaliber .22 Winchester Magnum verfeuern. Die Reduziergeräte sind Adapter, die die kleinere Patrone aufnehmen und mit einem Mechanismus dafür sorgen, daß der Schlagbolzendruck zum Zündhütchen der kleineren Patrone weitergeleitet wird. Trotz der verhältnismäßig guten Schußleistungen sind Reduziergeräte wenig verbreitet. Es wird auch nur ein kleiner Kreis von Jägern daran interessiert sein, weil die günstige wirtschaftliche Entwicklung viele in die Lage versetzt hat, sich für jedes gewünschte Kaliber eine komplette Waffe anzuschaffen.

Es ist selbstverständlich, daß man auch mit den Handgriffen des Einsetzens und Ladens eines Reduziergerätes vertraut sein muß wie mit jeder Waffe und auf dem Schießstand von Zeit zu Zeit üben soll.

Die Lauflänge

Der Jäger war und ist stets bestrebt, eine führige Waffe zu haben und tendierte deshalb oft zu kurzen Läufen. Um den größeren Teil der Geschoßtreibladung ausnutzen zu können, ist jedoch eine Mindestlauflänge erforderlich. Dabei ist die Art des Treibmittels von einem gewichtigen Einfluß auf die Länge des Laufes. Beim Stand der heutigen Entwicklung von Munition und Waffen darf gesagt werden, daß bei Büchsenläufen Längen von 60 cm das Standardmaß darstellen und eine noch ausreichende Führigkeit haben. Läufe, die für starke Ladungen und kurze Geschosse bestimmt sind, werden tunlichst einige Zentimeter länger sein.

Bei den Flinten wurde oft die Meinung vertreten: Je länger der Lauf, um so besser die Schußleistung. Wobei unter Schußleistung fälschlicherweise oft der Weitschuß verstanden wurde. Mittels der verschiedenen heute üblichen Würgebohrungen kann die Schrotgarbe auch mit relativ kurzen Läufen – bis herunter zu 62,5 cm Länge – auf weite Entfernung eng zusammengehalten werden. Die Lauflänge guter Flinten berücksichtigt heute einerseits die völlige Verbrennung des Pulvers im Laufinneren und andererseits die erforderliche Masse des Laufmaterials, um eine gute flüssige Balance beim Schießen in der Bewegung zu erreichen. Lauflängen von 65 bis 75 cm sind weit verbreitet; was darunter- oder darüberliegt, ist ungewöhnlich. Es trifft keinesfalls zu, daß noch längere Läufe eine bessere Ausnutzung des Pulvers gewährleisten und damit der Schrotgarbe oder dem Büchsengeschoß höhere Geschwindigkeiten verleihen.

Auszieher – Auswerfer

Beim Kauf einer Kipplaufflinte oder -büchse oder einer kombinierten Kipplaufwaffe wird stets die Frage auftauchen: Auszieher oder Auswerfer? Nicht zuletzt ist dies eine Frage des Geldes. Eine Waffe mit Auswerfervorrichtung kann unter Umständen – je nach Modell – erheblich teurer sein. Da aber eine solche Waffe meist eine Waffe für das ganze Jägerleben ist, rate ich, wenn einigermaßen vertretbar, den Auswerfer dem Auszieher vorzuziehen. Der Nachteil des Auswerfers liegt im metallisch knackenden Geräusch des Auswerfer-Spring-Mechanismus, das unter Umständen bei einem Büchsenfehlschuß das Wild leichter abspringen läßt. Die Vorteile eines Auswerfers überzeugen aber und bringen gegenüber dem Auszieher erhebliche Vorteile.

Ich denke nur an den zusätzlichen Handgriff des Ausziehens der Patronen mit den Fingern, an schlechte Witterung, Nässe und klamme Hände, an ausgesprochen kalte Jagdtage, an denen Handschuhe getragen werden und die beim Ausziehen der Patrone hinderlich sind. Ich denke aber auch bei der Flinte an verquollene und gedrückte Papphülsen, die mit den Fingern nur schwer aus der Waffe zu entfernen sind. Der Vorteil liegt also klar auf der Hand: der Ejektor ermöglicht ein schnelleres Wiederladen der Waffe.

Für das Schießen auf den Wurftaubenständen, d. h. für das jagdliche Übungs- bzw. Leistungsschießen, ist ein Ejektor nicht erforderlich. Der Schütze hat ausreichend Zeit, die Patronenhülse mit der Hand zu entfernen und nachzuladen. Der Auswerfer bietet aber auch auf dem Stand Annehmlichkeiten und Vorteile. Generell sei noch gesagt, daß Flinten der oberen Preisklasse fast ausschließlich mit Ejektoren gefertigt werden. Bei Flinten mittlerer Güte kann oft zwischen Patronenauszieher oder Patronenauswerfer gewählt werden und bei Flinten in einfacher und billiger Ausführung ist allgemein der Auszieher vorherrschend.

Meine Empfehlung: Flintenläufe regelmäßig mit Ejektorvorrichtung, Büchsenläufe vor allem dann mit Ejektor, wenn die Waffe vorwiegend auf Drückjagden geführt werden soll.

Waffen und Munition für Übungszwecke

Kaum ein Jäger wird in der Lage sein, mit seiner Jagdwaffe intensiv üben zu können. Nehmen wir an, ein Jäger führt als Universalgewehr eine Repetierbüchse im Kaliber 7 × 64. Wollte er mit dieser intensiv üben, müßte er einen Stand in angemessener Entfernung von seinem Wohnsitz haben, auf dem er mit seiner 7-mm-Büchse auch außerhalb der üblichen Arbeitszeit, d. h. also abends, sonnabends oder sonntags, üben kann, und er müßte wirtschaftlich in der Lage sein, die verhältnismäßig hohen Munitionskosten zu tragen. Außerdem müssen wir berücksichtigen, daß in Anbetracht der starken Erhitzung des Laufes bei dem 7-mm-Kaliber die Schußfolge nur langsam sein kann, vor allem im Sommer, und daß auch eine merkbare Laufabnutzung in Kauf genommen werden muß. Alles dies spricht gegen ein intensives Üben mit der Jagdbüchse. Auch wenn man die Patronen selbst laden und laborieren würde, wären damit noch nicht alle Schwierigkeiten aus dem Wege geräumt.

Nach jahrelanger Erfahrung können wir heute sagen, daß die beste Übungswaffe für das Büchsenschießen des Jägers die Kleinkaliberbüchse ist, die in Schäftung und Zielfernrohrbestückung den Ausmaßen und dem Gewicht der Jagdbüchse am nächsten kommt. Die preiswerte Randfeuermunition, der geringe Knall und die Leistungsfähigkeit des Kalibers kommen uns entgegen. Ich bin in der Lage, hundert und mehr Schuß an einem Übungstag zu verschießen, ohne dadurch irgendeiner stärkeren körperlichen Belastung ausgesetzt zu sein. Eine Kleinkaliberbüchse nur deswegen nicht als vollwertige Übungswaffe anzusehen, weil sie kaum einen Knall oder Rückstoß hat, wäre falsch. Wer das Kleinkaliberschießen einwandfrei beherrscht, ist auch ein guter Schütze mit einer großkalibrigen Büchse! Wer aber glaubt, Knall und Rückstoß auch bei der Übung haben zu müssen, sollte zur .22 Hornet oder zur .222 Remington als Übungswaffe greifen.

Für das jagdliche Übungsschießen mit Kleinkaliber-Büchsen halte ich das Einschießen auf 100 m Fleck für zweckmäßig, weil diese Entfernung im Wettkampf verlangt wird und auch der jagdlichen Praxis angepaßt ist. Man hat damit zwar nicht die ideale jagdliche Einschußentfernung für die Kleinkaliberpatrone (.22 lfB), aber das spielt hier keine Rolle. Auf dem Stand werde ich immer nur auf eine Entfernung von 100 m üben, und die gekrümmte Flugbahn des Geschosses ist dabei bedeutungslos.

Eine Einschränkung muß gemacht werden: Verwende ich diese Waffe für das Üben auf den flüchtigen Überläufer, so muß ich mich mit der Tatsache abfinden, daß beim gleichen Haltepunkt wie mit der Hornet-Büchse die Schüsse kurz vor der Keule sitzen werden. Der versierte Jagdschütze wird sich daran nicht stören, er wird lediglich darauf achten, daß seine Treffer gut beisammenliegen. Viele Jäger lassen sich aber durch diese Trefferlage irritieren und wünschen lieber auch bei der Übung mit der KK-Waffe den Sitz ihrer Schüsse im Zehnerbereich. Dies einzurichten, ist keine Schwierigkeit. Das Zielfernrohr wird so eingestellt, daß sich auf eine Entfernung von 50 m etwa ein 30-cm-Linksschuß ergibt. Jetzt kann der Schütze den gleichen Haltepunkt wählen wie mit der Hornet-Patrone, und die Schüsse werden im „Zentrum" der Scheibe liegen. Zu erwähnen ist, daß eine auf 100 m eingeschossene KK-Waffe beim Schießen auf eine Entfernung von 50 m bzw. 60 m noch einen Hochschuß hat.

Wie bereits bemerkt, wird der Schütze seine KK-Übungswaffe seiner Jagdgebrauchsbüchse in den Abmessungen angleichen. Für ausschlaggebend halte ich nicht nur Gewicht, Schäftung, Zielfernrohr, Absehen und Montage, sondern auch den Abzug. Hat meine Jagdbüchse einen Stecher, so werde ich die Übungswaffe auch mit Stecher wählen. Hat sie dagegen einen Flintenabzug, werde ich mir auf alle Fälle auch eine Übungswaffe mit Flintenabzug zulegen.

Weil man erkannt hat, daß das Üben mit der KK-Büchse für den jagdlichen Leistungsschützen unentbehrlich ist, befinden sich auf dem Markt KK-Büchsen, die den Hornet-Wettkampfbüchsen „aufs Haar" gleichen. Soll das Geld für einen Schaft gespart werden, ist das Wechselsystem zu empfehlen. Ich selbst bin kein Freund vom ständigen Wechseln, ich habe lieber komplette Waffen dieser Art. Es mag aufwendig erscheinen, wenn man den Preis für eine KK-Übungswaffe, vor allem beim jagdlichen Wettkampfmodell, vor Augen hat. Zu bedenken ist jedoch, daß die laufenden Übungskosten, auf die Dauer gerechnet, günstiger liegen und daß sich schon aus wirtschaftlichen Gründen die Anschaffung einer KK-Übungsbüchse lohnt.

Dort, wo 50-m-Stände in der Nähe sind oder ich noch wirtschaftlicher mit der KK-Büchse üben möchte, werde ich meine KK-Büchse auf 50 m Fleck einschießen. Hierfür gibt es preiswerte verkleinerte Wildscheiben und auch Spiegel. Die Standmiete eines 50-m-Standes liegt unter der eines 100-m-Standes, außerdem ist meist eine größere Zahl von Bahnen vorhanden.

Eine weitere gute Möglichkeit, sich im Büchsenschießen zu üben, ist das Heimtraining mit dem Luftgewehr. In Jägerkreisen, besonders in den älteren, wird oft noch die Meinung vertreten, daß ein Luftgewehr nur ein besseres Spielzeug sei, allenfalls eine Waffe für die Betätigung in Schützenvereinen. Die sogenannten Match-Luftgewehre sind aber auf keinen Fall mit irgendwelchen Kinderluftgewehren zu vergleichen und stellen im wahrsten Sinne des Wortes Präzisionsgeräte dar, mit denen auf eine Entfernung von 10 m ausgezeichnete Ergebnisse erzielt werden können. In Sportschützenkreisen ist das Luftgewehr überaus geschätzt, und fast überall mußte der Zimmerstutzen dem Luftgewehr weichen. Es gibt z. Z. keine bessere Möglichkeit, die Stehend-frei-Übung zu erlernen als zu Hause mit dem Luftgewehr. Wenn auch die Waffe rein äußerlich und in den Abmessungen sowie in der Gewichtsverteilung von der Jagdwaffe abweicht, so kann mit ihr jedoch das Wichtigste der Stehend-frei-Disziplin, die Abzug- und Atemtechnik, gut erlernt werden. Ein Jagdschütze sollte sich wirklich nur erstklassige Waffen zulegen, damit er die Gewähr für ein sinnvolles Üben hat. Für das Schießen mit dem Luftgewehr werden „Kugeln" einer Standardqualität verwendet, die im allgemeinen für diese Zwecke gut geeignet ist.

Das, was über die Übungswaffen für das Büchsenschießen gesagt worden ist, trifft auch für das Kurzwaffenschießen zu. Hier ist es besonders bedeutungsvoll, daß die Übungswaffe weitestgehend mit der Gebrauchswaffe übereinstimmt. Am besten wäre es, wenn der Schütze das gleiche Modell auch im Kaliber .22 lfB als Übungswaffe hätte. Wenn ich also einen Revolver Kal. .38 spec. führe, werde ich mir auch einen Revolver im Kal. .22 lfB als Übungswaffe anschaffen. Habe ich dagegen eine Pistole als Gebrauchswaffe, werde ich als Übungswaffe eine Pistole im Kaliber .22 lfB kaufen. Die Lauflänge einer Übungswaffe sollte nicht mehr als sechs Zoll betragen, damit sie auch für das jagdliche Nadel- und Wettkampfschießen verwendet werden kann.

Genauso wie das Luftgewehr eine gute Übungswaffe ist, kann auch die Luftpistole zum Erlernen bestimmter Techniken als Übungswaffe eingesetzt werden. Die Vorteile sind die gleichen wie bei der Luftbüchse, indem zu Hause für sehr wenig Geld viel geschossen werden kann.

Beim Flintenschießen gibt es so etwas wie eine vollwertige Übungswaffe noch nicht. Das, was bisher angeboten worden ist, war im Prinzip Mini-Schießen entweder mit einem kleinkalibrigen Flintchen oder einem Einstecklauf, um Schrotpatronen im Kal. .22 verfeuern zu können. Dieses stellt aber keinen gleichwertigen Ersatz dar, weil völlig andere Maßstäbe und Voraussetzungen geschaffen werden. Mini-Tontaubenschießen oder Mini-Flintenschießen ist m. E. nicht viel mehr als eine nette, aber kostspielige Freizeitbeschäftigung.

Für Übungen, sei es für das Schießen mit Flinte, Büchse bzw. Kurzwaffe, werde ich versuchen, eine preiswerte, nicht zu stark laborierte Munition zu verwenden. Schieße ich mit Kleinkaliberwaffen, so tut es die Standardmunition .22 lfB. Es braucht nicht eine Super- oder sonstige Hochrasanz-Laborierung zu sein. Verwende ich Hornet-Patronen, so empfehle ich, von den am Markt angebotenen, preisgünstigeren Patronen die Sorte zu verwenden, die mit meiner Waffe zu guten Schießergebnissen führt.

Für die Übung mit der Flinte rate ich, eine weich schießende, nicht zu stark geladene Patrone mit mittlerer Schrotgeschwindigkeit zu verwenden. Falsch wäre hier das Allerbilligste zu nehmen, ohne sich zu überzeugen, welche Leistung die Patrone liefert. Bei der Übungsschrotpatrone kann ich zwar auch ohne weiteres auf den Leistungssuperlativ verzichten, muß aber darauf achten, daß ich eine gleichmäßig laborierte Patrone mit mittelmäßiger Leistungsfähigkeit verwende. Grundfalsch wäre es, eine extrem schwach geladene Patrone zu verwenden, deren Schrotgeschwindigkeit sehr gering ist und bei der ich mir ein völlig anderes „Vorhaltemaß" angewöhnen müßte. Der Inhalt der Patrone in bezug auf Schrot- und Pulverladung kann dabei etwas geringer als bei den normalen Jagdschrotpatronen bleiben.

Munition und Geschosse für die Schalenwild-Jagd

Würden sich manche Jäger genauso intensiv mit der Handhabung der Waffe einschließlich des Übungsschießens wie mit den Daten der Patronenlaborierungen, Ballistik und Geschoßwirkungen beschäftigen, so wäre dies nicht verkehrt. Damit will ich sagen, daß der gute Sitz des Geschosses – der einwandfreie Schuß – zumindest ebensoviel wert ist wie die überragende detaillierte Kenntnis des Geschoßaufbaus, seiner Zerlegung in allen Phasen und eine vielleicht sogar noch wissenschaftlich begründete Kenntnis der Energieabgabe.

Bei der Wahl der Patrone rate ich jedem Anfänger dringend, zunächst im Standardbereich zu bleiben und auf keinen Fall Spezialpatronen zu verwenden, die lediglich in Ausnahmefällen richtig wären. Das gilt auch hinsichtlich Geschoßgewicht und Geschoßkonstruktion.

Die Vorteile liegen klar auf der Hand. Bei Standardpatronen mit üblichen Geschoßgewichten und -konstruktionen werde ich nur selten Beschaffungsschwierigkeiten haben. Die Verwendungsmöglichkeiten sind breiter, und aufgrund der größeren Produktionszahlen wird der Preis auch günstiger sein.

Für reine Rehwildjäger, und das sind die meisten von uns nicht nur in den ersten, sondern auch in den späteren Jägerjahren, dürfte eine Waffe im Kaliber 5,6 mm bis 6,5 mm zu wählen sein. Dabei empfehle ich als untere Grenze die .222 Remington Magnum 5,6 × 47 oder 5,6 × 50 Magnum. Die für den Schuß auf Rehwild gesetzlich zugelassene (außer NR-Westfalen) .222 Remington (5,6 × 43) schieße ich zwar u. a. selbst seit Jahren mit bestem Erfolg, weil ich mich in der Schußentfernung sehr beschränke und weil ich mir, ohne überheblich zu sein, eine weit überdurchschnittliche Schußleistung auch im Revier zutraue. 1000 Joule/E100, wie sie die .222 Remington aufweist, halte ich aber beim Anfänger und auch allgemein für den Schuß auf Rehwild für zu gering. Denken Sie auch an weniger gut sitzende Schüsse, für die jedes Mehr an Energie dann von Vorteil ist. Eine hervorragende Rehwildpatrone ist auch die .243 Winchester, die aus Amerika kommt und sich bei uns zunehmender Beliebtheit erfreut. Sie erbringt reichlich Energie und eine rasante Flugbahn.

Der Allround-Schalenwildjäger sollte lieber zu einer 7-mm-Patrone wie z. B. der 7 × 64 oder 7 × 65 R neigen als zu einer 6,5-, oder 8- oder gar 9,3-mm-Patrone. Zu den universellen Standard-Kalibern zähle ich auch die 30.06 Springfield und die jüngere .308 Winchester. Während bei den Geschossen kleineren Kalibers keine große Gewichtsstaffelung zu finden ist, sind bei den 7-mm- und .300er (7,62) Geschossen doch erhebliche Gewichtsunterschiede im Sortiment vorhanden. Ich rate ab, die Standardwaffe von vornherein durch die Wahl einer extrem laborierten Patrone zur Spezialbüchse machen zu wollen. Natürlich sollen Sie wissen, welche

Möglichkeiten eine Waffe und die Munition bieten, und wenn es später eine besondere Situation erfordert, auch ausschöpfen. Ein Bildreporter wird auch nicht verschiedene Filmsorten und unterschiedliche Filmempfindlichkeiten für normale Arbeiten verwenden. Er „schießt sich ein" auf das Tägliche mit einer Filmsorte und nutzt die volle Breite des Marktes aus, um bei speziellen Arbeiten das Bestmögliche herausholen zu können. Bei den 7-mm- und 7,62-mm-Geschossen liegt die goldene Mitte des Geschoßgewichts um 10 g herum.

Was für den Allround-Jäger gilt, trifft auch für den Rehwildjäger zu, der dann und wann eine Einladung auf Schwarz-, Rot- oder Damwild erhält. Da liege ich mit meiner Empfehlung der 7-mm-Patrone immer richtig. Was für das Rehwild gilt, gilt auch für alles andere Wild. Merken Sie sich, daß Sie bei guten Schüssen immer mit der gesetzlich geforderten Mindestenergie wohl auskommen, daß Sie aber Energiereserven für schlechte Schüsse haben müssen. Die Patrone 7 × 64 oder die Patronen 30.06 Springfield und .308 Winchester mit den passenden Laborierungen kann ich einem Jagdscheininhaber mit ruhigem Gewissen empfehlen.

Führe ich eine Waffe aber ausschließlich auf schweres Wild wie Rot-, Dam- und Schwarzwild, empfehle ich eher das 8 × 68-S- bzw. das .300-Magnum-Kaliber.

Einen besonderen Platz muß ich dem Gamsjäger einräumen, der ausschließlich Gams jagt, der eine rasante Flugbahn des Geschosses wünscht und reichlich Geschoßenergie voraussetzen muß. Es gibt Hochgebirgsgebiete mit Gamseinständen, die einen weiten Schuß jagdlich vertretbar und auch erforderlich machen. Nach dem Grundsatz „lieber mehr als zuwenig" empfehle ich dann die Patrone 6,5 × 68 bzw. 6,5 × 68 R. Es ist ein Kaliber, das sich auch bei weiten Schüssen im schottischen Hochland und in weiten deckungslosen Ebenen auf Rehwild bewährt hat. Ich kenne aber eine gute Anzahl von Gamsjägern, die Hunderte von Stücken Gamswild unter schwierigen Umständen mit der 7 × 64, 30.06 und .308 erlegt haben, sehr zufrieden sind und ohne ein Spezialkaliber auskommen.

Bei einem guten Maß an Energie komme ich mit jedem gut konstruierten Teilmantelgeschoß aus und brauche mich nicht verwirren zu lassen von verblüffenden Formen, den verschiedenen Arten des Geschoßaufbaues,phantastischen Gelatineblock-Versuchserfolgen und hochtrabenden Namen. Lernen Sie, Ihre Waffen sicher zu beherrschen und gut zu schießen, dann werden Sie mit einem Standardkaliber und einem einfachen für den Jagdgebrauch entwickelten Geschoß mehr Freude haben als mit einem Hochleistungsgeschoß, das am Ziel vorbeigeht oder gar infolge eines schlechten Schusses kilometerlanges Nachsuchen erfordert.

Flintenlaufgeschosse

Bei unserer gegenwärtigen Jagdsituation stellt der Schuß mit dem Flintenlaufgeschoß nur eine Ersatzlösung dar. Das Flintenlaufgeschoß kann eine leistungsfähige Büchsenpatrone aber niemals wirklich ersetzen. Ein gut gezielter, wirkungsvoller Schuß mit dem Flintenlaufgeschoß kann nur im Bereich eines Schrotschusses oder wenige Meter darüber verantwortungsbewußt abgegeben werden.

Zu empfehlende Büchsenpatronen für Schalenwild

Die nachfolgende Aufstellung ist mit Absicht knapp gehalten, damit eine Orientierung schnell und leicht möglich ist.

Rehwild	.222	Remington Magnum
	5.6 × 50	Magnum
	5.6 × 50 R	Magnum
	5.6 × 52 R	
	5.6 × 57	
	5.6 × 57 R	
	.243	Winchester (6,2 × 52)
	6,5 × 57	
	6.5 × 57 R	
Gams	6,5 × 57	
	6,5 × 57 R	
	.243	Winchester (6,2 × 52)
	6,5 × 68	
	6,5 × 68 R	
in Deutschland vorkommendes Schalenwild jeder Art und Stärke	.270	Winchester
	7 × 57	
	7 × 57 R	
	7 × 64	
	7 × 65 R	
	.308	Winchester (7.62 × 51)
	30.06	Springfield (7,62 × 63)
	8 × 57 JS	
	8 × 68 S	
	.300 Magnum	

Weil das relativ langsam fliegende Flintenlaufgeschoß sich nicht zerlegt wie ein schnelles Büchsengeschoß, sondern beim Auftreffen in seiner elastischen Masse zusammenbleibt, ist es besonders gefährlich. Die Abprallfreudigkeit im extremen Winkel hat uns leider schon des öfteren auf tragische Weise gezeigt, daß die Sicherheitswinkel bei der Verwendung des Flintenlaufgeschosses besonders groß sein müssen. Gern prallt es von Steinen, Baumstämmen, liegendem und stehendem Holz in ganz unvermuteten Winkeln ab. Es ist und bleibt ein vorsichtig anzuwendender Notbehelf, auf den hier nicht weiter eingegangen werden soll. Achtung: Ein Flintenlaufgeschoß kann aber bis zu 1500 m weit fliegen.

Aufbewahren von Waffen und Munition

Die meiste Zeit werden Waffen und Munition des Jägers zu Hause aufbewahrt sein. Das Führen der Waffen im Revier und deren Benutzung auf dem Stand erfolgt nur für eine jeweils kurze Zeit. Bei der Aufbewahrung von Waffen und der Lagerung von Munition werden wir Jäger Verstand und Umsicht walten lassen müssen, um sie im besten Zustand zu erhalten und jeden Mißbrauch auszuschalten.

Seit es Gewehre gibt, gibt es für deren Aufbewahrung oder Abstellung verschiedene Arten von Ständern und Schränken. Immerhin sind Jagdwaffen aufwendige, ja kostbare Werkzeuge, mit denen Präzisionsarbeit geleistet werden soll und deren Schönheit in Material und handwerklicher Verarbeitung erfreuen will. Daraus ergibt sich, daß der Jäger für sie einen guten und sicheren Aufbewahrungsplatz benötigt. Der verschließbare Gewehrschrank ist hierfür ein sinnvolles Möbelstück. In ihm müssen die Waffen einen guten Stand haben, damit sie nicht verrutschen oder beim Öffnen herauskippen können oder beim Hineinstellen und Herausnehmen an die anderen abgestellten Waffen anschlagen. In den meisten Gewehrschränken stehen die Waffen senkrecht mit den Schaftkappen unten auf. Nur selten findet sich wegen der Länge der Waffe ein Schrank mit einer Waagerecht- oder Querlagerung, obwohl diese Art auch gewisse Vorteile hat; insbesondere den, daß das Waffenöl nicht in den Verschlußteilen zusammenläuft und diese verklebt. Es braucht aber kein spezieller Gewehrschrank zu sein, in dem die Waffen aufbewahrt werden. Jeder beliebige Schrank kann zum Gewehrschrank umfunktioniert werden, sogar Einbauschränke eignen sich gut dafür. Wichtig dabei ist lediglich, daß für jede Waffe eine sichere Halterung eingebaut ist.

Weniger sinnvoll erscheint das Aufbewahren der Waffen als Aufhängung an den Wohnzimmerwänden, wo sie gleichzeitig als Schmuckstück dienen sollen. Die Waffen verstauben und verschmutzen hier leichter als im Schrank. Das gleiche gilt für das Aufbewahren der Waffen in offenen Gewehrständern in der Wohnung, wo sie nicht nur verschmutzen, sondern auch leicht umgestoßen werden können. Wenn die Waffen aber dennoch frei stehen oder hängen sollen, müssen sie auf eine zuverlässige Art und Weise vor schnellen und leichten Zugriffen abgesichert werden.

Jeder Gewehrschrank oder Ständer ist grundsätzlich so einzurichten, daß sämtliche Waffen in die Plätze passen. Die Tiefe ist dabei so zu bemessen, daß auch ein Zielfernrohr auf der Waffe belassen werden kann. Kurzwaffen müssen immer an einem verschlossenen Ort – möglichst sogar in einem Schließfach (Safe) – aufbewahrt werden, wobei empfehlenswert erscheint, daß dies nicht für jeden sofort sichtbar hinter Glas geschieht. Ausnahmen werden für Sammler zu gelten haben. Sie müssen aber eine ganz besondere Sorgfalt für die sichere Plazierung ihrer Sammlung aufwenden.

Dringend rate ich davon ab, die Munition griffbereit unter den jeweiligen Waffen aufzubewahren; sie gehört von den Waffen getrennt in ein verschließbares Fach

Links: Jagdfrühstück im Revier. Für das sichere Abstellen der Jagdgewehre ist vor allem bei größeren Gesellschaftsjagden Vorsorge zu treffen. Im Gegensatz zum Schießstand bleiben auch beim Abstellen in den Gewehrständer die Gewehrriemen an der Waffe, und der Verschluß braucht nicht geöffnet zu sein. Jeder Jäger hat aber die Pflicht, sich zu überzeugen, daß die Waffe auch wirklich entladen ist.

Rechts: Waffen aufhängen, ja! Waffen so wegstellen, nein! Auch wenn die Büchse nicht geladen ist, wird sie niemals so hingestellt, daß sie von Jäger oder Hund umgestoßen und dadurch beschädigt werden kann.

oder in einen Schrank. Die gebräuchlichen Gewehrschränke sind in der Regel so gebaut, daß sie entweder unter den Waffenständern, daneben oder darüber verschließbare Munitionsfächer aufweisen. Es müßte eigentlich selbstverständlich sein, daß Munition säuberlich sortiert nach Kalibern, Geschoßarten bzw. Laborierungen und Herstellern weggepackt und alle Munitionsarten, auch Schrotmunition, nach Möglichkeit in den Originalschachteln belassen wird. Verwechslungen werden auf diese Weise weitgehend vermieden. Deshalb ist es auch notwendig, neutrale Munitionsbehältnisse eindeutig zu beschriften. Rechne ich damit, daß Munition über Jahre hinaus gelagert werden muß, werde ich luftdicht verschließbare Behälter besorgen. Dadurch habe ich die Gewähr, daß übermäßige Feuchtigkeit oder auch Trockenheit die Munition in der Leistung nicht beeinträchtigen wird. Außerdem werde ich sie vor Hitze, Kälte oder hohen Temperaturschwankungen schützen, denn diese Einflüsse würden ihre Wirksamkeit beeinträchtigen. Am besten ist es schon, die Munition in einem trockenen, ungeheizten Wohn- oder Kellerraum zu lagern. Laien glauben oft, daß es gefährlich sei, Munition im Wohnbereich aufzubewahren, weil eine Explosionsgefahr nicht auszuschließen sei. Wer sich aber mit der Eigenschaft der Munition und ihren Bestandteilen, der Brennfähigkeit und der Wirkung brennender Munition beschäftigt hat, weiß, daß nicht von

Gefahren durch Munition selbst gesprochen werden kann, sondern Gefahr entsteht höchstens durch vorsätzlichen Mißbrauch.

Zweckmäßig ist es, sich von Zeit zu Zeit vom Zustand der Waffen zu überzeugen, wenn sie nicht regelmäßig in kürzeren Abständen benutzt werden. Je feuchter das Klima, um so eher ist ein leichter Rostanflug an einigen Stellen möglich. Das sind vor allem die Metallteile, die mit der Hand berührt werden. Dort wird der leichte Ölfilm zerstört, und die feine Schweißabsonderung begünstigt die Rostbildung. Nützlich ist es, die Metallteile einer Waffe mit einem weichen Lappen leicht einzuölen und sie beim Hineinstellen in den Schrank oder Ständer nur noch an den Holzteilen anzufassen.

Ausdrücklich zu bemerken ist, daß die Jagdhütte nicht zum Waffen- und Munitionslager des Jägers werden darf. Zu gern werden nämlich solche nicht regelmäßig bewohnten Hütten von Dieben und Verbrechern heimgesucht.

Kurz zusammengefaßt:
Waffen und Munition sind 1. so sicher aufzubewahren, daß einem Unbefugten ein schneller und leichter Zugriff verwehrt ist, und 2. so sachgemäß aufzubewahren, daß deren Wert und Leistung nicht gemindert werden.

Für unerläßlich halte ich es, auch die zum Jägerhaushalt zählenden Familienangehörigen und sonstigen Personen über Waffen und Munition, deren Handhabung und Wirkung aufzuklären, auch einmal die Wirkung an geeigneten Objekten auf dem Stand oder im Revier zu demonstrieren. Es ist falsch, Waffen vor Kindern zu verstecken, diese mit unerklärlichen Geheimnissen zu umgeben und somit Neugierde und Wunsch zum Ausprobieren zu wecken.

Als verantwortungsbewußter Vater und Jäger kann man nicht früh genug mit der Aufklärung und der Erläuterung einer richtigen Handhabung der Waffen beginnen. Ich habe festgestellt, daß Kinder, die ab und zu in Gegenwart und unter Aufsicht der Eltern Waffen in die Hand nehmen, handhaben und je nach Alter auch gelegentlich auf dem Stand schießen dürfen, schnell lernen, den Ernst der Dinge zu begreifen. Kinder müssen auf die Gefahren bei einem falschen Umgang mit Waffen hingewiesen werden.

Im übrigen muß ihnen ganz deutlich verboten werden, sich allein an Waffen und Munition zu schaffen zu machen!

Das Zubehör

Das Gewehrfutteral – Der Gewehrkoffer

Mehr denn je ist der Jäger heute beweglicher und bei der Ausübung des Jagens nicht mehr an seinen Wohnsitz gebunden. Er fährt oft viele Kilometer, um in sein Revier zu kommen, oder nimmt Einladungen zu Jagden an, die eine lange Anreise bedingen. Er wird nur in seltenen Fällen auch in ein nahegelegenes Revier zu Fuß gehen. Ich denke hier u. a. an das Beschicken der Fütterungen, an Fallenkontrollen und an den Transport des erlegten Wildes. Zum Jagen, darüber sind wir uns wohl im klaren, wird das Kraftfahrzeug auf keinen Fall benutzt.

Ein Jäger würde schlecht beraten sein, wenn er Waffen im Wagen transportierte, ohne sie vor Stößen, Zerkratzen, Verschmutzen oder gar stärkeren Beschädigungen zu schützen. Vor Schäden dieser Art schützen am besten Futterale und Koffer. Die Industrie fertigt für jeden Geldbeutel erschwingliche Behältnisse. Die Art der Behältnisse ist letztlich eine Geldfrage. Es kann festes Leder sein mit Lammfellfutter, es kann auch ein einfaches, preisgünstiges Kunststoff-Futteral sein. In jedem Fall muß es die Waffe bequem aufnehmen und mit dem Innenfutter Stöße von außen elastisch abfangen. Bewährt haben sich Kunstlederhüllen mit sogenanntem Teddyfutter oder auch imitiertem Lammfellfutter, die mit einem Reißverschluß und einer Tragevorrichtung versehen sind. Der Reißverschluß sollte aber nicht ganz bis nach hinten zu öffnen sein, damit die Waffe beim Hochnehmen oder beim schrägen Tragen nicht nach hinten aus dem Futteral herausrutschen kann.

Wer mehr Geld ausgeben oder seine Waffe noch besser geschützt wissen will, greift zu einem stabilen Gewehrkoffer, den es aus Leder, Kunststoff oder Metall gefertigt gibt. Für Kipplaufwaffen sind die meisten Luxuskoffer in einer handlichen Form gebaut, so daß diese ein Zerlegen der Waffe erfordern; es gibt aber auch größere und einfachere lange Koffer, die Repetierer einschließlich Zielfernrohr und unzerlegte Kipplaufwaffen sicher aufnehmen.

Gut bewährt haben sich auch die Gewehrhalter vor der Lehne der rückwärtigen Autositze oder hinter den Lehnen der Vordersitze, insbesondere für kurze Fahrten ins Revier oder Fahrten im Revier selbst.

Wer ein öffentliches Verkehrsmittel benutzt, ist gehalten, seine Waffe verpackt zu transportieren. Wenn er dabei die Waffe in der Hand halten kann, wird ein weiches Futteral ausreichen. Ich würde es nicht gern sehen, wenn meine in einem elastischen Futteral verpackte Waffe im Gepäckraum eines Omnibusses, in dem auch andere schwere Gepäckstücke gelagert sind, verstaut wird. In solchen Fällen ist der stabile druck- und stoßsichere Koffer dem weichen Gewehrfutteral vorzuziehen.

Der Laufmündungsschutz

Einer eingehenden Erklärung bedarf es nicht, weshalb das Laufinnere eines Gewehres, seien es die Felder und Züge des Büchsenlaufes oder die glatten Wände des Schrotlaufes sowie die Laufmündungen, besonders geschützt sein müssen. Das Laufinnere und die Laufmündung tragen entscheidend zur Präzision des Schusses bei. Jeder Jäger muß sich dieser Tatsache bewußt sein und daher die Läufe so schützen, daß weder Fremdkörper, gleich welcher Form, Art und Größe, in das Laufinnere gelangen können noch die Laufmündung selbst von außen her, vor allem durch Schlag und Stoß, beschädigt werden kann.

Zum Schutz des Laufinneren und der Laufmündung kennen wir Mündungsschoner in mehreren Variationen. Der Mündungsschoner aus Leder hat den Vorteil, daß er dank seiner Festigkeit und Elastizität manchen groben Stoß abfangen kann. Allerdings wird die Gerbsäure, die noch im Leder steckt, im Laufe der Zeit die Brünierung der vom Leder bedeckten Laufteile in Mitleidenschaft ziehen und somit kleine Schönheitsfehler entstehen lassen. Mündungsschoner werden auch aus Gummi und Kunststoff hergestellt. Sie erfüllen den gleichen Zweck, ohne daß jedoch die Brünierung des Laufes angegriffen wird. Es ist darauf zu achten, daß Mündungsschoner, gleich welchen Materials, einen guten Sitz haben, damit sie nicht bei der leichtesten Berührung mit Ästen o. ä. abgestreift werden.

Wiederholt taucht in Jägerkreisen die Frage auf, was denn passiert, wenn vergessen wird, den Mündungsschoner abzunehmen und ein Schuß gelöst wird. Viele Jäger haben da schon ihre eigenen Erfahrungen sammeln müssen. Generell ist hierzu zu sagen, daß eine Gefahr für den Jäger oder die Umgebung nicht besteht. Je nach Art und Beschaffenheit des Mündungsschoners kann jedoch die Treffgenauigkeit beeinflußt werden.

Mir ist es selbst zweimal passiert, daß ich vergaß, den Mündungsschoner abzunehmen. Einmal beschoß ich einen Knopfbock auf eine Entfernung von 50 Metern. Auf der Waffe, einer .222 Remington-Büchse, befand sich ein Mündungsschoner aus weichem Leder, den man mittels eines Druckknopfes schließen konnte. Die Druckwelle, die sich vor dem abgefeuerten kleinen Geschoß bildete, zerfetzte den Mündungsschoner und verschaffte dem Projektil eine freie Flugbahn. Allerdings wurde das Geschoß abgelenkt! Der Bock wurde einen Tag später erlegt und zeigte deutlich eine leichte Deckenverletzung an der Körperunterseite. Das Zeichnen des Bockes nach dem ersten Schuß vom Vortage hatte schon auf einen solchen Streifschuß hingedeutet. Ein anderes Mal pürschte ich in Nordamerika auf einen Bären und vergaß beim plötzlichen Zusammentreffen, den Mündungsschoner abzunehmen. Ich führte eine Büchse schweren Kalibers, und auf dieser Büchse befand sich ein Mündungsschoner aus kräftigem Leder. Der Mündungsschoner wurde – wie im vorgenannten Fall – zerfetzt. Dieses Mal aber traf das Geschoß den Wildkörper dort, wo ich abgekommen war. Die Schußentfernung betrug 60 Meter. Das abgefeuerte, schwere Geschoß wurde nicht erkennbar abgelenkt.

Auf alle Fälle ist es die Druckwelle, die den Mündungsschoner zerreißt oder wegschleudert und nicht das Geschoß selbst. Würde das Geschoß einen Ledermündungsschoner berühren, würde es sich bei der ihm eigenen hohen Geschwindigkeit unweigerlich zerlegen.

Ist kein Mündungsschoner zur Hand, kann man versuchen, einen Streifen aus Tesafilm, Leukoplast o. ä. Material von außen über die Mündung zu kleben. In einem Versuchsbericht des Instituts für jagdliches und sportliches Schießwesen hieß es hierzu: Die Ursache der vermehrten Gewehrstreuung, die sich bei überklebter Laufmündung ergab, konnte nicht ermittelt werden, weil eine dafür erforderliche, sehr kostspielige photographische Einrichtung nicht zur Verfügung stand. Anzunehmen ist, daß der Tesafilm durch die dem Geschoß vorausgehende Druckwelle und nicht erst durch das Geschoß selbst zerstört wird. Dabei könnten sich an der Laufmündung Turbulenzen dieser Druckwelle einstellen, die von Schuß zu Schuß entsprechend dem Grad der jeweiligen Festigkeit der Überklebung der Laufmündung schwanken, die Fluglage des Geschosses beeinflussen und somit die Streuung vergrößern. Ergänzend teilte die DEVA später mit, daß die Versuchsbüchse normalerweise einen Streukreisdurchmesser von 57 mm hatte; mit der zugeklebten Mündung ergab sich ein Streukreis von 102 mm, also ungefähr das Doppelte.

Man sieht aus diesem zwar ergänzungsbedürftigen Versuch, daß beim Beschießen größerer Ziele auf kurze Entfernung die Abweichung des Geschosses, insbesondere bei den schweren Kalibern, geringfügig ist und in der Praxis noch zum Erfolg führen kann. Kleine Ziele wie z. B. eine Taube, wird man kaum erfolgreich beschießen können. Das Verkleben der Mündung auf vorgenannte Art sollte immer nur ein Notbehelf sein. Niemals darf daraus geschlossen werden, daß Mündungen fest zugeklebt werden können.

Beim Abfeuern einer Schrotpatrone ist der physikalische Vorgang ähnlich wie der bei der Büchsenpatrone, weist jedoch einen gravierenden Unterschied auf. Das Pulver in der Schrotpatrone verbrennt sehr schnell (explosiv). Die Wandungen der Flintenläufe sind im Vergleich zum Büchsenlauf zudem relativ dünn. Es könnte daher unter Umständen zu Laufsprengungen kommen, wenn der Mündungsschoner aus festem Material besteht, an der Laufmündung dicht aufliegt und stramm am Lauf befestigt ist. Im günstigsten Fall wird der Kopfteil des Mündungsschoners aus den Nähten herausgerissen.

In der Praxis sieht es allgemein so aus, daß der Jäger beim Erwerb einer Waffe den dazu passenden Mündungsschoner mitkauft. Ich rate sogar, sich nicht nur einen, sondern gleich zwei Mündungsschoner zu kaufen, denn dieser gehört zu den jagdlichen Utensilien, die häufig liegengelassen oder verloren werden. Gegen einen Verlust kann man sich schützen, indem man ihn mit einem Leder- oder Nylonband an dem Riemenbügel festbindet. Wird er dann ungewollt abgestreift, so ist er nicht verloren. Aus Erfahrung muß ich hierzu sagen, daß das Band nicht zu lang sein darf, denn sonst wird es allzuleicht durch Hängenbleiben hinderlich.

Bei häufigem Jagen wird jeder Schütze einmal in die Lage kommen, ohne einen Mündungsschoner im Revier einzutreffen und gar noch Dickungen durchkriechen zu müssen. Er muß sich auch dann zu helfen wissen, indem er entweder einen Lederhandschuh über die Mündung zieht, eine Plastiktüte darüber bindet oder sich einen wasserdichten Abschluß aus irgendeinem anderen Material (Klebe- oder Isolierband) macht, durch das notfalls auch hindurchgeschossen werden kann.

Nichts, aber auch gar nichts sollte uns jedoch davon abhalten, durch den Lauf zu sehen, falls auch nur der geringste Verdacht auf eine innere Laufverschmutzung besteht.

Der Gewehrriemen

In Deutschland ist es üblich, daß ein Jäger das Gewehr mit einem Riemen über die Schulter hängt und im Revier entsprechend sicher trägt, ob geladen oder ungela-

Links: Diese Trageweise ist zwar bequem, weil man beide Hände frei hat, jedoch nicht überall zu empfehlen. Der Nachteil liegt darin, daß die Büchse mehr oder weniger starr auf dem Rücken hängt und nicht nach Belieben in schwierigem Gelände oder beim Bücken zurechtgerückt werden kann. Außerdem werden sowohl der exponierte Kolben als auch das Zielfernrohr leicht beschädigt.

Rechts: Im Ausland herrschen oft ungewohnte jagdliche Verhältnisse. Es ist wichtig, im voraus zu wissen, wie gejagt wird: zu Fuß, zu Pferd oder auf Skiern, welche Waffe geführt werden darf bzw. zweckmäßig ist. Was nützt es, wenn man beispielsweise im Winter in Finnland auf Birkhähne jagen will und nur die Flinte dabei hat, weil die rechte Information vor Reiseantritt nicht gegeben wurde. Diese Jagd auf Skiern erfordert meist den gestreckten Büchsenschuß (Vollmantelgeschoß).

den. Man kann es auf verschiedene Art und Weise an dem Gewehrriemen tragen. Bewährt hat sich ein Riemen aus kernigem, aber schmiegsamem Leder. Die gewünschte Trageweise, die Anbringung der Riemenbügel und die Art der Waffe bestimmen die Länge des Gewehrriemens. Die Trageriemen für Flinten sind meist kürzer als die für Büchsen. Eine Längenverstellmöglichkeit haben fast alle Trageriemen. Manche Jäger bevorzugen Gewehrriemen mit Gummiunterlage zur Verhinderung des Abgleitens von der Schulter. Bewährt haben sich mit Leder überzogene Schnallen, um Klappern und Blinken zu verhindern. Es spricht auch nichts gegen geflochtene Gewehrriemen, die zudem häufig ebenfalls mit einem Gleitschutz, der eingeflochten oder unterlegt sein kann, versehen sind. Wie die Ausführung auch sei, Gewehrriemen müssen immer zweckmäßig und zuverlässig sein, sie dürfen sich nicht schon nach kurzer Zeit verdrehen. Viel auf Treibjagden geführte Waffen werden gern mit einem Gewehrriemen aus Leder versehen, der sich schnell und einfach strammziehen läßt; das hat den Vorteil, daß der Riemen nicht lang herunterhängt und beim Anschlagen oder Mitschwingen hindert.

Aus Sicherheitsgründen wäre es gut, wenn vor allem bei Gesellschaftsjagden nicht geduldet würde, daß Jäger mit Waffen ohne Tragevorrichtungen erscheinen.

Wo auch immer der Jäger geht und steht, seine Langwaffe, insbesondere die Laufmündung, muß er gut unter Kontrolle haben. Außerhalb des Jagdbetriebs ist das Gewehr nur entladen zu tragen und zu transportieren. Links: Korrekte Gewehrhaltung beim Verlassen des Bootes. Rechts: Korrekte Trageweise im Feldrevier.

Außerdem ist ein Gewehrriemen praktisch. Die Waffenindustrie und die Waffenverkäufer sollten ihrerseits auch etwas dazu tun, indem sie Jagdwaffen, auch ausländischer Herkunft, nur mit Tragevorrichtungen anbieten. An manchen Waffen befinden sich Gewehrriemen, die Jahrzehnte alt sind. Leder wird spröde und brüchig, und bei solchen „Erbstücken" ist von Zeit zu Zeit eine Reißprobe zu empfehlen.

Ich habe nichts gegen die Führung von Waffen ohne Gewehrriemen bei besonderen Anlässen einzuwenden, wie z. B. beim Enten- und Taubenstrich oder wenn mit

Unter besonderen Umständen ist der Jäger gezwungen, seine Waffe auf dem Rücken mit der Laufmündung schräg nach oben zu tragen, wie z. B. der Berufsjäger im Winter auf Skiern im Hochgebirge. Sehr zu empfehlen ist ein Knopf, der ein unbeabsichtigtes Abrutschen des Gewehrs verhindert.

zuverlässigen Freunden in kleinen Gruppen im Feld gejagt wird. Beim „Jagen auf dem Strich" ist der Jäger meist allein oder vom nächsten Schützen weit abgestellt, außerdem ist seine Aktivität im wesentlichen auf Stehen, Sitzen und Schießen beschränkt. Auf der Treibjagd dagegen wird die Waffe ständig durch die Gegend getragen, oder die Jäger stehen oft zwischendurch eng zusammen. Das Tragen am Riemen ermüdet weniger als das Tragen in der Hand; Waffe und Laufmündung sind auf diese Weise auch besser unter Kontrolle zu halten.

Es ist kein neuer Gedanke, daß der Jäger die Waffe sicher und bequem tragen will, darüber hinaus jedoch bestrebt ist, aus dem Tragen heraus schnell schußbereit sein zu können. Diese Einstellung ist durch die Praxis begründet. Leider war der Handel bisher nicht in der Lage, in dieser Hinsicht etwas Neues und Praktisches anzubieten, was sich beim Jäger durchsetzen konnte. Wir wissen, daß unser herkömmlicher Gewehrriemen eine einfache Sache ist, um Arme und Hände zeitweise zu entlasten. Wir wissen aber auch, daß er bei schnellen Handgriffen während des Schwingens und Schießens störend sein kann.

Auf dem Markt erscheinen ab und zu sogenannte Bereitschafts-Gewehrriemen. Sie setzen sich aber nicht durch, obwohl sie durchaus brauchbar sind.

Das Zielfernrohr-Zubehör

Ein Zielfernrohr ohne Schutzkappen wäre genau das gleiche wie eine Kamera mit hochwertiger Optik ohne einen Objektivschutz. Schutzkappen sowohl für die Okular- als auch für die Objektivlinse des Zielfernrohrs halte ich nicht nur für ratsam, sondern sogar für erforderlich. Die Schutzkappen, die meist auch „Zielfernrohrdekkel" genannt werden, bewahren die Linsen vor Beschädigungen durch äußere Einflüsse, wie z. B. Kratzer und Stöße von harten oder scharfen Gegenständen, schützen vor Staub und stärkerer Verschmutzung wie auch vor Naßwerden bei Regen und Schnee.

Wenn in vielen Fällen eine Beschädigung nicht gleich zu erkennen ist, so tritt eine Sichtminderung ein, wenn nicht überhaupt völlige Behinderung des Schusses. Meist wird die Beeinträchtigung der klaren Sicht erst dann bemerkt, wenn man sich zum Schuß entscheidet. Dann ist es aber ein wirklich sehr unpassender Augenblick, die Linse zu reinigen!

Es ist nicht ausschlaggebend, ob der Okularschutz aus durchsichtigem oder undurchsichtigem Material gefertigt ist. Wesentlich ist, daß die Schutzkappen gut sitzen, sich aber auch nicht zu stramm festklemmen oder festsaugen, damit sie im Bedarfsfall schnell und geräuschlos entfernt werden können. Die Schutzkappen sollen aus festem Material wie Leder oder Kunststoff hergestellt sein, damit sie einen Stoß auf die vordere oder hintere Kante des Stahl- oder Leichtmetallrohres abfangen können.

Klarsichtscheiben im Zielfernrohrdeckel haben den Vorteil, daß notfalls auch geschossen werden kann, ohne die beiden Kappen abzunehmen. Die Erfahrung hat jedoch gezeigt, daß der beim Kauf dieser Schutzkappen gepriesene Vorteil nicht immer wahrgenommen werden kann, weil bei Regen und Schnee durch Tropfen und Flocken ebenfalls die Sicht behindert wird und auch Klarsichtscheiben beschlagen. Bei längerem Führen des Gewehrs werden diese Scheiben zerkratzt, und es ist nicht zu vermeiden, daß trotz regelmäßiger Reinigung die äußere Schicht verschmiert, die Lichtdurchlässigkeit gehemmt und eine Klarsicht überhaupt nicht mehr vorhanden ist. Darüber hinaus absorbiert auch eine neue saubere Klarsichtscheibe beachtlich viel Licht.

Die beiden Zielfernrohrschutzkappen sind miteinander entweder durch ein Lederriemchen, ein Gummi- oder elastisches Kunststoffband verbunden. Das hat den Vorteil, daß die beiden Schutzkappen immer zusammen greifbar sind und nicht einzeln gesucht werden müssen und natürlich auch den Nachteil, daß jeweils beide auf einmal verlegt oder verloren werden können.

Da das Abnehmen der Kappen meist schnell und allgemein auch in Erregung vor sich geht und der Schütze anschließend oft sofort beide Hände freihaben muß, gehören diese Zielfernrohrdeckel schon seit Beginn ihres Bestehens zu den Gegenständen, die neben Waidmesser und Mündungsschoner am meisten gesucht werden.

Um dem ständigen Suchen vorzubeugen, wurde, von der Verbindung der beiden Deckel ausgehend, eine Befestigung ersonnen, die die Kappen auch im abgenommenen Zustand am Zielfernrohr belassen. Ich hatte mir, bevor diese Befestigungsart fabrikmäßig hergestellt wurde, ein Gummiband über den die Schutzkappen verbindenden Riemen und um das Zielfernrohr gelegt. So konnte ich jederzeit schnell die Kappen abstreifen, ohne sie weglegen zu müssen. Sie blieben mit dem Zielfernrohr weiter verbunden und baumelten, ohne störend bei der Schußabgabe zu wirken, vom Zielfernrohr herab. So muß lediglich aufgepaßt werden, daß die am

Verbindungsstück herabhängenden Schutzkappen beim Repetieren oder Nachladen nicht zum Hindernis werden. Mir ist es passiert, daß sich der Riemen beim schnellen Repetieren unter den Kammerstengel geklemmt hatte und dadurch der Verschluß nicht ganz geschlossen werden konnte. Bei all den Konstruktionen oder Hilfsmitteln muß stets daran gedacht werden, daß mehrere Handgriffe schnell und zuverlässig ausgeführt und störende Elemente von vornherein ausgeschaltet werden müssen. Ich rate, sich daran zu gewöhnen, die Schutzkappen links von der Repetierbüchse herunterhängen zu lassen, damit sie den Repetiervorgang nicht hemmen oder gar unmöglich machen.

Abgenommene Zielfernrohre sollten nie lose mit sich herumgetragen oder unter anderen Geräten aufbewahrt werden. Die Möglichkeit einer Beschädigung ist hier viel eher gegeben, als wenn sie in einem Schutzbehälter transportiert und aufbewahrt werden. Lederfutterale aus steifem Leder (Köcher) schützen genauso gut wie gepolsterte Leder- oder Kunststoffutterale, die sich mit Reißverschluß schließen lassen. Was zweckmäßiger ist, muß jeder Schütze selbst entscheiden; denn es hängt von der Frage ab, ob das Zielfernrohr im Köcher auch umgehängt am Riemen, am Körper getragen oder nur im Rucksack verwahrt werden soll.

Wer auf der Pürsch auch nur für eine kurze Zeit das Zielfernrohr von der Waffe nehmen möchte, muß immer erst den Rucksack abnehmen und es darin verstauen, wenn er nicht einen Köcher umgehängt mit sich trägt. Hier ist auch zu empfehlen, sich in die Jagdhose oder Jagdjacke eine Tasche einnähen zu lassen, in die das Zielfernrohr gut hineinpaßt und sicher sitzt. Eine solche Zielfernrohrtasche kann auch an der Innenseite des Mantels, des Anoraks oder des Parkas angebracht werden; stets ist diese Stelle jedoch so zu wählen, daß ein Zusammenstoß des Zielfernrohrs mit anderen Ausrüstungsgegenständen oder gar ein Herausfallen unmöglich sind.

Beim Transport ist das Zielfernrohr, auf dem Gewehr montiert, recht häufig Stößen ausgesetzt. Ein Stoß auf das Zielfernrohr kann sich nicht nur auf das Rohr selbst, sondern auch auf die Montage negativ auswirken und zu weiteren Beschädigungen führen. Auf dem Markt befinden sich ausgezeichnete gefütterte Futterale, in denen Waffen mit aufgesetzten Zielfernrohren gut untergebracht und sicher transportiert werden können. Beim Kauf ist immer darauf zu achten, daß das Gewehrfutteral nicht zu klein ist, damit gegebenenfalls auch noch die Möglichkeit besteht, dort eine Waffe mit größerem Zielfernrohr unterzubringen.

Als Zubehör für das Zielfernrohr möchte ich noch den Augenschützer nennen, der nichts anderes ist als ein Gummitubus, der, auf das Okularteil des Zielfernrohrs aufgeschoben, wie eine Verlängerung des Zielfernrohrs aussieht. Wie der Name schon sagt, wird das Auge selbst und die Umgebung des Auges geschützt, denn bekanntlich fängt sich das Zielfernrohr in den Fällen, wo die Waffe unvorhergesehen, durch den Rückstoß bedingt, aus der Schulter herausrutscht, entweder am Nasenrücken oder in der Gegend der Augenbrauen. Vorsichtige Schützen beugen diesen Ausrutschern durch diese Weichgummihülse vor. Der Augenschützer hat aber auch noch einen anderen Vorteil: Er fängt unangenehm störendes Seitenlicht ab und sichert dem Schützen immer den gleichmäßigen Augenabstand vom Okular.

Es gibt viele Jäger, die den Augenschützer eher störend als nützlich empfinden, und zwar deshalb, weil er sie beim Anschlag irritiert. Bei einem gut montierten Zielfernrohr, vor allem bei einer relativ niedrigen Montage und einem zweckmäßigen Schaft halte ich den Augenschützer dieser Art für entbehrlich. Dort allerdings, wo der Schütze den Hals recken muß, die Waffe keinen festen Sitz in dessen Schulter hat und beim Anschlag die Gefahr besteht, daß beim Schießen aus ungünstigen Winkeln oder bei einem schnellen Schuß die Waffe aus der Schulter rutscht, lasse ich eine Weichgummihülse gelten.

Der Gehörschutz

Die Einsicht besteht noch gar nicht so lange, daß der Jäger beim Schießen auf Ständen dem Knall so stark ausgesetzt ist, daß er sich ohne einen zweckmäßigen Ohrenschutz zwangsläufig früher oder später Gehörschäden zuziehen wird. Sieht man sich heute in Jägerkreisen um, so wird man häufig feststellen, daß bei den Jägern schon im frühen Alter eine gewisse Schwerhörigkeit einsetzt. Es ist deshalb zweckmäßig, sich rechtzeitig und vorbeugend eines Ohren- oder Gehörschutzes zu bedienen. Dabei ist ein geringer Schutz schon besser als gar keiner. Zunächst wirkt der Gehörschutz störend, lästig oder gar hinderlich, die Gewöhnung an diese Schutzvorrichtung erfolgt aber rasch.

Der Gehörschutz ist auf jedem Schießstand zweckmäßig. Auf Büchsenständen, wo mit stärkeren Kalibern geschossen wird, und auf allen Flintenständen sollte man einen Gehörschutz tragen, der nicht nur den Gehörgang, sondern auch die Umgebung des Ohres vor Schallwellen schützt. Eine leise Verständigung ist dann allerdings nicht mehr möglich, das zeigt dieser Schnappschuß.

Der einfachste Ohrenschutz sind Wattestöpsel. Sie mindern die Schall- und Druckwellen, die sonst durch den Gehörgang direkt ans Mittelohr gelangen. Besser als dieser einfache „Schalldämpfer" dichtet wachsgetränkte Watte ab. Diese unter dem Namen „Ohropax" im Handel erhältlichen Stöpsel haben sich ausgezeichnet bewährt. Je nachdem wie stark und wie tief man den auch teilbaren Stöpsel in das Ohr preßt, tritt eine Schallminderung ein. Neben diesen Wattestöpseln gibt es noch verschiedene andere Gummi- und Kunststoffstöpsel, die im Prinzip das gleiche bezwecken.

Wer darüber hinaus noch großen Wert auf eine gute Abdichtung seiner speziellen Gehörgänge legt, kann sich sogar individuell passende Schutzstöpsel nach Maß aus Kunstharz o. ä. gießen lassen.

Auf den Schießständen ist auch gelegentlich zu sehen, daß in Ermangelung von geeigneterem Material selbst Hülsen von Hornet- oder .22 Magnum-Munition in die Ohren gesteckt werden. Das ist nicht gerade der beste Schutz, denn Metall leitet gut und außerdem – so habe ich es jedenfalls empfunden – drücken die harten Kanten der Hülse in den Ohrgängen. Da empfehle ich schon lieber weiches Papier, wie z. B. von Papiertaschentüchern oder Werg, das zum Gewehrreinigen verwendet wird.

Seit einigen Jahren sind Gehörschützer auf dem Markt, die nicht nur den Gehörgang abdichten, sondern auch die unmittelbare Umgebung des Ohres schützen. Dadurch werden auch die Wellen abgefangen, die über die Knochenmasse aus der Umgebung des Ohres in das Innere des Gehöres dringen, und das ermöglicht einen wirkungsvollen Schutz des ganzen Gehörbereiches. Diese Gehörschutzvorrichtungen sind zwar recht voluminös und wirken im ersten Augenblick fremd und unschön. Doch auch an sie gewöhnt sich ein Schütze, und es wäre falsch, würde er der Bequemlichkeit und Eitelkeit wegen eine Dauerschädigung seines Gehörs in Kauf nehmen.

Die zweckmäßige Kleidung

Für den Jäger hat die Kleidung schon von jeher eine große Rolle gespielt. Bei der Auswahl der einzelnen Bekleidungsstücke ist zunächst an einen ausreichenden Schutz des Körpers vor den Unbilden der Witterung zu denken. Außerdem soll die Kleidung nicht auffällig, dafür aber praktisch sein. Je nach Landschaft, Gegend und Jagdart und den dabei gemachten Erfahrungen entstanden dann die allseits bekannten Standardkleidungsstücke wie z. B der Lodenmantel, die Bundhose u. a. m.

Natürlich war und ist darauf zu achten, dem Schützen in seiner Kleidung genügend Bewegungsfreiheit zu lassen; Hosen, Jacken und Mäntel dürfen nicht zu eng sein. Trotz dieser Voraussetzung besteht aber immer noch der Eindruck, daß ein Teil von wenig befriedigenden Schießleistungen auf eine nicht zweckmäßige Kleidung zurückzuführen ist.

Wenn die Hühner- und Entenjagd im September aufgeht und auch schon vorher die Taubenjagd begonnen hat, können wir es uns leisten, ganz locker und luftig, vielleicht sogar nur mit Hemd und Hose bekleidet, zur Jagd zu gehen. Sehen wir denselben Jäger, mit derselben Waffe bei der winterlichen Jagd, vielleicht so um die Neujahrszeit bei 10 bis 15° C Kälte wieder, dann erkennen wir die vermummte Gestalt kaum wieder. „Durchleuchten" wir den Mann, so finden wir auf seiner nackten Haut ein dickes Unterhemd, darüber ein grünes Popeline- oder Flanellhemd, als nächste Schicht einen dicken Pullover oder eine gefütterte Lammfellweste mit angestrickten Wollärmeln, darüber einen Lodenjanker und alles umschließend einen Lodenmantel. Um den Hals ist dann noch ein langer Schal gewickelt, dessen Enden zwischen Mantel und Jacket Brust und Schultern gegen Kälte schützen sollen. Auf dem Rücken hängt vielleicht auch noch der Rucksack, dessen lederne Träger über der dicken Kleidung schön stramm sitzen.

Nach dieser ironischen Aufzählung der vielen Bekleidungsschichten wird begreiflich sein, daß von einer guten Beweglichkeit des Schützen kaum noch die Rede sein kann. Was aber tun, werden Sie fragen? Zunächst möchte ich klarstellen, daß „warm angezogen" nicht gleichzusetzen ist mit „dick angezogen". Ich muß wissen, daß eine eng aufeinandergepreßte, stramm sitzende Bekleidung weniger gegen Kälte schützt als locker getragene Kleidungsstücke. Weiter werde ich das Gewicht der Kleidung berücksichtigen; denn auch das schränkt die Beweglichkeit ein und führt zu vorzeitiger Ermüdung. Körperteile, die besonders schnell bewegt werden müssen, dürfen weder mit einer zu stramm sitzenden noch mit einer zu losen Kleidung bedeckt sein, weil sie den Umgang mit der Waffe behindern.

Es gehört zu einem umsichtigen Jäger, daß er im Herbst und Winter auf dem Wurftaubenstand auch mal in seiner vollen winterlichen Aufmachung antritt und seine Beweglichkeit und Treffsicherheit überprüft. Bisher habe ich aber nur wenige Schützen gesehen, die dies wirklich getan haben.

Was für den Flintenjäger zutrifft, gilt auch für den Jäger mit der Büchse. Wenn ich nicht gerade mit der Kugel flüchtig schießen muß, ist es häufig nicht ganz so hinderlich, dick angezogen zu sein. Eine ungünstige Kleidung wirkt sich aber auch beim Schießen auf stehende Ziele in den verschiedenen Anschlagarten aus. Mit einer Verkürzung des Schaftes, und sei es oft nur durch abnehmbare Schaftkappen, kann viel ausgeglichen werden.

Die Jagdkleidung darf keinesfalls so beschaffen sein, daß ich beim Anschlagen mit dem Schaft des Gewehrs in der Kleidung hängenbleibe. Deshalb sollte beim Rechtsschützen die rechte und beim Linksschützen die linke Oberkörperseite der Kleidung keine Taschen haben, auch keine Verzierungen, Plaketten oder ähnlich auftragende Ornamente. Auf der Anschlagseite des Körpers darf auch nichts herumhängen oder lose übergeschnallt sein. Die Brust- und Schulterpartien müssen zugunsten eines korrekten Anschlags frei und glatt gehalten werden. Hundeumhängeleinen sind eng, aber nicht zu stramm anzulegen! Es sollte selbstverständlich sein, daß bei der Jagdkleidung keine sichtbaren oder verdeckten störenden Metallknöpfe angenäht werden. Metallische Geräusche, die in einem solchen Fall durch die Berührung mit der Waffe unweigerlich zustande kommen, werden weit getragen und vom Wild frühzeitiger vernommen, als man allgemein annimmt. Metallisch klingende Töne haben eine größere Scheuchwirkung auf das Wild als z. B. Geräusche, die durch Holz oder hartes Leder verursacht werden. Auch der Hirschhornknopf, mag er noch so schön und zünftig auf einem festlichen Jagdanzug sein, ist auf der Jagd selbst nur störend. Lederüberzogene Knöpfe sind die besten.

Kleidung mit Reißverschluß muß so beschaffen sein, daß dieser Verschluß durch eine Stoff- oder Lederleiste abgedeckt ist und weder mit dem Fernglas noch der Waffe in Berührung kommen kann.

Es liegt mir fern, eine Lanze für eine bestimmte Kleidung zu brechen. Es liegt mir aber sehr daran zu betonen, daß eine gute, zweckmäßige und praktische Kleidung ebenso wichtig ist wie die Waffe, die Munition und die Schießfertigkeit des Jägers. Die Kleidung darf auch nicht unfallfördernd oder unfallträchtig sein, denn auf die Sicherheit müssen wir bei allem, was wir tun, achtgeben. Eine Unbehaglichkeit und eine dadurch bedingte Minderung der Schießleistung kann auch durch einen unterkühlten oder einen überhitzten Körper auftreten. Ich muß also immer darauf achten, daß die Kleidung den Außentemperaturen angepaßt ist.

Jeder Mann, der mit einer Waffe umgeht, muß sowohl einen guten Stand als auch einen sicheren Schritt und Tritt haben. Weil wir Jäger uns in der Regel abseits von ausgebauten Wegen und Pfaden bewegen, sind wir darauf angewiesen, festes Schuhwerk zu tragen. Meist ist festes Schuhwerk auch gleichzeitig gutes Schuhwerk und ein Garant für einen stabilen Stand und eine sichere Fortbewegung, vorausgesetzt natürlich, daß der Schuh die richtige Größe und Paßform hat und ordentlich geschnürt ist. Daß er außerdem eine griffige, rutschfreie Sohle haben muß, sei ergänzend erwähnt.

Noch ein paar Worte zur Kopfbedeckung: Wenn auch dann und wann Jäger ohne Kopfbedeckung im Revier zu sehen sind, so werden diese in der Regel nicht umhin kommen, bei der Jagdausübung einen Hut oder eine Mütze zu tragen. Den Zweck einer Kopfbedeckung sehe ich nicht im Warmhalten der Haarwurzeln oder um einen Platz zu haben für den Erleger-Bruch, sondern im Schutz der Augen und des Gesichtes gegen blendendes Sonnenlicht, im Schutz gegen Regen, Schnee und Wind, ferner im Schutz gegen herabfallende Nadeln, Zweige, Rinde und im Festhalten der Haare. Das ist vor allem bei der jüngeren, längeres Haar tragenden Generation wichtig. Der Jägerhut hat also durchaus seine volle Daseinsberechtigung und ist nicht ein traditionsgebundenes Anhängsel.

Wieweit der Jäger Handschuhe benötigt, hängt ganz von dessen Kälteempfindlichkeit und der Art der Jagdausübung ab. Zu bedenken ist, daß Hände neben dem Gesicht, je nach Beleuchtung, selbst auf große Entfernung wahrzunehmen sind. Die Hände fallen besonders leicht auf, wenn sie in Bewegung sind, wie z. B. beim Hochnehmen und Absetzen des Fernglases, aber auch beim Anschlagen der Waffe. Erfahrene Rotwildjäger tragen das ganze Jahr über auf der Pürsch und beim Ansitz Handschuhe. Im Sommer dünne graue oder grüne Stoff- oder Lederhandschuhe, im Herbst und Winter entsprechend wärmere Ausführungen. Das Handschuhmaterial muß so beschaffen sein, daß die Waffe nicht entgleiten kann. Rutschiges Material ist abzulehnen, da eine sichere Handhabung der Waffe nicht mehr gewährleistet ist. Dann und wann sind Jäger zu sehen, die voll behandschuht den Abzug betätigen. Dazu kann ich nur sagen: der Abzugfinger muß frei sein, soll das feine Gefühl, das für die Betätigung sowohl des Flinten- als auch des Büchsenabzuges notwendig ist, erhalten bleiben. Findige Leute haben den Jägerschießhandschuh ersonnen, d. h. einen Handschuh, der an der Zeigefingerwurzel eine Öffnung hat, um den Abzugfinger bei Bedarf hindurchstecken zu können.

Für das Schießen auf dem Stand werde ich mich ähnlich zweckmäßig kleiden. Das Flintenschießen jeder Art erfordert große Beweglichkeit. Ein durchfrorener Körper ist steif, und dementsprechend fallen alle Bewegungen aus.

Auf dem Schießstand stehe ich zwar auf ebenem Boden, meist sogar auf einwandfreiem Boden oder Bodenplatten, muß aber trotzdem Wert auf einen Schuh legen, in dem ich einen festen Stand habe. Holzpantoffeln, aus denen man herauskippen kann, oder Damenschuhe mit hohen Absätzen dürfen schon aus Sicherheitsgründen nicht zugelassen werden. Seitdem das lange Haar Mode gemacht hat, ist besonderes Augenmerk darauf zu richten, daß alle Schützen, auch Damen, die mit übermäßig langem Haar auf den Stand treten, eine gut sitzende Kopfbedeckung tragen. Sie muß es ermöglichen, das Haar so zu halten, daß es während der Handhabung der Waffe nicht ins Gesicht fallen oder durch einen Windstoß ins Gesicht geweht werden kann.

In zwei mir persönlich bekannten Fällen hat sich folgendes ereignet: Der jeweilige Schütze, der das geladene, entsicherte Gewehr in Voranschlag hielt, nahm, als ihm das Haar ins Gesicht fiel, die linke Hand impulsiv vom Gewehr, um sich das Haar aus dem Gesicht zu streichen. Mit der rechten Hand allein konnte er die Flinte nicht festhalten, und so kippte diese vornüber. Dabei berührte der Schütze den Abzug, und nur 30 cm von seinem Fuß entfernt ging die volle Ladung in den Rasen des Tontaubenstandes. Durch dieses und andere Beispiele gewarnt, lasse ich niemanden mehr auf den Stand, der sein langes Haar nicht unter Kontrolle hat.

Immer häufiger sieht man Jäger mit Schießwesten; das sind Westen, die den

Erfordernissen des Flintenschießens besonders Rechnung tragen. Sie liegen faltenfrei am Körper an, vor allem dort, wo der Anschlag dies besonders erfordert, also in der Schultergegend. Leder oder ein geeigneter Stoffbesatz sorgen für eine glatte Fläche und wirken auch einer starken Abnutzung entgegen. Durch einen stärkeren Besatz erhalten manche Westen in der Schultergegend eine Polsterwirkung, die den Rückstoß geringfügig mindern kann. Entbehrlich ist eine solche Polsterung in jedem Fall, wenn die Waffe dem Schützen gut liegt, er sie bei der Abgabe des Schusses fest eingezogen hat und mit beiden Händen festhält. Die sogenannten Schießwesten gibt es mit einer oder mehreren Taschen, aber auch mit Schlaufen für Patronen. Die Unterbringungsmöglichkeiten müssen für die volle Anzahl der Patronen ausreichen, die für einen Durchgang auf dem Skeetstand bzw. dem Trapstand benötigt werden. Die Schießwesten sind wohl praktisch, durch sie wird jedoch eher der sportliche als der jagdliche Charakter der Kleidung betont.

Für das Büchsenschießen auf dem Stand bin ich dann immer gut ausgerüstet, wenn ich eine ebenfalls zweckmäßige Jagdkleidung trage. Was darunter zu verstehen ist, habe ich bereits geschildert. Die Anschlagarten „stehend frei", „stehend angestrichen" und „liegend frei" vertragen ohne weiteres eine dickere Kleidung, zumal der Körper durch das längere Warten und Herumstehen, vor allem in der kälteren Jahreszeit, schneller auskühlt. Den Damen ist anzuraten, bei jeder Art der Jagdausübung und bei jedem Schießen auf Ständen modische Aspekte hintan zu stellen und mehr auf die praktischen Gegebenheiten zu achten. Das soll aber nicht heißen, daß einer praktischen Kleidung jeder modische Einschlag fehlen muß.

Für die Anschlagart „stehend frei" beim Beschießen der beweglichen Überläuferscheibe brauche ich mehr Arm- und Schulterbewegungsfreiheit als beim Beschießen der Bock-, Fuchs- und stehenden Überläuferscheibe. Am einfachsten behilft sich der Schütze hier damit, daß er, falls er zu dick angezogen ist, ein Kleidungsstück, Weste oder Pullover oder gar Überjacke ablegt. Sicher ist, daß keinesfalls eine Spezialkleidung für irgendeine jagdliche Schießart benötigt wird. Auswüchse, die oft in Paßart und Zuschnitt der Kleidung zu sehen sind, sind entweder Spielereien oder Spinnereien, die kaum zur Verbesserung der Schießergebnisse führen.

Warnen möchte ich noch zum Schluß vor irgendwelchen Mätzchen, die von überehrgeizigen und fanatischen Jagdschützen dann und wann angewandt werden, um sich gewisse „Vorteile" den anderen Schützen gegenüber zu verschaffen. Die DJV-Schießvorschrift verbietet alle auf dem sportlichen Sektor üblichen Schützenhilfen sowie eigenkonstruierte, außerhalb der Regel liegende Hilfsmittel. Bei allen unseren Übungs- und Meisterschaftsschießen muß deutlich werden, daß das Schießen letztlich der praktischen Jagdausübung zugute zu kommen hat. Jede Kleidung und jedes in der Kleidung eingebaute Hilfsmittel, das jagdfremd ist, muß deshalb von der Jägerschaft ganz konsequent abgelehnt werden. Wenn aber ein Jäger aus irgendeinem Grunde gezwungen sein sollte, in ganz ziviler, nichtjagdlicher Kleidung auf dem Schießstand zu erscheinen, vielleicht weil er direkt vom Dienst kommt und keine Gelegenheit mehr hatte, sich jagdgerecht umzuziehen, so werde ich solche Fälle immer tolerieren und großzügig sein, soweit die Sicherheit nicht gefährdet wird.

Die Auslandsjagd

Die Jagd kennt keine Grenzen, und viele deutsche Jäger reisen in zunehmendem Maße, weil sie in der Heimat keine oder nur wenige Jagdmöglichkeiten haben, ins Ausland. Andere Jäger suchen dort bestimmte, in Deutschland nicht vorkommende Wildarten, oder sie möchten die Jagd in der Wildnis, dem Urwald, der Steppe usw. kennenlernen. Hinsichtlich des sauberen, jagdlichen Schießens bringt dies häufig extreme Bedingungen mit sich, über die der Jäger sich rechtzeitig vor Antritt seiner Reise im klaren sein muß.

In den meisten Ländern gibt es gesetzliche Bestimmungen, die bei der Wahl von Waffe und Munition zu beachten sind. Man kann also Waffe und Munition nicht allein nach seiner persönlichen Ansicht über ausreichend oder nicht ausreichend für eine bestimmte Wildart wählen, sondern muß bestehende Rechtsnormen berücksichtigen. Man erkundige sich also bei der konsularischen Vertretung oder Handelsmission des Landes, in dem man jagen will, und treffe dann seine Wahl. Auch seriöse Jagdvermittler können Sie gut informieren. Ich rate jedem, sein Büchsenkaliber und das Geschoßgewicht nach Möglichkeit stärker zu wählen als vorgeschrieben, damit man noch einen eigenen Sicherheitsfaktor mitbringt. Genauso, wie es bei uns mancher Revierinhaber nicht duldet oder ungern sieht, wenn Rehwild mit dem leichten Geschoß im Kaliber 5,6 mm (.222) beschossen wird, so halten manche ausländischen Jagdführer nicht viel von der im Gesetz verlangten Mindestleistung. Jedem Auslandsjäger rate ich auch, um Nachsuchen zu vermeiden, schwere Kaliber und schwerere Geschosse im Rahmen des Vernünftigen zu wählen. Vor Übertreibungen sei natürlich ebenfalls gewarnt. Gut beraten ist man immer, wenn man neben den gesetzlichen Bestimmungen auch Sitten, Gebräuche, ortsübliche Gepflogenheiten und Ansichten der erfahrenen Einheimischen respektiert und dadurch profitiert!

Wenn ich die Revierverhältnisse nicht kenne und die Wildarten mir noch fremd sind, ziehe ich entsprechende Erkundigungen ein, um nötigenfalls auch meine Bewaffnung darauf einzustellen. Sehr zu empfehlen ist das Studium der über das betreffende Land vorhandenen Jagdliteratur (Erlebnisberichte, Erzählungen, Berichte über Land, Leute, Lebensgewohnheiten usw.). Das Gewicht des Gewehres, dessen Länge, aber auch die Wahl des richtigen Zielfernrohres können im Ausland entscheidender sein als bei uns. Wenn ich größere Wildarten in einem schwierig zu begehenden und unübersichtlichen Gebiet jage, werde ich auf eine leichte, kurze, führige Büchse Wert legen, auch wenn ihre Streuung um zwei Zentimeter größer ist als bei einer um zwei Pfund schwereren und langläufigeren (die man vom Morgengrauen bis in die Nacht hinein bergauf und bergab auf dem eigenen Rücken trägt).

Es empfiehlt sich dringend, auch das zu jagen beabsichtigte Wild in seinen Lebensgewohnheiten kennenzulernen. Der Lebensraum des Wildes sowie Geländebeschaffenheit, Bodenwuchs und Begehbarkeit sind nicht minder wichtig. Für eine Rehbockjagd im schottischen Hochland werde ich eine andere Büchse wählen als für eine Hirschjagd in einem dicht bewaldeten Karpatenrevier. In dem einen Fall sollte die ausgewählte Patrone neben ausreichender Energie auf weite Entfernung auch eine flache Flugbahn des Geschosses besitzen, in dem anderen Fall habe ich die Stärke des Wildes, eine relativ kurze Schußentfernung und geringe Hindernisse zu berücksichtigen (Gras, Zweige).

Jedes Land hat mehr oder weniger strenge Aus- und Einfuhrbestimmungen auch für Jagdwaffen, die genau zu beachten sind, will man nicht in schrecklichen Haftzellen warten, bis erwiesen ist, daß keine üblen Absichten vorlagen, sondern nur eine Bestimmung nicht bekannt war. Es ist wichtig zu wissen, ob nur ein Gewehr oder zwei, evtl. gar nur eine Flinte, ob zehn oder vierzig Schuß Munition mitgenommen werden dürfen. Es ist ein schönes Gefühl für den Jäger zu wissen, daß er für seine Büchse auch im Ausland Patronen kaufen kann. Deshalb ist es bei der Anschaffung eines Gewehres, bei dem man von vornherein weiß, daß es häufig im Ausland geführt wird, ratsam, international bekannte Kaliber wie .375 H & H Magnum, .300 Winchester Magnum, 30.06 Springfield, .308 Winchester oder ähnliche zu wählen und nicht ein im Ausland weniger oder gar nicht bekanntes.

Manchmal wird dem Jäger geraten, seine Waffe zu Hause zu lassen und sich an Ort und Stelle im Ausland ein Gewehr zu leihen. Ich halte das für sehr risikoreich, es sei denn, daß man die von einem Freund oder Bekannten angebotene Waffe kennt oder gar schon damit geschossen hat. Nicht alle ausländischen Ausrüster oder Jagdführer haben ausgezeichnetes oder, wie man annehmen müßte, auch zweckmäßiges Gerät zu bieten. Es handelt sich dann um Waffen für den Notfall, die unter Umständen schon jahrelang nicht geführt worden sind.

Schließlich sollte jeder, bevor er ins Ausland fährt oder dort zur Jagd aufbricht, mit dem Gewehr wenigstens einge Male auf dem Schießstand geschossen und sich von der Treffgenauigkeit, der Art und der Güte des Zielfernrohrs und der Montage überzeugt haben. Oft sind es nur Kleinigkeiten, die eine Jagd angenehm machen und zum Erfolg beitragen können. Wenn z. B. bei einer Büchse die Riemenbügel schlecht angebracht sind und dadurch deren Lauf beim Tragen stets überkippt, so kann es sehr mühsam und vor allem anstrengend werden, dieses Gewehr beim Gehen, Kriechen und Klettern unter Kontrolle zu halten. Noch schlimmer ist es, wenn man dann bei der Leihwaffe feststellt, daß sie nicht einmal eine Vorrichtung zum Befestigen eines Tragriemens hat, was im Ausland gang und gäbe ist.

Da im Ausland die Suhler Einhakmontage nur wenig bekannt ist, wird sie höchst selten an Leihwaffen zu finden sein. Ich halte aber eine Einhakmontage bei einer Jagd im Ausland für erforderlich, da ich bei den verschiedenen Transporten, Anmarschwegen und schwierigen Geländebegehungen das Zielfernrohr abnehmen und mich vor Mißerfolgen durch Fehlschüsse, die auf das Verschlagen des Zielfernrohres zurückzuführen sind, bewahren kann.

Es muß berücksichtigt werden, daß eine Auslandsjagd mit beachtlichen Kosten, schwierigen Arrangements, großem Zeitaufwand, einmalig günstigen Gelegenheiten und vielem mehr verbunden ist. Wie ärgerlich ist es dann, wenn durch selbstverschuldete mangelnde Waffenausrüstung der Erfolg versagt bleibt. Man muß deshalb darauf bedacht sein, daß die Vorbereitung einer Jagdreise vom frühen Anfangsstadium an bis zum Schluß gut durchdacht ist und durch exakte Planung und Einkalkulierung von möglichen Zwischenfällen Risiken möglichst ganz ausgeschaltet werden.

Der Transport in öffentlichen Verkehrsmitteln ist fast überall in der Welt durch Vorschriften der Transportgesellschaften, wenn nicht gar des Staates geregelt. Dazu hat die Luftpiraterie ihren Teil beigetragen. Unter Beachtung dieser Vorschriften werde ich in jedem Fall sichergehen wollen, daß meine Waffe gegen Stoß und Schlag gut geschützt ist. Deshalb lieber etwas mehr Gewicht und folglich Transportkosten in Kauf nehmen und das Gepäckstück voluminöser halten, als am Zielort mit einem gebrochenen Schaft ankommen! Ein Schaft bricht bei unüblicher Beanspruchung leichter als man glaubt, und im Zeitalter der Massenabfertigung von Menschen und Gepäck wird oft wenig Rücksicht genommen auf kostbare und leicht zerbrechliche Gegenstände. Ich rate deshalb dringend, auch diese Risiken durch eine angemessen hohe Versicherung abzudecken.

Einige Beispiele aus meinem Bekanntenkreis: Ein Freund transportierte sein Gewehr im Segeltuchfutteral und gab es zur Verwahrung während des Fluges der Stewardeß, so wie es früher üblich war. Am Zielort bekam er die Waffe wieder und stellte kurz danach fest, daß der Schaft am Kolbenhals durchgebrochen war. Ein anderer verlor seine Büchse bei einer Kanufahrt – sie fiel ins Wasser und konnte nicht geborgen werden. Es ist also zweckmäßig, bei einer Auslandsjagdreise auch eine Ersatzwaffe für den Notfall in Reserve zu haben. Da kaum jemand allein loszieht in den Urwald, in die Steppe oder in den Busch, so genügt es, wenn für mehrere Jäger eine Ersatzwaffe mitgeführt wird.

Und schließlich das Reisedokument: Für unsere Jagdwaffen ist die Waffenbesitzkarte, die man neben den anderen nötigen Ausweisen bei sich haben muß, unerläßlich. Außerdem empfehle ich, den gültigen deutschen Jagdschein mitzunehmen. Führe ich eine Leihwaffe aus und später wieder ein, so benötige ich außer der Waffenbesitzkarte des Verleihers bzw. einer beglaubigten Kopie der WBK des Verleihers eine Leihbescheinigung des Besitzers, der mit dem Verleiher identisch sein dürfte.

Es kann auch nicht schaden, wenn man sich die Anschriften der deutschen konsularischen Vertretungen besorgt, die ihren Sitz in dem Land haben, in dem ich zu jagen beabsichtige.

Schießvorschrift

des Deutschen Jagdschutz-Verbandes e. V. (DJV) in der Fassung vom 1. Januar 1977[1]

Das jagdliche Schießen

Das jagdliche Schießen auf den Schießständen dient der Übung und Förderung in der Fertigkeit beim Umgang mit den Waffen, die bei der Jagdausübung geführt werden.

Die ethisch und gesetzlich verankerten Grundsätze des Tierschutzes und der Waidgerechtigkeit fordern von jedem Jäger, das Wild so zu erlegen, daß ihm vermeidbare Schmerzen und Leiden erspart bleiben. Daneben sind bei der Jagdausübung die Erfordernisse der öffentlichen Sicherheit zu beachten, damit bei der Handhabung der Waffen niemand gefährdet wird.

Eine regelmäßige Teilnahme am jagdlichen Schießen soll dazu führen, daß jeder Jäger diesen Forderungen in steigendem Maße entsprechen kann.

I. Schießprogramm

Das jagdliche Schießen umfaßt das Ausbildungs-, Übungs-, Leistungs- und Vergleichsschießen.

Die DJV-Schießvorschrift bildet die Grundlage für diese Schießen.

1. *Ausbildungsschießen*

Beim Ausbildungsschießen sollen dem Jagdscheinanwärter die Grundbegriffe des jagdlichen Schießens vermittelt und die Gefahren einer falschen Handhabung von Waffe und Munition verdeutlicht werden.

Die Ausbildung soll durch geeignete Personen erfolgen, die vom Landesjagdverband bzw. seinen Gliederungen eingesetzt werden.

Von Beginn an ist ein strenger Maßstab bezüglich des sicheren Umgangs mit der Waffe anzulegen. Am Ende der Ausbildung soll der Jagdscheinanwärter die Bedingungen der Jägerprüfung im Prüfungsfach „Jagdliches Schießen" erfüllen können und den Inhalt der DJV-Schießvorschrift über das jagdliche Schießen kennen.

2. *Übungsschießen*

Nach bestandener Jägerprüfung sind die Jäger gehalten, ihre Fertigkeiten im Umgang mit der Waffe zu vervollkommnen, ihre Schießfertigkeiten zu überprüfen und zu steigern. Die Übungsschießen sollen regelmäßig das ganze Jahr über mit Schwerpunkt vor Beginn der Hauptjagdzeiten stattfinden. Dabei soll auch das Kontroll- und Einschießen der Waffen erfolgen. Es ist unbedingt dafür zu sorgen, daß beim Übungsschießen erfahrene Jäger zugegen sind, die auf Schießfehler aufmerksam machen, Ratschläge und Hilfe beim Kontrollschießen geben können.

Ziel des Übungsschießens soll der Erwerb der DJV-Jahresschießnadel sein.

3. *Leistungsschießen*

Beim Leistungsschießen sollen die erworbenen Fähigkeiten im jagdlichen Schießen bewiesen werden.

Ziel des Leistungsschießens soll der Erwerb der DJV-Schießleistungsnadeln sein.

[1] Alle Rechte an der DJV-Schießvorschrift in der Fassung vom 1. 1. 1977 bleiben dem DJV vorbehalten. Der Abdruck erfolgte mit seiner besonderen Genehmigung.

4. Vergleichsschießen

Die auf nationaler und internationaler Ebene ausgetragenen Wettbewerbe im jagdlichen Schießen haben zum Ziel, den Leistungsstand zu vergleichen, die besten Schützen zu ermitteln und jagdkameradschaftliche Bindungen zu festigen.

Vergleichsschießen zwischen den Landesjagdverbänden oder ihren Gliederungen sind anzustreben. Sie fördern die Breitenarbeit im jagdlichen Schießen und spornen zu höheren Leistungen an.

II. Allgemeine Regeln

1. Geltung

Die Bedingungen dieser Vorschrift sind bindend für die Durchführung der DJV-Bundesmeisterschaft, der Landes- und Bezirksmeisterschaften im jagdlichen Schießen sowie für die Schießen um die DJV-Schießleistungsnadeln.

Für die übrigen Schießen, die in Kreisgruppen bzw. Kreisvereinen, Jägerschaften und Hegeringen durchgeführt werden, können die Bedingungen verändert und den jeweiligen örtlichen Gegebenheiten angepaßt werden.

Für den Erwerb der DJV-Jahresschießnadel gelten die unter VIII. aufgeführten Bedingungen.

2. Teilnahme

Teilnahmeberechtigt an Schießen nach dieser Vorschrift sind nur Mitglieder der Landesjagdverbände bzw. deren Gliederungen, soweit sie einen gültigen Jagdschein besitzen oder eine ausreichende Haftpflichtversicherung nachweisen können. Die Teilnahme von Gästen regelt die Ausschreibung. Sie müssen ebenfalls haftpflichtversichert sein.

Mit dem Lösen einer Schießkarte unterwirft sich der Schütze den Bedingungen der DJV-Schießvorschrift bzw. der Ausschreibung für die jeweilige Veranstaltung und verzichtet auf den Rechtsweg.

Im Rahmen der DJV-Bundesmeisterschaft, der Landes- und Bezirksmeisterschaften im jagdlichen Schießen sowie für die Schießen um die DJV-Schießleistungsnadeln ist nur ein einziger Durchgang möglich. Wiederholungen sind ausgeschlossen.

Für die Teilnahme an der DJV-Bundesmeisterschaft, den Landes- und Bezirksmeisterschaften im jagdlichen Schießen können Qualifikationsleistungen festgesetzt werden; dies gilt sowohl für das kombinierte Büchsen-/Flintenschießen als auch für das Kurzwaffenschießen.

3. Mannschaften und Einzelschützen

Die Schießen können gleichzeitig oder unabhängig voneinander als Mannschafts- oder Einzelwettbewerbe ausgetragen werden.

Eine Mannschaft im kombinierten Schießen kann bis zu 6 Schützen, im Kurzwaffenschießen bis zu 5 Schützen umfassen. Der doppelte Start eines Schützen im Mannschafts- und Einzelwettbewerb derselben Disziplin ist nicht zulässig.

4. Gesamtwertung

Die Schießergebnisse der Mannschaftsschützen werden sowohl für den Mannschaftswettbewerb als auch für den Einzelwettbewerb gewertet.

Für die Mannschaftswertung im kombinierten Büchsen-/Flintenschießen bzw. im Kurzwaffenschießen zählt das Gesamtergebnis der vier besten Schützen einer Mannschaft. Für den Einzelwettbewerb gilt das Gesamtergebnis des einzelnen Schützen, das er innerhalb seiner Mannschaft oder als Einzelschütze im kombinierten Büchsen-/Flintenschießen sowie im Kurzwaffenschießen erreicht.

Bei Punktgleichheit in der Gesamtwertung eines kombinierten Büchsen-/Flintenschießens ist für den Vorrang die bessere Leistung im Flintenschießen entscheidend. Besteht auch dann noch Punktgleichheit, so gilt das bessere Ergebnis im Büchsenschießen.

5. Erreichbare Punktzahl

Büchsenschießen je Schütze (1 Ring = 1 Punkt)	200 Punkte
Flintenschießen je Schütze (1 Wurftaube = 5 Punkte)	150 Punkte
Kurzwaffenschießen je Schütze (1 Ring = 1 Punkt)	200 Punkte

Danach kann eine Mannschaft im kombinierten Büchsen-/Flintenschießen viermal 350 = 1400 Punkte, ein Einzelschütze 350 Punkte insgesamt erreichen.

Im Kurzwaffenschießen kann eine Mannschaft als Höchstpunktzahl viermal 200 = 800 Punkte, ein Einzelschütze 200 Punkte insgesamt erreichen.

6. Schießleistung und Standaufsicht

Die Schießleistung besteht aus dem Schießleiter und seinem Stellvertreter. Für die sichere und gerechte Durchführung eines Schießens ist der vom Veranstalter des Wettbewerbs beauftragte Schießleiter verantwortlich.

Der Schießleiter hat vertrauensvolle, erfahrene, volljährige Jäger mit der Standaufsicht zu betrauen. Auf den Ständen (Büchsen-, Wurftauben- und Kurzwaffenstand) muß während des Schießens je eine Hauptaufsicht ständig anwesend sein. Zusätzliche Aufsichtskräfte und Seitenrichter können nach Bedarf hinzugezogen werden. Bei der DJV-Bundesmeisterschaft und den Landesmeisterschaften im jagdlichen Schießen müssen beim Flintenschießen Seitenrichter eingesetzt werden, die aus dem Kreis der Teilnehmer bestimmt werden können.

Die Angehörigen der Schießleitung und die Aufsichtspersonen können am Wettbewerb teilnehmen.

7. Schiedsgericht

Das Schiedsgericht wird aus 3 erfahrenen Jagdschützen, die am Wettbewerb teilnehmen dürfen, gebildet.

Die Mitglieder des Schiedsgerichts sind in Durchführung ihrer Aufgaben berechtigt, sich an jeder beliebigen Stelle der Schießstandanlage, unter Berücksichtigung der Sicherheitsbestimmungen und Schießstandordnung, aufzuhalten. Dabei darf der Schießbetrieb nicht gestört werden.

8. Schießstandanlage

Der Schießleiter hat sich vor Beginn des Wettbewerbs von dem ordnungsgemäßen Zustand der gesamten Schießstandanlage zu überzeugen. Vor Beginn eines jeden Wettbewerbstages haben mindestens 2 Mitglieder des Schiedsgerichts zu prüfen, ob die Wurfmaschinen, die „flüchtiger"-Überläufer-Scheibenanlage und die Kurzwaffenscheibenanlage ordnungsgemäß eingestellt sind.

9. Mannschaftsführer

Jede Organisation, die eine oder mehrere Mannschaften entsendet, muß der Schießleitung für jede Mannschaft einen Mannschaftsführer benennen. Der Mannschaftsführer vertritt die Interessen seiner Mannschaft bzw. seiner Organisation. Er ist berechtigt, am Wettbewerb teilzunehmen und darüber hinaus beim Schießen seiner Mannschaft anwesend zu sein.

10. Antreten zum Schießen

Die Reihenfolge, in der die Mannschaften und Einzelschützen zum Schießen anzutreten haben, regelt die Schießleitung. Vor dem Antreten zum Schießen muß die Meldung der Mannschaftsschützen bei der Schießleitung namentlich vorliegen.

Tritt eine Mannschaft oder ein Einzelschütze nicht rechtzeitig zum Schießen an, kann das den Ausschluß vom Schießen nach sich ziehen.

Nur die zum Schießen angetretenen Schützen und der Mannschaftsführer dürfen sich auf dem jeweiligen Schützenstand aufhalten. Alle übrigen Teilnehmer müssen sich hinter den Abgrenzungen der Schützenstände befinden.

Jeder Schütze muß die Bedingungen fortlaufend durchschießen. Für ihr zügiges Durchschießen kann die Schießleitung eine Höchstzeit, die einen ordnungsgemäßen Ablauf des Schießens gewährleistet, festsetzen.

Pausen zwischen dem Antreten zu den verschiedenen Bedingungen dürfen den zügigen Ablauf des gesamten Schießens nicht stören.

11. *Kleidung und Hilfsmittel*

Bei allen Meisterschaftsschießen sollen die Teilnehmer in jagdlicher Kleidung antreten.

Es ist nicht gestattet, Polsterung, Riemenwerk, Haltungsstützen, Schießjacken, gefütterte Handschuhe, Schießhandschuhe oder Hilfsmittel, wie sie bei Sportschießen üblich sind, zu tragen. Beim Büchsenschießen ist es nicht gestattet, um den Mantel oder andere Überziehkleidungsstücke einen Gürtel zu schnallen.

Beim flüchtigen Schießen ist es nicht erlaubt, das Zielfernrohrabsehen zu verstellen. Das Verstellen der Vergrößerung ist erlaubt. Verstöße gegen diese Vorschrift sowie jeglicher Betrug, auch Betrugsversuch, führen ohne Verwarnung zum Ausschluß vom Schießen. Bei Verstößen auch nur eines Mannschaftsmitgliedes scheidet die gesamte Mannschaft aus. Das Startgeld verfällt.

12. *Allgemeine Sicherheitsbestimmungen*

Auf dem Schießstand sind die Gewehre ungeladen mit geöffnetem Verschluß bzw. abgekippten Läufen zu tragen und in diesem Zustand in den Gewehrständern abzustellen. Gewehre mit Läufen, die im Verschluß nicht abkippen (Repetierer, halbautomatische Waffen o. ä.) sind so zu tragen, daß ihre Laufmündungen aufwärts über die Köpfe der anwesenden Personen gerichtet sind.

Die Waffen dürfen nur im Schützenstand geladen werden. Ziel- und Anschlagübungen sind nur mit Genehmigung der Aufsicht gestattet. Die Mündung der Waffe darf nur auf den Geschoßfang gerichtet werden.

Gewehrriemen sind abzunehmen.

Geladene Waffen dürfen nicht aus der Hand gelegt oder anderen Schützen übergeben werden.

Im Falle einer Waffenstörung muß
- die *Büchse* geschlossen und mit der Mündung zum Geschoßfang gerichtet bleiben,
- die *Flinte* ungeöffnet mit der Mündung über Kopfhöhe nach oben gehalten werden,
- die *Kurzwaffe* geschlossen und mit der Mündung zum Geschoßfang gerichtet bleiben.

Die Aufsicht muß in jedem Fall sofort informiert werden.

Die Aufsicht überprüft den Zustand von Waffe und Munition und trifft die erforderliche Entscheidung. Einem Schützen ist es untersagt, ohne besondere Genehmigung der Schießleitung die Anzeigerdeckung sowie die Räume mit technischer Einrichtung zu betreten.

Selbstgeladene *Büchsen- und Kurzwaffenpatronen* dürfen verwendet werden. Mit selbstgeladenen *Schrotpatronen* darf bei Wettbewerben nach dieser Vorschrift *nicht* geschossen werden.

Fremde Waffen dürfen nur vom Schießleiter, der Aufsicht und den Mitgliedern des Schiedsgerichts im Beisein des Besitzers zum Zwecke der Kontrolle berührt werden.

Bei Verstößen gegen die Sicherheit kann sofortiger Ausschluß vom Schießen erfolgen. Das Startgeld verfällt.

Falls eine Waffe nicht ausreichend gebrauchssicher erscheint, entscheidet das Schiedsgericht über ihre Zulassung.

Die Unfallverhütungsvorschriften und die Schießstandordnungen sind zu beachten.

III. Büchsenschießen

1. Gewehre und Patronen

Zugelassen sind nur Jagdwaffen handelsüblicher Bauart, deren Gewicht einschließlich Zielvorrichtung, 5 kg nicht überschreitet.

Alle Bedingungen des Büchsenschießens müssen mit ein und derselben Waffe und demselben Zielfernrohr geschossen werden, es sei denn, eine Waffe fällt während des Schießens infolge Waffenstörung aus.

Die Patronen müssen eine Hülsenlänge von mindestens 35 mm haben.

Patronen mit Vollmantelgeschossen dürfen nicht verwendet werden.

2. Scheiben, Schußentfernung, Anschlagart und Anzahl der Schüsse

Es sind in beliebiger Reihenfolge, jedoch unter Zeitbegrenzung, die in der Ausschreibung festzulegen ist, abzugeben:

a. 5 Schüsse auf die Rehbockscheibe (DJV-Wildscheibe Nr. 1) auf 100 m, Anschlag „stehend angestrichen".

b. 5 Schüsse auf die Überläuferscheibe (DJV-Wildscheibe Nr. 2) auf 100 m Entfernung, Anschlag „stehend freihändig".

c. 5 Schüsse auf die Fuchsscheibe (DJV-Wildscheibe Nr. 3) auf 100 m Entfernung, Anschlag „liegend freihändig".

d. 5 Schüsse auf die „flüchtige" Überläuferscheibe (DJV-Wildscheibe Nr. 5 oder Nr. 6), Anschlag „stehend freihändig".
   Der flüchtige Überläufer bewegt sich von rechts nach links in etwa 1,8–2,0 s über eine 6 m breite Schneise. Bei einer Schußentfernung von 50 m ist die DJV-Wildscheibe Nr. 5, bei einer Schußentfernung von 60 m die DJV-Wildscheibe Nr. 6 zu verwenden.

Bei der DJV-Bundesmeisterschaft und den Landesmeisterschaften im jagdlichen Schießen sind ausgeschnittene Wildscheiben zu verwenden.

3. Schießen und Wertung der Schüsse

Jeder Schütze hat vor Beginn einer jeden Schußserie für die Aufsicht sichtbar 5 Patronen vor oder neben sich zu legen. Erst danach wird mit dem Schießen der Serie begonnen.

Beim Schießen auf den „flüchtigen" Überläufer hat der Schütze entweder mit dem Ruf „Los!" den Ablauf der Scheibe abzufordern oder die Selbstauslösung der Scheibe zu betätigen. Die Scheibe erscheint danach innerhalb von 3 s. Die Geschwindigkeit der „flüchtigen" Überläuferscheibe darf während eines Schießens nicht verändert werden. Erst nach dem Abruf oder der Selbstauslösung der Scheibe darf der Schütze die Waffe aus der jagdlichen Gewehrhaltung in Anschlag bringen.

Jeder abgegebene Schuß auf eine stehende Scheibe und jeder abgegebene Schuß auf den „flüchtigen" Überläufer, der nach „Los!"-Ruf oder der Selbstauslösung der Scheibe abgegeben wird, zählt. Fehlerhafte jagdliche Gewehrhaltung sowie Anschlagen vor Abruf der „flüchtigen" Überläuferscheibe führen zur Ungültigkeit des Schusses. Der Schuß ist zu wiederholen. Beim dritten unvorschriftsmäßigen Verhalten innerhalb der Serie von 5 Schuß wird der abgegebene Schuß als Fehler gewertet. Eine unbeabsichtigte Schußabgabe durch Verschulden des Schützen wird als Fehler gewertet.

Erscheint die „flüchtige" Überläuferscheibe nicht in der üblichen Zeit nach dem „Los!"-Ruf oder der Selbstauslösung der Scheibe, so hat der Schütze das Recht, den Schuß durch „Halt!"-Ruf zu verweigern und einen neuen Ablauf der Scheibe zu verlangen.

Unterläßt der Schütze den „Halt!"-Ruf und beschießt eine zu spät kommende „flüchtige" Überläuferscheibe nicht, so wird ein Fehler angeschrieben. Jede angeforderte, fehlerfrei kommende „flüchtige" Überläuferscheibe, die vor einem „Halt!"-Ruf kommt, muß angenommen werden.

Unterbleibt ein Schuß auf die „flüchtige" Überläuferscheibe, auch infolge fehlerhafter Bedienung der Waffe (nicht gespannt oder gesichert), so wird ein Fehler angeschrieben.

Wird ein Ring durch das Geschoß von außen sichtbar angerissen, so gilt die angerissene höhere Ringzahl.

Hat ein Schütze versehentlich auf eine falsche Scheibe geschossen, so hat er das Versehen sofort der Standaufsicht zu melden. Der Schuß wird als Fehler angeschrieben.

Befinden sich auf einer Scheibe nach der Schußabgabe mehr Treffer als abgegebene Schüsse, so ist der bzw. sind die besseren Treffer zu werten, es sei denn, daß die Einschüsse aufgrund des Kalibers eindeutig unterschieden werden können.

Der Schütze hat sich der Ansage des in der Anzeigerdeckung befindlichen Bedienungspersonals zu fügen, wenn wegen Zweifels an der Richtigkeit dieser Ansage zurückgefragt wird.

Den Schützen ist es nicht gestattet, die Scheiben zu berühren. Das Abkleben der Schußlöcher wird durch die Ausschreibung geregelt.

4. *Waffenstörungen und Patronenversager*

Waffenstörungen und Patronenversager zählen nicht als abgegebener Schuß.

5. *Punktgleichheit beim Büchsenschießen*

Bei Punktgleichheit der Schützen entscheidet der Reihe nach das bessere Ergebnis auf das bewegliche Ziel, den „flüchtigen" Überläufer (DJV-Wildscheibe Nr. 5 oder Nr. 6), danach das Ergebnis auf die Überläuferscheibe (DJV-Wildscheibe Nr. 2), dann das Ergebnis auf die Fuchsscheibe (DJV-Wildscheibe Nr. 3), schließlich auf die Rehbockscheibe (DJV-Wildscheibe Nr. 1). Besteht auch dann noch Punktgleichheit, so gibt die größte Anzahl der 10er-Treffer den Ausschlag. Bei absoluter Ring- und Treffergleichheit wird das Schießen im Stechen entschieden. Geschossen wird auf den „flüchtigen" Überläufer (DJV-Wildscheibe Nr. 5 oder Nr. 6) jeweils ein Schuß abwechselnd, bis zur Entscheidung.

IV. Flintenschießen

1. *Gewehre und Patronen*

Zugelassen sind alle Flinten, einschließlich halbautomatische Modelle, Kal. 12 und kleiner. Geschossen werden darf grundsätzlich nur mit einer Flinte bzw. mit einem Laufpaar oder Einzellauf. Ebenso ist nur ein Schaft zugelassen. Gewehre oder einwandfrei funktionierende Gewehrteile dürfen innerhalb des Schießens nicht ausgewechselt werden. Veränderliche Mündungsaufsätze (Polychoke usw.) dürfen nicht verwendet werden.

Die Schrotladung darf 36 g, die Schrotstärke 2,5 mm und die Länge der Schrotpatrone nach Abgabe des Schusses 70 mm nicht überschreiten. Beim Leistungsschießen sind Schwarzpulver- und Leuchtspurpatronen verboten.

2. *Bedingungen*

In zwei Serien ist auf 30 Tauben zu schießen. 15 Tauben werden bei 11 m Abstand der Schützen vor der (den) im Unterstand eingebauten Maschine(n) beschossen – *Trap* –. Weitere 15 Tauben sind auf einem Turmstand zu beschießen – *Skeet* –.

3. *Wurftauben*

Die zu verwendenden Tauben müssen einen Durchmesser von ca. 11 cm, eine Höhe von 25 bis 28,5 mm und ein Gewicht von 100 bis 110 g haben. Die Farbe der Tauben bestimmt die Schießleistung. Sie ist den Lichtverhältnissen des Schießstandes anzupassen.

4. Waffenstörungen und Patronenversager

Waffenstörungen und Patronenversager zählen nicht als abgegebener Schuß. Sie erfordern den Wurf einer neuen Taube. Versagt der erste Schuß, darf eine neue Taube mit 2 Schüssen beschossen werden. Versagt der zweite Schuß, muß mit dem ersten absichtlich gefehlt werden. Trifft jedoch der erste, wird die Taube als Fehler gewertet. Nach dreimaliger Waffenstörung innerhalb einer Serie wird der Schütze von dem weiteren Schießen ausgenommen.

5. Doppeln

Beim Doppeln einer Flinte bei Einzeltauben ist ein Treffer anzuschreiben, falls die Taube getroffen wurde. Wird die Taube gefehlt, erhält der Schütze eine neue Taube, muß jedoch mit dem ersten Schuß absichtlich fehlen. Ein Treffer gilt nur, wenn er mit dem zweiten Schuß erzielt wird. Wird die Taube mit dem ersten Schuß getroffen, ist ein Fehler anzuschreiben. Lösen sich bei einer Dublette beide Schüsse gleichzeitig, so erhält der Schütze eine neue Dublette. Falls während einer Serie eine Waffe öfter als dreimal doppelt, scheidet der Schütze vom weiteren Wettbewerb aus.

6. Trap

15 Tauben werden bei 11 m Abstand der Schützen vor der (den) im Unterstand eingebauten Maschine(n) beschossen.

a. Weite, Richtung und Höhe der Würfe

Die Schützen sollen möglichst Tauben mit gleichen Wurfrichtungen erhalten, deren Reihenfolge nach einem bestimmten Schema wechselt. Dies schließt die Verwendung von vollautomatischen Wurfmaschinen mit selbständiger Höhen- und Seitenverstellung ein. Die Wurfmaschinen müssen so eingestellt werden, daß sie bei ruhigem Wetter folgende Werte ergeben:

aa. Bei günstigstem Abgangswinkel der Tauben (ca. 30°) muß die Wurfweite, in der Ebene gemessen, 70 m ± 5 m ergeben.

ab. Die Flughöhe der Taube, gemessen vom Niveau des Schützenstandes 10 m von der Maschine entfernt, soll mindestens 1,5 m, höchstens jedoch 3,5 m betragen.

ac. Die Flugbahn der Taube darf nicht mehr als 45° von einer gedachten Geraden seitwärts abweichen, die von der Mitte des Schützenstandes über die mittlere Maschine der betreffenden Gruppe führt. Der Winkel von 45° nach links oder nach rechts ist von der mittleren Maschine jeder Gruppe oder des einzelnen Vollautomaten zu jedem Schützenstand zu messen. Bei nur einem Vollautomaten ist der Winkel von 45° nach links und rechts über den mittleren Stand zu messen.

b. Schießen und Wertung der Schüsse

Die Schützen treten auf dem Trapstand nach Möglichkeit in vollen Rotten zu 6 Mann, jeder Schütze auf seinem Stand, an. Danach gibt der Hauptrichter das Schießen frei. Der Schütze auf „Stand 1" erwartet in jagdlicher Gewehrhaltung eine Taube, die ohne Abruf geworfen wird. In gleicher Weise wie der Schütze auf „Stand 1" verfahren die folgenden Schützen.

Erst nach dem Sichtbarwerden der Taube darf das Gewehr angeschlagen werden. Anschlagübungen sind auf den Wurftaubenständen verboten.

Eine neue Taube wird geworfen, wenn der Schütze nicht die vorschriftsmäßige jagdliche Gewehrhaltung eingenommen hat.

Jede fehlerfrei fliegende Taube muß angenommen werden. Erscheint eine Taube nicht innerhalb von 3 s, ruft der Hauptrichter – nicht der Schütze – „Halt!" und gibt das Schießen erneut frei.

Eine Taube gilt als getroffen, wenn infolge des Schusses deutlich sichtbar ein Stück von ihr abspringt.

Unterbleibt ein Schuß infolge einer fehlerhaften Bedienung des Gewehrs (nicht gespannt, nicht geladen oder gesichert), so wird ein Fehler angeschrieben.

Bei folgenden Fehlwürfen muß dem Schützen aus der vor ihm stehenden Maschinen-

gruppe bzw. Maschine eine neue Taube gegeben werden, gleichgültig, ob sie mit oder ohne Erfolg beschossen wurde, wenn:
ba. die Taube angebrochen erscheint;
bb. die aus dem Unterstand geworfene Taube nicht die in 20 m Entfernung von der Maschine zu errichtende Grenzmarkierung überfliegt;
bc. ein zweiter Schütze auf die Taube mitschießt;
bd. bei Anlagen mit mehr als einer Wurfmaschine die Taube aus einer falschen, nicht zu dem Stand des Schützen gehörenden Maschine geworfen wird;
be. mehrere Tauben erscheinen.
Das Ergebnis von Schüssen, die auf die vorstehend angeführten Fehlwürfe abgegeben werden, wird nicht gewertet, es sei denn, daß im Falle von be. der Schütze die ihm zustehende Taube trifft.

In Zweifelsfällen bei anderer Ursache ist durch den Hauptrichter eine neue Taube zu geben.

Ist der Schütze in einer Serie (15 Tauben) vom Hauptrichter zweimal wegen des gleichen Fehlers verwarnt worden, so sind weitere unter Beibehaltung dieses Fehlers beschossene Tauben als Fehler zu werten, auch wenn diese getroffen wurden.

7. *Skeet*

15 Tauben sind auf einem Turmstand zu beschießen, und zwar je 2 Tauben von den Ständen 1–7 und am Schluß der Serie von Stand 4 die 15., vom Hochhaus kommende Taube. Von den Ständen 1, 3, 4, 5 und 7 werden Einzeltauben beschossen, und zwar jeweils zuerst die Taube vom hohen Turm und dann die Taube vom niederen Turm. Von den Ständen 2 und 6 sind Dubletten zu beschießen. Bei der Dublette auf Stand 2 ist zuerst die Taube vom hohen Turm, bei der Dublette auf Stand 6 zunächst die Taube vom niederen Turm zu beschießen.

a. Weite, Richtung und Höhe der Würfe

Die Wurfmaschinen auf dem Skeetstand sind so einzustellen, daß:
aa. die Taube aus dem hohen und aus dem niederen Turm so geworfen wird, daß sie einen angenommenen Kreis von 0,91 m Durchmesser in dessen Mittelpunkt in einer Höhe von 4,57 m über dem Kreuzungspunkt passieren muß; der Kreuzungspunkt befindet sich auf der Verbindungslinie von Stand 4 zu Stand 8 in einer Entfernung von 5,49 m von der Mittellinie beider Türme.
ab. die geworfene Taube eine Strecke von 65 m ± 5 m im flachen, d. h. dem Grundniveau der Türme angepaßten Gelände zurücklegt. Um die Mindestwurfweite der Tauben anzuzeigen, sind auf einer Entfernung von 60 m deutlich sichtbare Pfähle einzuschlagen.

b. Schießen und Wertung der Schüsse

Beim Skeetschießen ist sinngemäß zu verfahren, wie das für das Trapschießen (IV.6.b.) vorgeschrieben ist.

Bei den auf den Ständen 2 und 6 zu erwartenden Dubletten gilt folgende Regelung:
ba. Wird mit dem ersten Schuß die falsche Taube getroffen, so gilt der erste Schuß als Fehler. Die Dublette wird zur Feststellung des zweiten Schusses wiederholt. Es sind beide Schüsse abzugeben. Wird dabei mit dem zweiten Schuß die zweite Taube getroffen, so lautet die Gesamtwertung: „Fehler/Treffer"; wird die zweite Taube gefehlt, lautet die Wertung: „Fehler/Fehler". Der erste Schuß kann hierbei auf die erste Taube abgegeben werden.
bb. Werden mit dem ersten Schuß beide Tauben getroffen, so ist die Dublette zu wiederholen. Dies gilt auch, wenn mit dem ersten Schuß gefehlt wird und mit dem zweiten beide Tauben getroffen werden.
bc. Erscheint bei der Dublette eine Taube nicht, als Bruch oder unregelmäßig, so gilt die Gesamtdublette als nicht geworfen und ist zu wiederholen.
bd. Stoßen beide Tauben in der Luft vor Abgabe des zweiten Schusses zusammen, so gilt die Gesamtdublette als nicht geworfen und ist zu wiederholen.

be. Lösen sich bei einer Dublette beide Schüsse gleichzeitig, so erhält der Schütze eine neue Dublette.

bf. Wenn bei einer regulär fliegenden Dublette eine der beiden Tauben wegen einer Waffenstörung nicht beschossen werden kann, muß die Gesamtdublette wiederholt werden. Das vorherige Ergebnis zählt nicht.

bg. Wenn der Schütze ohne berechtigten Grund eine regulär geworfene Dublette ganz oder teilweise nicht beschießt, werden die nicht beschossenen Tauben als Fehler gewertet.

bh. Schießt der Schütze außer der Reihe, werden die Schüsse nicht gewertet.

8. Punktgleichheit beim Flintenschießen

Bei Punktgleichheit der Schützen hat die größere Anzahl der Treffer mit dem ersten Schuß den Vorrang. Besteht Treffergleichheit, entscheidet die größere Anzahl der auf dem Skeetstand getroffenen Tauben, danach gegebenenfalls die größere Anzahl der Treffer 1.

Bleibt die Ranggleichheit weiterhin bestehen, entscheidet ein Stechen.

9. Betreten des Wurfmaschinenstandes

Das Betreten des Wurfmaschinen- und Abziehstandes und das Sich-Unterhalten mit den hier beschäftigten Helfern ist den Schützen untersagt.

V. Kurzwaffenschießen

1. Allgemeines

Die Durchführung von Kurzwaffen-Schießwettbewerben einschließlich des Schießens zum Zwecke des Erwerbs von DJV-Schießleistungsnadeln muß bei der DJV-Bundesmeisterschaft und den Landesmeisterschaften im jagdlichen Schießen im Zusammenhang mit einem kombinierten Büchsen-/Flintenschießen stehen.

2. Waffen und Munition

Es sind alle Selbstladepistolen und Revolver zugelassen, sofern sie nachstehende Voraussetzungen erfüllen:

a. Ein Kaliber von mindestens .22 lang für Büchse und ein Höchstgewicht von 1,4 kg haben,

b. Waffen handelsüblicher Bauart sind und sich in funktionssicherem Zustand befinden,

c. eine Lauflänge bei Pistolen einschließlich Patronenlager – bei Revolvern ausschließlich Trommel – von 152 mm bzw. 6 Zoll nicht überschreiten,

d. die Visierung die Mündung der Waffe vorn und das Verschlußstück bzw. den Rahmen hinten nicht überragt, offen, handelsüblich und nicht länger als 220 mm ist,

e. der Abzugwiderstand mindestens 13,6 Newton (1,36 kp) beträgt, gemessen am senkrecht stehenden Lauf mit einem 1,36 kg schweren Gewicht,

f. der Griff die Gesamtbreite von 4,5 cm, senkrecht bzw. parallel zum Rahmen gemessen, nicht überschreitet, handelsüblich ist, nicht über das Handgelenk hinausgeht und keine Handballenauflagen besitzt,

g. keine Mündungsbremsen haben.

Der Schütze muß alle Bedingungen mit derselben Waffe schießen, mit Ausnahme eines zweimaligen Versagens der Waffe oder der Munition.

Die Waffe ist aus Gründen der Sicherheit außerhalb der Schützenstände stets ungeladen und verwahrt zu tragen. Sie darf erst auf dem Schützenstand aus der Verwahrung entnommen werden, und nur dann, wenn sich keine Person mehr vor dem Schützen befindet. Sie ist sofort mit offenem Verschluß, soweit das die Konstruktion zuläßt, und herausgenommenem Magazin bzw. offener Trommel mit der Mündung zum Geschoßfang abzulegen und darf keinesfalls geladen sein. Solange sich jemand vor den Schützenständen aufhält, darf keine Waffe berührt werden. Das unerlaubte Anfassen fremder Waffen zieht den Ausschluß vom Schießen nach sich.

3. Scheiben

Für das Kurzwaffenschießen ist die DJV-Scheibe Nr. 7 zu verwenden. Die verschwindende Scheibe befindet sich für den Schützen abgewandt bzw. in Profilstellung abgedreht vor der Deckung. Erfolgt auf die Frage: „Sind Sie fertig?" kein Widerspruch, so betätigt der Zeitnehmer die Scheibenautomatik, worauf die Scheibe für eine bestimmte, einheitlich festgelegte Zeit erscheint.

Ist keine automatische Scheibenanlage vorhanden, so kann die Scheibe bei entsprechender Einrichtung des Standes von Hand gedreht werden. Sind keine Einrichtungen für verschwindende Scheiben vorhanden, wird als Ersatz eine stehende Scheibe benutzt, die nach der Fertigmeldung „Feuer!" beschossen wird. Nach Ablauf der mit einer Stoppuhr beobachteten Zeit kommt das Kommando „Halt!".

4. Scheibenentfernung

Alle Bedingungen werden auf die Entfernung von 25 m geschossen.

5. Anschlag

Stehend mit freiem Schießarm, einhändig, mit völlig freiem Handgelenk. Bandagen sind nicht gestattet.

6. Bedingungen

a. Zeitschießen

1 Serie von 5 Schüssen. Die Kurzwaffe ist mit 5 Patronen zu laden.

Die Scheibe erscheint fünfmal für 3 Sekunden und ist jeweils mit einem Schuß zu beschießen. Die Zwischenzeit beträgt 7 Sekunden. Bei dieser Übung erwartet der Schütze jedes Erscheinen der Scheibe zur Scheibe gewandt mit schußfertiger, einerlei ob gespannter oder ungespannter Waffe und ausgestrecktem Schießarm im Winkel von ca. 45° zur Erde gerichtet (das ist ca. 1,5 m vor dem Schützen).

b. Fertigkeitsschießen

2 Serien von je 5 Schüssen. Die Scheibe erscheint 10mal für je 4 Sekunden und ist jeweils mit einem Schuß zu beschießen. Diese Übung erwartet der Schütze nach der Frage „Sind Sie fertig?" mit herabhängenden Armen. Die Waffe befindet sich in einem untergeschnallten Futteral oder in einem Futteral in einer Tasche der Bekleidung, wobei die Waffe bei der ersten Trageweise und beim Tragen in der Innentasche mindestens 10 cm vom Jacken- bzw. Mantelrand überragt wird und die Jacke bzw. der Mantel wie üblich in Gürtelhöhe an einem Punkt geschlossen sein muß.

Beim Tragen in einer Außentasche der Bekleidung muß die Waffe vollständig verdeckt sein. Andere Tragweisen sind nicht gestattet.

Die Futterale müssen so beschaffen sein, daß sie eine absolut sichere und den jagdlichen Gegebenheiten entsprechende Tragweise und Handhabung zulassen.

Bei Pistolen mit äußerem Hahn oder mit von außen zu spannendem Schloßwerk darf sich die Patrone im Lauf befinden, jedoch muß das Schloß entspannt sein. Sie darf nur mit der Laufmündung in Richtung Scheibe gespannt werden. Bei Revolvern muß der Hahn entspannt sein und darf ebenfalls nur mit der Laufmündung in Richtung Scheibe gespannt werden.

c. Schnellfeuerschießen

1 Serie mit 5 Schüssen geladen wie unter a. Die Scheibe erscheint einmal für 8 Sekunden und ist mit 5 Schüssen zu beschießen. Diese Übung erwartet der Schütze nach Fertigmeldung ebenso wie unter a.

Das gesamte Schießen ist flüssig durchzuführen. Ziel- und Anschlagübungen sind nicht gestattet.

Nach Beendigung jeder Serie müssen die Waffen auf dem Schützenstand entladen abgelegt werden. Der Verschluß ist zu öffnen bzw. die Trommel auszuschwenken.

7. Anzahl der Schützen

Bei Leistungs- und Vergleichsschießen müssen die Rotten mindestens aus 3 Schützen bestehen.

8. Wertung

Nach jeder Serie ist die Auswertung vorzunehmen. Der Schütze darf die Scheibe vor der Aufnahme des Ergebnisses nicht berühren. Befinden sich auf der Scheibe mehr Schüsse als die zulässige Anzahl, so werden die besseren Treffer gewertet, es sei denn, daß aufgrund des unterschiedlichen Kalibers die richtige Wertung erfolgen kann.

Ist ein Schuß in die Drehung der Scheibe gefallen, so wird er als Fehler gewertet, wenn das Schußloch bei Kal. .22 länger als 7,5 mm, bei den stärkeren Kalibern länger als 11 mm ist.

Hat ein Schütze eine Scheibe beschossen, die nicht zu seiner Schußbahn gehört, so hat er dies, wenn er es bemerkt hat, unverzüglich nach der Serie zu melden. Diese Schüsse sind als Fehler zu werten. Auf der irrtümlich beschossenen Scheibe ist die entsprechende Anzahl der Treffer mit der niedrigsten Ringzahl abzuziehen, es sei denn, daß die Einschüsse beider Schützen aufgrund des Kalibers oder anderer Merkmale unterschieden werden können.

9. Punktgleichheit beim Kurzwaffenschießen

Erzielen Schützen die gleiche Gesamtpunktzahl, so erfolgt die Rangordnung in der Reihenfolge der Einzelergebnisse des Fertigkeits-, Schnellfeuer- und Zeitschießens. Besteht auch dann noch eine Punktgleichheit, so zählen die erzielten 10er, 9er, 8er usw. jeweils in den einzelnen Disziplinen in der gleichen Reihenfolge wie vorstehend. Besteht dann noch Punktgleichheit, entscheidet eine oder entscheiden nötigenfalls mehrere Schnellfeuerserien.

10. Waffenstörungen und Patronenversager

Mit Ausnahme eines Patronenversagers, einer Waffenstörung oder einer Störung, die der Schütze nicht zu vertreten hat, gehen sonstige Funktionsfehler an der Waffe zu Lasten des Schützen, d. h., sie werden als Fehler gewertet, auch die dadurch gegebenenfalls versäumten Schüsse.

Bei Patronenversagern und Waffenstörungen behält der Schütze die Waffe in der Hand, ohne den Mechanismus zu betätigen und wartet das Ende der Serie ab. Die Mündung der Waffe zeigt zur Scheibe! Nach Beendigung der Serie prüft die Standaufsicht die Waffe bzw. die Patronen. Handelt es sich um einen anerkannten Patronenversager oder eine Waffenstörung, die der Schütze nicht verschuldet hat, wiederholt der Schütze die unterbrochene Serie.

Vervollständigung ist nicht gestattet. Verstößt er gegen diese Bestimmung, so wird er vom weiteren Schießen ausgeschlossen.

Bei zweimaliger Waffenstörung ein und derselben Waffe darf der Schütze ohne Probeschießen mit einer anderen Waffe gleicher Bauart seine Bedingungen weiterschießen. Bei der dritten Waffenstörung ein und derselben Waffe scheidet der Schütze aus.

Läßt die Waffe ein Doppeln zu, so gelten alle unbeabsichtigt ausgelösten (gedoppelten) Schüsse als Fehler. Sollten sie die Scheibe getroffen haben, werden die Treffer mit der höchsten Ringzahl abgezogen.

11. Probeschießen

Das Probeschießen regelt die Ausschreibung. Der Schütze darf das Wettbewerbsschießen nicht unmittelbar nach dem Probeschießen durchführen. Zwischen Probe- und Wettkampfschießen muß eine Pause von mindestens einer Stunde sein.

VI. Protest und Einspruch

Bei Unstimmigkeiten hat jeder Schütze das Recht des Protestes. Der Protest muß unmittelbar nach Abgabe des Schusses bzw. der Feststellung der Unstimmigkeit durch Handaufheben und den Ruf „Protest!" eingelegt werden. Die Standaufsicht hat daraufhin das Schießen zu unterbrechen und den Vorgang der Schießleitung mitzuteilen. Die Schießleitung entscheidet über die Unstimmigkeit.

Ist der Schütze durch die Entscheidung der Schießleitung nicht zufriedengestellt, so kann er beim Büchsen- und Kurzwaffenschießen nach Beendigung seines Schießens auf die betreffende Scheibe, beim Flintenschießen nach dem Abschießen der Rotte, bei der Schießleitung unter Hinterlegung des festgelegten Protestgeldes Einspruch einlegen. Die Schießleitung leitet den Einspruch an das Schiedsgericht weiter. Beim Mannschaftsschießen muß das Schiedsgericht den Schützen, der den Einspruch eingelegt hat, und den Mannschaftsführer und ggf. Zeugen anhören. Bei Einsprüchen von Einzelschützen ist sinngemäß zu verfahren. Das Schiedsgericht entscheidet endgültig. Fällt seine Entscheidung gegen den Einspruch aus, verfällt die hinterlegte Einspruchsgebühr.

VII. DJV-Schießleistungsnadeln

Um die Leistungen im jagdlichen Schießen zu steigern und erfolgreiche Jagdschützen, sofern sie Mitglieder eines der dem DJV angeschlossenen Landesjagdverbände oder ausländische Gäste sind, auszuzeichnen, wird eine DJV-Schießleistungsnadel in 4 Stufen, *Bronze, Silber, Gold* und *Sonderstufe Gold,* eingeführt.

Zugrunde zu legen sind die Bedingungen der DJV-Schießvorschrift für das kombinierte Büchsen-/Flintenschießen sowie für das Kurzwaffenschießen.

Für das kombinierte Büchsen-/Flintenschießen wird die DJV-Schießleistungsnadel in *Bronze* bei einer erreichten Mindestzahl von 220 Punkten, in *Silber* von 260, in *Gold* von 300, in *Sonderstufe Gold* von 320 Punkten verliehen.

Für das Kurzwaffen-Schießen wird die DJV-Schießleistungsnadel in *Bronze* bei einer erreichten Mindestpunktzahl von 145, in *Silber* von 165, in *Gold* von 175, in *Sonderstufe Gold* von 185 Punkten verliehen.

Jagdschützen der Altersklasse erhalten beim Schießen um die DJV-Schießleistungsnadeln im Alter von 55–59 Jahren = 5 Punkte, ab 60 Jahre = 10 Punkte zu ihrem Ergebnis zugerechnet.

Die Leistungen beim kombinierten Büchsen-/Flintenschießen und beim Kurzwaffenschießen müssen innerhalb eines Tages erreicht werden.

Die DJV-Schießleistungsnadeln in *Bronze* können auf Veranstaltungen der Kreisgruppen bzw. Kreisvereine der Landesjagdverbände erworben werden. Wenn der Landesschießobmann oder ein vom Landesjagdverband benannter Vertreter oder ein Präsidialmitglied des Landesjagdverbandes anwesend sind, können auf diesen Veranstaltungen auch die DJV-Schließleistungsnadeln in *Silber* erworben werden. Die DJV-Schießleistungsnadeln in *Bronze, Silber* und *Gold* können auf Veranstaltungen der Landesjagdverbände und, sofern der Landesschießobmann oder ein vom Landesjagdverband benannter Vertreter oder ein Präsidialmitglied des Landesjagdverbandes anwesend sind, deren Bezirksgruppen erworben werden.

Die DJV-Schießleistungsnadel in der *Sonderstufe Gold* kann nur bei Schießveranstaltungen des DJV erworben werden.

Die Schießleistungen sind von dem jeweiligen verantwortlichen Schießleiter und einem zweiten Zeugen auf der Schießkarte zu bescheinigen. Jede Nadel kann nur einmal erworben werden.

Die Verleihung der DJV-Schießleistungsnadeln in *Bronze, Silber* und *Gold* erfolgt durch die Landesjagdverbände, die der *Sonderstufe Gold* durch den DJV.

VIII. DJV-Jahresschießnadel

In Anlehnung an die DJV-Schießleistungsnadeln wird die DJV-Jahresschießnadel mit deutlich sichtbarer Jahreszahl gestiftet.

Diese Nadel soll von jedem Mitglied der Landesjagdverbände alljährlich neu erworben werden und als Nachweis dienen, daß der Träger im Sinne waidgerechter Jagdausübung vor Aufgang der Hauptjagdzeit seine Schießfertigkeit sowie die Gebrauchssicherheit seiner Waffen unter Beweis gestellt hat. Die Verleihung der Jahresschießnadel erfolgt durch die unterste Gliederung der einzelnen Landesjagdverbände für das jeweilige Kalenderjahr.

Bedingungen

1. Büchse

   Je 5 Schüsse mit der Büchse auf 2 beliebige DJV-Wildscheiben (Nr. 1 Rehbock, Nr. 2 Überläufer „stehend", Nr. 3 Fuchs, Nr. 4 Gams, Nr. 5 und 6 Überläufer „flüchtig").
   Anschlagart nach der DJV-Schießvorschrift, wobei der Anschlag auf Rehbockscheibe Nr. 1 und Gamsscheibe Nr. 4 gleich sind.
   Von 100 möglichen Ringen sind mindestens 60 Ringe zu erzielen.

2. Flinte

   15 bewegliche Ziele, Trap oder Skeet. Wo diese Stände nicht vorhanden sind, kann ein Kipphase als Ersatz beschossen werden. Der Kipphase ist auf eine Entfernung von 35 m bei einer Schneisenbreite von 6 m und einer Durchlaufzeit zwischen 2 und 3 s zu beschießen.
   Von 15 möglichen Treffern sind mindestens 6 Treffer zu erzielen.

Für das Büchsenschießen sowie Skeet und Trap gilt die DJV-Schießvorschrift.

Auf Antrag der Kreisgruppe genehmigt der Landesjagdverband in begründeten Einzelfällen die Verwendung von KK-Gewehren Kal. .22 auf 100-m-Ständen.

Das Schießen kann beliebig oft, auch am gleichen Tage, unter Trennung von Büchsen- und Flintenschießen, wiederholt werden.

IX. Ausschreibung von Schießwettbewerben

Die Ausschreibung zu einem Schießen nach dieser Vorschrift muß enthalten:

1. Veranstalter
2. Beauftragter Schießleiter
3. Art des Schießens (z. B. Kreismeisterschafts-, Einzel- oder Mannschafts-, kombiniertes Büchsen-/Flinten- und Kurzwaffenschießen)
4. Termin (Tag[e], Zeit)
5. Ort, Schießstand
6. Anmeldung zum Schießen (Adresse, Telefon, Meldeschluß)
7. Teilnahme von Gästen
8. Nenngeld, Protestgeld
9. Zeitbegrenzung für die einzelnen Bedingungen
10. Schiedsgericht
11. Abkleben der Schußlöcher
12. Probeschießen
13. Training (Zeit, Kosten)
14. Preisverteilung, Siegerehrung (Zeit, Ort)

Wenn bei der Ausschreibung Klassen gebildet werden, erfaßt die Jugendklasse die Schützen bis zum 25. Lebensjahr, die Altersklasse die Schützen vom 55. Lebensjahr an.

X. Definitionen

Anschlag „stehend freihändig" (s. Abb. 1 u. 2)

Die Waffe wird nur durch die Muskelkraft des stehenden Schützen gehalten und gestützt. Es steht dem Schützen frei, Arme oder Teile der Arme an seinen Körper anzulegen und zu stützen.

Die linke Hand kann das Gewehr an beliebiger Stelle halten oder umfassen oder die Waffe kann auch nur durch die Finger der linken Hand gestützt werden.

Anschlag „stehend angestrichen“ (s. Abb. 3)

Der Schütze steht aufrecht. Die Waffe wird mit beiden Händen gehalten und an einen senkrecht stehenden Stock zur Stabilisierung des Anschlags angelehnt. Die linke Hand verbindet den Stock mit der Waffe und gibt dieser einen Halt.

Jede weitere Stützhilfe wie evtl. die Auflage des Gewehrs auf den gestreckten Unterarm ist unzulässig.

Anschlag „liegend freihändig“ (s. Abb. 4)

Die Schütze liegt auf einer Pritsche. Beide Ellenbogen sind so aufgestützt, daß weder Unterarme noch Hände die Pritsche berühren. Die eingezogene Waffe darf mit keinem Teil irgendwelche zusätzliche Stützung oder Anlehnung bekommen.

Doppeln

ist ein unbeabsichtigtes, auf fehlerhaftem Mechanismus beruhendes Auslösen eines zweiten Schusses bei der Schußabgabe.

Reguläre Dublette

Als reguläre Dubletten gelten zwei gleichzeitig von jeder Maschine geworfene normale Tauben.

Ungültige Dublette

a. Als ungültige Dublette gilt, wenn eine oder beide Tauben unregelmäßig geworfen werden,
b. wenn nur eine Taube geworfen wird.

Fehlanschlag

ist die Bezeichnung für ein vorzeitiges Inanschlagbringen der Waffe beim Schießen auf den „flüchtigen“ Überläufer.

Handelsübliche Bauart

Unter Waffen handelsüblicher, jagdlicher Bauart fallen alle Einzel- und Mehrladebüchsen, die keine Handstützen, Hakenkappen, verstellbare Schaftrücken, Handballenauflagen, Handstopps, axial, vertikal und radial verstellbare Schaftkappen sowie verstellbare Vordergewichte aufweisen. In Zweifelsfällen entscheidet die Schießleitung.

Jagdliche Gewehrhaltung (s. Abb. 5 u. 6)

Die Waffe ist so zu halten, daß die rechte Hand den Kolbenhals fest umspannt und die linke Hand als Führhand den Vorderschaft faßt. Der Kolben muß unterhalb des rechten Ellbogens deutlich sichtbar sein, und die Schaftkappe muß die Hüfte berühren.

Die Laufmündung befindet sich etwa in Augenhöhe des Schützen in Richtung des zu erwartenden Zieles (Wurftaube, „flüchtiger“ Überläufer).

Patronenversager

Ein Partronenversager wird anerkannt, wenn:
1. das Geschoß den Lauf nicht verlassen hat,
2. der Hahn entspannt ist und
3. im Patronenlager eine Patrone ist, die den Anschlag des Zündstiftes zeigt.

Waffenstörung

Eine Waffenstörung wird anerkannt, wenn:
1. die Patronenhülse nicht ausgeworfen wurde;
2. der Mechanismus der Waffe blockiert wurde;
3. ein Teil der Waffe zerstört wurde und die Waffe dadurch nicht mehr funktioniert;
4. nach dem Schuß der Hahn entspannt und im Patronenlager eine Patrone ist, die keinen Zündstifteindruck zeigt.

Eine Waffenstörung wird *nicht* anerkannt, wenn:
1. der Schütze nach der Störung den Schlitten, das Magazin oder den Hahn bewegt hat;
2. die Waffe gesichert ist;
3. das Magazin nicht richtig eingesetzt wurde;
4. der Schütze nach einem Schuß den Abzug nicht losgelassen hat;
5. die Sperre und der Feuermechanismus aneinander vorbeigleiten, so daß die Schüsse automatisch gefeuert werden (Doppeln);
6. der Fehler auf Ursachen beruht, die der Schütze hätte kontrollieren müssen.

XI. Abbildungen

1. Anschlagarten

1

2

3

4

1. Anschlagarten (Fortsetzung)

5

6

2. Schießkarten

DEUTSCHER JAGDSCHUTZ-VERBAND E.V.

Schießkarte

Bundes-		Landes-		Kreis-		**Meisterschaft**	Jahresnadelschießen	
		Bezirks-		Hegering-		**im Jagdlichen Schießen**	Nadelschießen	

Start-Nr.

Bereich: Startzeit:

Name und Wohnort: Geb.-Dat.:

Startgeld

a) Büchsenschießen [1])	stehender Bock						=		
Beginn:	stehender Überläufer						=		
	sitzender Fuchs						=		
Ende:	flücht. Überläufer (60) 50 m						=		
b) Flintenschießen [2])							Ergebnis des Büchsenschießens Ringe:		=

Punkte

15 Wurftauben Trap									x 5		=
	Stand 1	**Stand 2**	**Stand 3**	**Stand 4**	**Stand 5**	**Stand 6**	**Stand 7**	Stand4	**Tauben**	**Treffer 2**	
15 Wurftauben Skeet									x 5		=
								Ergebnis des Flintenschießens			

Ges. Punktzahl

Teilnahme:	**(x)**	**Besitz**	**Schießleistungsnadel**		**Erwerb**
Einzelschütze			Gold-Sonderstufe	(320)	
S-Mannschaft			Gold	(300)	
A-Mannschaft			Silber	(260)	
B-Mannschaft			Bronze	(220)	
Sen.-Mannschaft			Jahresnadel Büchse 60 + 6 Tauben		
Jun.-Mannschaft			sonstige Nadeln		

Ort:

Datum:

Schießleitung:

[1]) Für die Jahresschießnadel 2 beliebige Scheiben.
[2]) Für die Jahresschießnadel Trap, Skeet oder Kipphase.

Büchsenschießen: Die geschossenen Ringe in deutlich lesbaren Zahlen angeben. ›Fahrkarte‹ wird so ϕ gekennzeichnet.
Flintenschießen: Treffer 1 – / Treffer 2 = x Fehler – O

Deutscher Jagdschutz-Verband e.V.
Schießkarte

Meisterschaft in jagdliches Faustfeuerwaffen-Schießen	Bundes-	Landes-		Kreis-	
		Bezirks-		Hegering-	

Bereich: Startzeit:

Name und Wohnort:

Teilnahme:	(x)	Besitz	Schießleistungsnadel	Erwerb
Einzelschütze			Bronze ab 145 Pkt.	
			Silber ab 165 Pkt.	
Mannschaft			Gold ab 175 Pkt.	
			große Goldene ab 185 Pkt.	

Zeit
je 3 sek.

Fertigkeit
je 4 sek.
einschl. Ziehen

Schnellfeuer
5 Schuß in 8 sek.

Ergebnis:

Datum Schießleitung

Start-Nr.	Startgeld

XII. Schießstandordnung des Deutschen Jagdschutz-Verbandes e. V.

1. *Aufsicht*

Jeder Verkehr auf Schießstandanlagen und jedes hier durchgeführte Schießen ist durch eine Aufsicht auf Einhalten der nachstehend erlassenen Vorschriften zu überwachen. Die Bestimmungen sind für jedermann erkenntlich auf den Schießstandanlagen anzubringen. Bei gleichzeitigen Schießen auf mehreren Ständen ist je Stand eine Aufsichtsperson zu bestimmen. Für größere Schießen ist ein Schießleiter einzuteilen, dem die Gesamtleitung des Schießens sowie die Absperrungen und Sicherheitsmaßnahmen verantwortlich zu übertragen sind. Das Aufsichtspersonal ist anzuhalten, Personen, die die Anlagen betreten oder benutzen, auf die Vorschriften hinzuweisen und in Fällen eines Verstoßes hiergegen einzuschreiten. Die Aufsichtspersonen tragen Armbinden mit dem Aufdruck „Aufsicht".

Anordnungen der Aufsicht ist Folge zu leisten. Personen, die entgegen den Vorschriften handeln, können von der Schießstandbenutzung ausgeschlossen und von der Schießstandanlage verwiesen werden.

2. *Fußgänger- und Fahrzeugverkehr*

Wege bzw. Straßen, die zu Schießstandanlagen führen, die Anfahrt zu den Parkplätzen und die Abfahrt von diesen müssen für jeden Verkehr freigehalten werden.

3. *Aufenthalt auf der Schießstandanlage*

Das selbständige Betreten der Schießstandanlage ist nur volljährigen Personen gestattet. Kindern und Jugendlichen ist der Zutritt nur unter Aufsicht ihrer Eltern oder Erziehungsberechtigten oder anderer hiermit betrauter Personen erlaubt. Eine Störung des Schießbetriebes durch Kinder und Jugendliche ist zu unterbinden.

Hunde sind an der Leine zu führen. Hunde, die durch ihr Verhalten den Schießbetrieb stören, sind von der Schießstandanlage fernzuhalten.

4. Aufenthalt auf den Schützenständen

Die eigentlichen Schützenstände sind durch Barrieren abzugrenzen. Innerhalb der Abgrenzungen der Schützenstände dürfen sich nur Schützen, die zum Schießen angetreten sind, oder aufsichtführende Personen oder solche, die Schützen Anweisungen erteilen oder zu diesen Anweisungen ermächtigt sind, aufhalten. Alle übrigen Personen müssen sich außerhalb der Abgrenzungen halten.

5. Betreten der Schießstandanlagen außerhalb der Schützenstände

Das Betreten sämtlicher Anlagen, die in den Gefahrenbereichen einer Schießstandanlage außerhalb der Schützenstände liegen, ist nur Personen, die ausdrücklich hierzu bestellt oder befugt sind, gestattet. Vor dem Betreten ist in jedem Fall, auch wenn zur Zeit kein Schießen stattfindet, eine von sämtlichen Schützenständen aus sichtbare Warnflagge aufzuziehen.

6. Durchführung des Schießens

a. Beginn des Schießens

Die Absicht des Schießens ist von jedem Schützen bei der Schießaufsicht anzumelden. Es dürfen jeweils nur der Schützenstand oder die Schießbahn, die einem Schützen von der Schießaufsicht zugeteilt sind, benutzt werden.

b. Gebrauch von Schußwaffen und Munition

Jeder Schütze ist für jeden von ihm abgegebenen Schuß und dessen Folgen persönlich verantwortlich.

Innerhalb der gesamten Schießstandanlage sind Schußwaffen und Munition nach folgenden Vorschriften zu handhaben:

ba. Gewehrriemen sind von Schußwaffen zu entfernen.

bb. Gewehre sind ungeladen mit geöffneten Verschlüssen bzw. abgekippten Läufen zu tragen. Hierbei müssen Gewehre mit Zylinder- oder Blockverschlüssen oder andere Gewehre mit Läufen, die im Verschluß nicht abkippen, derart gehalten werden, daß ihre Laufmündungen aufwärts über anwesende Personen gerichtet sind.
Für jeden Schützenstand sind Vorrichtungen (Gewehrständer usw.) zu schaffen, die ein standsicheres Abstellen der Gewehre gestatten. In diese sind die entladenen Gewehre einschließlich ihrer entladenen Magazine abzustellen.
Kurzwaffen (Pistolen und Revolver) sind ungeladen in einer Tasche der Kleidung oder in einem Futteral zu tragen.
Ein Hinlegen von Gewehren und Kurzwaffen ist untersagt.

bc. Anschlag- und Zielübungen sind nur mit Genehmigung der Schießleitung gestattet, wenn sie von einem Schützenstand in der dazugehörigen Schußrichtung vorgenommen werden, sich auf Ziele beschränken, die dem betr. Schützen zustehen und hierbei die Laufmündungen, sofern solche Übungen in Schießhallen stattfinden, außerhalb deren Schießöffnungen liegen.

bd. Auf Büchsen- und Kurzwaffenschießständen dürfen nur Patronen mit Geschossen, die jeweils für den Schießstand amtlich zugelassen und hier kenntlich gemacht worden sind, verwendet werden. Auf Schrotschießständen darf auf „laufende" Bodenwild-Scheiben (Hasenscheiben) nur Schrot bis zu 3,5 mm Durchmesser, auf „streichende" Flugwild-Scheiben (Fasenenscheiben) und auf Wurftauben nur Schrot bis zu 2,5 mm Durchmesser verfeuert werden.
Mit Flintenlauf-Geschossen und mit Schroten über 3½ mm Durchmesser darf nur mit besonderer Genehmigung der Schießaufsicht und nur auf Anlagen geschossen werden, die hierfür besonders zugelassen sind.

be. Das Laden der Läufe von Schußwaffen und ihrer gegebenenfalls vorhandenen Magazine und ein Anschlagen von geladenen Waffen darf erst nach dem Einnehmen des einem Schützen zugewiesenen Standes erfolgen.
Beim Laden von Schußwaffen sowie bei jedem anderen Handhaben von geladenen

Schußwaffen (Anschlagen, Absetzen, Entladen, Untersuchen der Ursache eines Versagens von Schüssen und bei dem Beseitigen von sonstigen Störungen) haben die Laufmündungen stets eine Richtung zu erhalten, die in der Schußrichtung liegt und in dieser abwärts bis waagerecht verläuft.
Werden derartige Handgriffe bei dem Umgang mit Waffen in Schießhallen vorgenommen, müssen die Laufmündungen in der gleichen Richtung außerhalb der Schießöffnungen der Räumlichkeiten liegen.

bf. Es darf nur auf Scheiben geschossen werden, die auf der einem Schützen zugewiesenen Schießbahn stehen oder laufen.

bg. Beim Schießen auf Scheiben hat der Schütze vor einem Standwechsel oder Abtreten von den Schützenständen den Verschluß der Waffe zu öffnen und diese zu entladen.
Beim Schießen auf Wurftauben, die aus Unterständen geworfen werden, hat der Schütze nach dem Beschuß jeder „Taube" den Verschluß des Gewehrs zu öffnen und, falls auf Ständen mit mehreren Maschinen mehrere Schützen in einer Reihe schießen, während des Wechsels von einem Stand auf den folgenden offen zu halten. Vor einem Wechsel von dem letzten auf den ersten Stand sowie nach der Beendigung eines Schießens und vor dem Abtreten von den Schützenständen ist das Gewehr zu entladen.
Beim Schießen auf Wurftauben, die aus den Türmen der Skeetstände geworfen werden, hat der Schütze nach dem Beschuß jeder „Taube" ein gegebenenfalls noch geladenes Gewehr zu entladen und bis zu dem Einnehmen eines folgenden Standes den Verschluß geöffnet zu halten.

bh. Jede Abgabe von Schüssen außerhalb von Schützenständen und auf Ziele, die nicht zu der planmäßigen Einrichtung oder dem geordneten Betrieb eines Schießstandes gehören (z. B. Scheiben, die nicht auf den für die jeweiligen Schießbahnen amtlich zugelassenen Scheibenentfernungen stehen, Ziele, die einem anderen Schützen zustehen, Tiere usw.), ist untersagt.

bi. Das Berühren fremder Schußwaffen ist nur Schießleitern, Schiedsrichtern und Aufsichtspersonen im Beisein der Besitzer der Waffen gestattet.

c. Sicherheit der Schußwaffen

Falls die Gebrauchssicherheit oder die Funktion von Schußwaffen nicht ausreichend erscheinen und festgestellt wird, daß ihre Verwendung den Schießbetrieb gefährdet, ist die weitere Benutzung der Waffen nicht gestattet und zu untersagen.

7. Unterbrechung des Schießens

Erscheint auf einer Schießstandanlage eine rote Warnflagge oder wird aus besonderen Gründen die Einstellung eines Schießens angeordnet, ist es auf sämtlichen Schützenständen zu unterbrechen und ein Entladen der Schußwaffen durchzuführen. Das Laden der Schußwaffen und die Fortsetzung des Schießens dürfen erst wieder vorgenommen werden, nachdem aufgezogene Warnflaggen eingezogen sind und eine gegebene Einstellungsanordnung aufgehoben ist.

Die vorstehende Schießstandordnung wird in Ergänzung der Sicherheits- und Aufsichtsbestimmungen der DJV-Schießvorschrift erlassen.

Register